互联网金融法律与实务

北邮在线金融科技研究院

国家信息中心《财经界》杂志社

组织编写

主　编　陈晓华　唐岫立

副主编　杨积堂　张　峰　陈云峰

中国金融出版社

责任编辑：吕　楠
责任校对：孙　蕊
责任印制：赵燕红

图书在版编目（CIP）数据

互联网金融法律与实务（Hulianwang Jinrong Falü yu Shiwu）/陈晓华，唐岫立主编.—北京：中国金融出版社，2017.12

ISBN 978 – 7 – 5049 – 8341 – 1

Ⅰ.①互…　Ⅱ.①陈…　②唐…　Ⅲ.①互联网络—金融法—研究　Ⅳ.①D912.280.4

中国版本图书馆CIP数据核字（2017）第275033号

出版
发行　中国金融出版社

社址　北京市丰台区益泽路2号
市场开发部　（010）63266347，63805472，63439533（传真）
网 上 书 店　http://www.chinafph.com
　　　　　　（010）63286832，63365686（传真）
读者服务部　（010）66070833，62568380
邮编　100071
经销　新华书店
印刷　北京市松源印刷有限公司
尺寸　185毫米×260毫米
印张　13.75
字数　267千
版次　2017年12月第1版
印次　2017年12月第1次印刷
定价　76.00元
ISBN 978 –7 – 5049 – 8341 – 1
如出现印装错误本社负责调换　联系电话（010）63263947

《互联网金融法律与实务》编委会

本书出版指导委员会

前　　言

互联网金融是利用互联网技术实现资金融通、支付、投资和信息中介服务的新型金融活动，其主要模式包括 P2P 网络借贷、互联网众筹、第三方支付、互联网货币、大数据金融、信息化金融机构、移动互联网金融、互联网金融超市等。

互联网金融的发展为"大众创业、万众创新"打开了新的大门，在满足小微企业、中低收入阶层的投融资需求，提升金融服务质量和效率，引导民间金融走向规范化，以及扩大金融业对内对外开放等方面发挥着独特的作用。

自2013年以来，互联网金融在我国出现了快速发展的态势，P2P网络借贷、互联网众筹、第三方支付等细分行业的各类企业如雨后春笋般不断涌现，互联网金融行业也备受市场追捧。截至 2016 年 6 月底，我国已经有超过 4 000 家 P2P 网络借贷平台，数量位居世界第一。互联网金融近几年在我国的迅猛发展，让很多人发出了"互联网金融会取代传统金融机构"的惊呼。但是，互联网金融本质上仍属于金融，并没有改变金融经营的本质属性，也没有改变金融风险的隐蔽性、传染性、广泛性和突发性。

互联网金融在异军突起的同时，由于从业人员良莠不齐、投资者和金融消费者缺乏相应的金融知识、监管乏力等原因，不良事件时有发生，面临许多法律风险，主要包括：非法集资和金融传销；金融诈骗；经营者卷款跑路；行业发展门槛过低，缺乏相关规则和监管；行业相关公司风险防范水平严重不足；从业机构的信息安全水平不高；信用体系和金融消费者保护机制不健全等。

互联网金融行业在发展过程中出现了很多披着"金融创新"外衣进行金融诈骗或者非法集资等非法活动的"伪互联网金融公司"，"泛亚""e 租宝""上海申彤大大"等非法集资案件的集中爆发，对行业的整体生态环境造成了严重破坏。仅 2016 年一季度，涉及非法集资的立案数就有 2 300 余起，涉案金额超亿元的大案明显增多，引发了社会对互联网金融行业的恐慌和担忧。

在社会舆论对互联网金融出现了一定程度的转向时，作者认为有必要澄清两个基本问题：一是如何正确认识互联网金融；二是如何规范发展互联网金融。从本质上说，无论是"互联网＋非法集资"还是"互联网＋诈骗"，都是非法吸收公众存款的变异，而不是互联网金融，只有"互联网＋真正的金融服务"才是互联网金融。因此，不能因为发生了一些风险案件就简单地否定互联网金融。随着中央和地方政府对伪互联网金融的打击和专项整治，互联网金融行业将会迎来健康发展的环境。

随着互联网金融市场的进一步深入发展，行业内部的竞争加剧以及行业监管日趋严格，互联网金融企业面临的法律风险逐步暴露，并呈现出复杂多变的特征。监管部门对部分互联网金融业务如互联网保险已经有了监管规范，但对 P2P 网络借贷等业务的监管尚未成型，因此这类企业面临着外部环境的巨大不确定性。此外，互联网金融公司内部的组织形态、管理方式、风险防范体系等也尚未形成公认的标准，这将加大其经营风险。

鉴于此，为了使更多投资者对互联网金融行业的法律风险有更加全面的了解，为了使互联网金融公司的创业者和从业人员增强风险防范的意识和能力，我们特地编写了这本《互联网金融法律与实务》。

本书的内容立足于互联网金融行业的真实法律风险情况，从行业现状和实际运营的角度出发，全方位介绍了 P2P 网络借贷、互联网众筹、第三方支付、互联网货币、大数据金融、信息化金融机构、移动互联网金融、互联网金融超市等互联网金融模式中涉及的具体法律问题与风险防范内容，对互联网金融从业人员如何加强公司自身风险防范，对互联网金融投资者、消费者如何加强自我保护和规避风险给出了很多意见，也为监管者如何把握监管与创新之间的平衡提出了一些建议。

本书在做到专业性的同时，兼顾了法律风险知识的普及，所以本书不仅适合互联网金融从业人员和互联网金融的投资者阅读，也适合广大普通读者阅读。本书还可以作为金融类院校和互联网金融公司的教材或辅助读物。

全书由陈晓华所长、杨积堂书记和唐岫立老师负责框架结构设计与统稿，第 1 章由北京联合大学副教授李雅宁博士编写，第 2 章由北京联合大学副教授张峰博士编写，第 3 章由北京联合大学副教授傅巧灵博士编写，第4章由北京市朝阳金盏金融商务区管理委员会副主任罗英博士编写，第5章由北京联合大学副教授韩莉编写，第6章由北京联合大学教授孔令学编写，第7章由北京联合大学邢秀芹老师编写，第8章由北京联合大学副教授肖文东博士编写，第9章由北京联合大学副教授彭爱美编写，第10章由中伦文德律师事务所陈云峰律师编写。同时也感谢盈科律师事务所刘永斌律师给予的支持。

本书在策划与出版的过程中，得到了北邮在线金融科技研究院、国家信息中心《财经界》杂志社和《金融译时代》栏目的大力支持，由相关专家对本书的内容进行了总体把关。在具体写作过程中，得到了邮系移联（北京）教育科技有限公司的大力支持。北邮在线互联网金融教育学院对于本书的写作与出版，更是进行了全方位的支持。北邮在线互联网金融教育学院致力于中国互联网金融普惠教育，目前已经开发出中国首个互联网金融线上教育平台及互联网金融教育实践平台。上述多家机构协同合作，打造了包括本书在内的一系列互联网金融培训教材。

由于互联网金融发展迅猛，加上编者水平有限，书中难免有不足之处，恳请广大读者批评指正。

目　录

第1章 互联网金融概述

任务目标

1. 了解互联网金融的含义

2. 掌握互联网金融的主要特征

3. 掌握互联网金融的主要模式及其特征

4. 了解国内外互联网金融的发展概况

1.1 互联网金融的概念

1.1.1 互联网金融的含义

互联网金融（Internet Finance）是参与主体凭借互联网平台、互联网工具、互联网技术手段等实现资金融通的经济活动。具体来讲就是基于互联网点对点信息互换，通过网格化的关系对接，借助数据挖掘技术进行信息处理，依托支付、云计算、社交网络以及搜索引擎等互联网工具实现的资金融通、支付和信息中介等活动。目前，互联网金融主要由传统金融机构业务和非金融机构业务组成。传统金融机构业务主要为传统金融业务的互联网创新及电商化创新等；非金融机构业务主要是指利用互联网技术进行金融运作的电商企业、P2P 网络借贷平台、众筹平台以及第三方支付平台等的业务。

互联网金融的本质是金融，无论是互联网企业开展金融业务，还是金融机构运用互联网技术改造传统金融服务，两者并无本质上的区别。互联网企业在金融业务中广泛运用互联网技术、云计算及大数据等现代科技，降低了信息获取、加工与处理的成本，使得金融活动的交易成本与信息不对称程度都显著下降，大大提高了普通民众和企业开展金融业务的便利。互联网与金融的深度融合是大势所趋，将对金融产品、业务、组织和服务等方面产生深远的影响。互联网金融对促进小微企业发展和扩大就业有积极作用，为大众创业、万众创新提供了有力支持。促进互联网金融健康发展，有利于提升金融服务质量和效率，深化金融改革，促进金融创新发展，扩大金融业对内对外开放，构建多层次、多元化的金融体系。

1.1.2 互联网金融的特征

由于互联网金融是传统金融与互联网技术相结合的产物，其与传统金融相比有自身独有的特点，具体内容如下。

（1）低成本。互联网金融是基于互联网虚拟空间开展的金融业务，具有一定的成本优势。金融产品的发行、交易以及货币的支付可以直接在网上进行，交易双方在资金期限匹配、风险分担上的成本非常低，进而大幅降低了市场交易成本。同时，互联网平台省去了传统的实体营业网点费用和雇用员工的人力资源费用，大大减少了投资成本、营业费用和管理成本。据估计，互联网金融业务成本和传统金融业务的成本相差很大，两者之比往往能达到1∶1 000。

（2）高效率。依靠强大的信用数据积累与挖掘优势，以及互联网、移动支付、搜索引擎、大数据、社交网络和云计算等先进技术手段，互联网金融模式可以突破时空限制，减少中间环节，使金融活动参与者通过互联网与金融业务有更直接、更有效的接触，透明度更高，极大程度上减少了市场信息不对称，使市场充分有效，从而接近一般均衡定理上描述的无金融中介状态，有效提高了资金融通效率。

（3）注重客户体验。互联网金融秉承开放、平等、协作、分享的互联网精神，在服务模式上由传统的面对面柜台交易转向开放式的群体参与、互动式沟通；在商业模式上通过实时交互、大规模协作实现组织扁平化、去中心化，客户群信息平台化、网络化，并可以通过数据挖掘和分析，提前发现潜在客户和潜在需求，为客户提供优质高效的产品和服务体验。

（4）风险特殊性。互联网金融的特点决定了其引发风险的因素及影响与传统金融存在差异。互联网金融除具有传统金融业经营过程中存在的流动性风险、市场风险和利率风险外，还存在基于信息技术导致的技术风险、系统安全风险和基于虚拟金融服务的各类业务风险，且风险扩散传播速度更快，风险诱因更复杂。

1.2　互联网金融的模式

国内学术界对互联网金融模式的划分往往基于不同的角度。谢平等认为互联网金融模式有三个核心部分：支付方式、信息处理和资源配置。在此基础上可以将互联网金融分为八种创新模式：传统金融互联网化、移动支付和第三方支付、互联网货币、基于大数据的征信和网络贷款、基于大数据的保险、对等联网（P2P）、众筹、大数据在证券投资中的应用。艾瑞咨询集团从业务角度出发，认为国内互联网金融大致可分为五类：支付结算、网络融资、虚拟货币、渠道业务以及信息服务。另有研究认为，互联网金融可分为六类：第三方支付、P2P、众筹、大数据金融、互联网金融门户以及金融机构信息化。我国互联网金融发展的时间较短，国内对互联网业务模式的分类并没有取得共识，结合欧美和国内互联网金融业务的发展经验，本书将主要介绍八种互联网金融模式，包括P2P网络借贷、互联网众筹、第三方支付、互联网货币、大数据金融、信息化金融机构、移动互联网金融、互联网金融超市。而这八种模式也正是现阶段我国互联网金融发展过程中出现的模式。

1.2.1 P2P 网络借贷

（一）P2P 网络借贷的概念

P2P 网络借贷（Peer-to-Peer Lending）即"点对点"信贷，是指借款主体在第三方公司创建的具有资质的网络平台上发布借款标，出借主体根据借款主体需求综合判断后进行投标，提供借款并收取利息，从而实现资金供需双方通过第三方平台，独立于正规金融体系之外的直接投融资行为。P2P 网络借贷平台为借贷双方提供信息流通交互、信贷促成、资信评估、投资咨询、法律手续办理等中介服务，有些平台还提供资金移转和结算、债务催收等服务。

P2P 贷款模式较好地利用了互联网技术的成本低廉和高效便利的优势，实现借贷双方的信贷需求匹配。最早的 P2P 借贷行为发生在英国，2005 年 3 月，网络借贷网站"Zopa"在英国开通，互联网开始影响人们的借贷行为和生活。随后，2006 年 2 月，美国第一家 P2P 借贷平台 Prosper 上线运营。2007 年 8 月，中国第一家 P2P 借贷平台"拍拍贷"成立。在发达国家，P2P 贷款机构十分普遍，目前，比较著名的有美国的 Lending Club 和 Prosper、德国的 Auxmoney、西班牙的 Comunitae、英国的 Zopa、韩国的 Popfunding、巴西的 Fairplace 和日本的 Aqush 等。我国比较典型的 P2P 网贷平台包括"宜信""人人贷"和"拍拍贷"等。

（二）P2P 网络借贷的特征

1. 直接的投融资行为

P2P 网络借贷属于金融脱媒，借贷双方直接签订合同，出借人可以自行将资金出借给平台上的借款人，投融资权利义务直接约定，款项的使用权转移不经过第三方。

2. 互联网化

P2P 网络借贷基于特定信息中介，且信息中介多以网站的形式存在，出借主体与借款主体一般素不相识，双方通过互联网平台完成出借流程。信息中介从用户审核、借贷需求审核和资金定价等方面间接控制全局性风险，不介入单笔借贷风险的经营，既不事先归集资金，也不进行金额与期限的匹配，与传统银行吸储、放贷的模式存在显著区别。

3. 风险分散化

由于 P2P 网络借贷是点对点的直接投资，风险只在借款人与投资人之间传播，P2P 借贷平台不再是风险的聚集和承担中介，因此它不需要为每笔贷款计提风险准备金，也不用遵循有关银行资本金充足率的要求，更不必为了防止挤兑配置大量高流动性、低收益的资产。这是 P2P 借贷业务的本质特点，其有利于降低总体资金成本，同时提高资金利用效率。然而，P2P 网络借贷平台仅对参与方提交到平台上的信息进行审核，缺乏有效的线下尽职调查，容易导致真实性和还款能力具有不确定因素，面临较高的道德风险。

4. 参与主体的民间化和多元化

P2P 网络借贷的借贷双方呈现的是多对多形式，且针对非特定主体，准入门槛较低，参与者极其分散和广泛。由于边际成本较低，P2P 借贷平台可以充分发挥借款人与投资人的双边网络效应，即借款人的数量越多，借款需求越旺盛，就会吸引越多的投资人；反之，投资人的数量越多，投资需求越旺盛，就会吸引越多的借款人。在双边网络的正反馈激励之下，平台用户的参与主体数量及交易额可以实现指数级的增长，从而进一步降低平台的运营成本，提高资金的利用效率。

5. 交易灵活，高效化

在 P2P 网络借贷平台上，借款者和投资者的需求多样化，需要相互磨合和匹配，在该过程中便形成了多样化的产品特征的交易方式。另外，P2P 借贷业务利用其独特的交易模式，简化了传统的层层审批模式，手续简单，使借款者的资金需求能够得到高效率的满足。

（三）P2P 网络借贷模式

P2P 网络借贷模式是指资金供求双方直接通过第三方互联网平台进行资金借贷的模式。

1. 无抵押无担保模式

无抵押无担保模式是指借款人不需要抵押，也不需要提供任何担保，只需凭借个人的信用即可实现借款，供需市场决定了借款利率。实现方式就是借贷双方通过在线竞标，一旦资金达到借款人标的额，借贷事实成立并生成网络电子合同，如果借款人没有在限定的时间内筹集到所需资金，借款计划流标。这是一种纯线上模式，平台主要通过视频认证、查看银行流水账单、身份认证等方式审核借款人资质，借款人需要按月还本付息，其典型代表是拍拍贷。

2. 第三方担保模式

第三方担保模式是指 P2P 网贷平台通过引入第三方担保机构，为出借人本金提供风险担保，P2P 网贷平台不再参与风险性服务，只作为中介平台，提供金融信息服务，出借人本金的保障全部由第三方担保公司负责，担保公司负责对平台项目进行审核和担保，P2P 网贷平台支付第三方担保一定比例的渠道费和担保费。这降低了平台的风险控制和业务成本，对于 P2P 网贷平台来说，是最安全的运营模式，剥离了自身审核项目的工作，不用处理坏账，不用承担资金风险，实现了平台的风险转移。但是，并不是说平台投资没有风险，平台运营水平也决定了平台坏账率的高低。这种模式的代表有平安集团的陆金所、有利网以及重庆好借好还网。相对于有利网和好借好还网，陆金所还有平安集团在金融领域的专业优势和良好信誉，也是一层隐形担保。但是，陆金所的模式也为其他传统金融指明了一条发展方向，即如何实现传统金融行业融资性担保业务的网络化。

表1-1　P2P网络借贷模式的特点

P2P 网络借贷模式	主要特点
无抵押无担保模式	搭建平台，线上撮合，借贷双方通过在线竞标，金融中介不再参与交易过程
第三方担保模式	搭建平台，引入第三方担保机构，为出借人提供风险担保，只作为中介平台，不再参与风险性服务

1.2.2　互联网众筹

（一）互联网众筹的概念

众筹（Crowdfunding）即大众筹资或群众筹资，在美国有时也叫做众投（Crowdinvesting），香港译作"群众集资"，台湾译作"群众募资"。根据国际证监会组织对众筹融资的定义，互联网众筹是指通过互联网平台，从大量的个人或组织处获得较少的资金来满足项目、企业或个人资金需求的活动。

众筹与 P2P 网络借贷的不同之处在于，众筹模式的服务与融资方更多的是通过众筹平台对项目进行宣传，希望通过介绍、宣传等吸引公众关注，从而获得资金支持，这不仅为小微企业提供了新的融资渠道，而且对传统的金融模式构成了很大的冲击。目前，我国的众筹平台多数带有公益和慈善色彩，其典型代表有点名时间、众筹网、追梦网等。

（二）互联网众筹的特征

1. 筹资人进入门槛低

筹资人不论身份、地位、职业、年龄、性别，只要有想法，有创造能力，都可以通过众筹平台或其他平台发起项目，募集资金。

2. 众筹项目的广泛性

各个行业的项目都可以众筹，无论是音乐、影视、漫画，还是出版、游戏、摄影，甚至是房地产行业，都可以通过众筹来筹资，且筹资人也可以选择项目的不同阶段进行筹资。

3. 筹资金额的自主性

筹资人根据项目情况及自身需求可自主选择筹资金额，没有最低额和最高额限制。

4. 投资人的大众性

众筹项目中的投资者通常以普通的民众为主，鲜有公司、企业或专业的投资人加入众筹。

5. 众筹目的的多样性

不同模式众筹的目的也不同，有的是出于公益目的，有的是出于投资目的，有的既不是为了公益也不是为了投资，而是为了进入某个圈子，掌握一些资源。

（三）互联网众筹的模式

随着行业的发展，当前国内众筹主要有四种运营模式：奖励制众筹、募捐制众筹、股权制众筹和借贷制众筹。

1. 奖励制众筹

奖励制众筹也称为回报式众筹，是指项目发起人在众筹平台或其他平台展示项目，投资人在预设时间内的投资达到或超过预先设定的目标金额时，即募集成功，发起人将会以实物或服务的方式给予投资者相应的回报；若募集资金没有达到预先设定的目标金额，则须将已募集到的资金退还给投资支持者。

这与团购商品类似，二者的不同之处在于，众筹还具有期货的性质，即"购买人"无法立即获得"出售人"的产品，根据发布项目的用途和性质以及兑付承诺，出售人需要在项目购买成功后的几天或者几十天内按照承诺兑现回报。这种模式一方面可以提前获得产品的个性需求，更好地定位市场，满足消费者需求，减少资源浪费；另一方面可以提前获得购买者资金，极大地提高筹资和销售等环节的效率。"点名时间"网站就是该种模式的典型代表。

2. 募捐制众筹

募捐制众筹具有"重在参与"的特点，即出资者不以最终的回报为目标，其行为带有捐赠和公益性质，网站平台也力求让出资者认识到自己不是在投资或消费，而是资助一个希望或梦想。这种模式主要以国外的 Prizeo 平台为代表，国内比较具有代表性的平台有新浪微公益、腾讯乐捐等。

3. 股权制众筹

股权制众筹是指公司为筹得发展资金，从现有股份中拿出一定比例，面向普通投资者进行出售，投资者按照出资多少获得相应比例的股份，并通过所持股份分享公司未来收益。股权制众筹不同于一般的股权投资，它是一个基于互联网的开放平台，面向的投资者更多，并且侧重的是投融资的信息服务。股权制众筹是随着美国《JOBS 法案》的颁布而产生的。法案允许中小企业在众筹平台上开展股权融资，并对项目投资者的利益予以保护，一定程度上放松了私募资本市场的管制，为股权制众筹平台等金融创新提供了法律框架。股权制众筹平台在美国的代表是 FundersClub。与奖励制众筹平台不同的是，股权制众筹平台侧重的是资金回报，并且对投资者和投资额度的门槛都比较高，对项目的选择和审核较严格，其要求远远高于奖励制众筹平台。股权制众筹在我国主要有天使式、会籍式和凭证式三种形式，其中天使式众筹的代表是李群林创立的"大家投"网站，会籍式众筹的代表是知名互联网行业投资分析师许单单通过微博招募股东的"3W 咖啡"项目，凭证式众筹的代表是在淘宝网上募资的"美微传媒"和"花草事"项目。

4. 借贷制众筹

与 P2P 借贷平台相似，英国金融行为监管局（FCA）将借贷制众筹定义为"运营或计划运营 P2P（即个人对个人）借贷平台与 P2B（即个人对企业）借贷平台的企业，通过其平台消费者可以以借贷协议方式进行投资"。借贷制众筹与 P2P 借贷的区别在于，借贷制众筹包括 P2P 借贷和 P2B 借贷两种模式，并且更具有众筹模式的特征。深圳的"名媛坊"是国内比较成功的借贷制众筹案例。

1.2.3 第三方支付

（一）第三方支付的概念

第三方支付是指非金融机构通过计算机、手机等设备，依托互联网发起支付指令、转移资金的服务，其实质是新兴支付机构作为中介，利用互联网技术在付款人和收款人之间提供的资金划转服务。国内典型的第三方支付机构是"支付宝"。

随着网络经济时代的到来，电子商务已经成为商品交易的新模式。而网络支付是电子商务的关键环节，也是电子商务活动得以顺利进行的基本保障。第三方网络支付方式作为一种新的网络交易手段和信用中介，不仅具备资金传递功能，还能对交易双方进行约束和监督，从而确保交易的顺利进行和完成。第三方支付机构是经央行批准的非金融机构，自 2011 年 5 月开始，截至 2014 年 10 月，已有二百多家非金融机构取得支付牌照，即《支付业务许可证》，包括支付宝、财付通、国付宝、快钱等。

（二）第三方支付的特征

1. 金融性

根据中国人民银行 2010 年发布的《非金融机构支付服务管理办法》，第三方支付平台是提供非银行货币资金转移服务的支付机构。可以简单地理解为第三方支付平台是一种新型"银行"，是利用合作银行的支付通道，为用户搭建资金支持的转移平台。第三方支付平台提供的金融服务在一定程度上与银行的业务有交叉，如资金结算、汇款转账、供应链融资、金融解决方案等，但依据目前第三方支付产业的整体发展来看，第三方支付平台的核心优势在于创新，其未来将向更多的横向领域以及产业链纵深领域拓展，开发细分金融服务，弥补银行功能的空白。

2. 信用中介性

第三方支付平台建立之初，最重要的就是在短期内拥有大量的注册用户，而第三方支付平台的信誉是召集买卖双方的关键。对买方来说，基于对第三方支付平台的信任，才愿意将资金置于平台进行非及时性的交易；对卖方来说，基于对第三方支付平台的信任，才愿意在未获得资金的情况下先发出货物。这种保管及监督职能是第三方支付平台正常运营的核心和关键，它的存在有效地解决了"钱到货不到，货到款未到"的难题。第三方支付平台的信誉实际上是通过平台企业承担了由于不对称信息所产生的交易风险的方式而建立的，它的存在约束了买卖双方的交易行为，也保证了交易过程中资金流和物流的正常安全的双向流动。

3. 成本较低且交易便利

第三方支付平台相对于传统金融机构，无论是硬件设备还是软件系统、相关制度，都有一定的差距，其安全性也为人所诟病。然而，第三方支付交易成本低，支付便利，尤其是移动支付，使得支付具有即时性，只要有网络，随时随地都可以支付完成交易，极大地提高了交易效率。

（三）第三方支付的模式

以下主要分析第三方支付的两大模式类型：从风险权责归属角度区分的银行网关模式与信用担保模式，基于服务内容区分的支付通道模式与资金托管模式。

1. 银行网关模式与信用担保模式

这一分类是基于第三方支付在交易中的法律风险责任归属标准[①]。第三方支付银行网关模式是指银行与第三方支付服务提供商关于统一银行支付网关[②]接口问题达成协议，第三方支付机构为消费者与商家提供支付网关服务，二者均可通过网关接口与网上银行进行直接联通，实现资金流动、信息传递以及数据共享等。这种模式下，商家的准入门槛较低，有利于活跃交易。此外，银行无须针对商户开发对应的支付接口和支付文档，不存在版本匹配与兼容性等问题，降低了银行的技术成本与运营成本，提高了银行参与的积极性。当然，这一单纯的"桥梁"模式也意味着第三方支付机构只是充当了中介角色，并不对交易双方的真实信用、交易可信度等承担连带责任，也不提供担保服务。

信用担保模式是指第三方支付平台在提供银行网关接口服务的同时，还对交易本身做出担保承诺，即当双方出现交易欺诈等问题时，第三方支付平台需要对利益受损者进行补偿，具体是指当消费者购买商品后，商品支付款会进入第三方支付平台的账户，在商家发货、消费者确认无误之后，第三方支付平台才会将款项转至商家账户。例如，在此过程中，若商家故意欺诈或者商品以次充好，支付款会返还给消费者。所以，信用担保模式有效地提升了交易的可信度，减少交易纠纷等，以阿里巴巴旗下的支付宝为主要代表。

2. 支付通道模式与资金托管模式

这一分类方式主要取决于第三方支付平台提供具体服务的深度与广度。第三方支付通道模式是指第三方支付机构只为交易双方提供网上交易的接口等服务，而不需要为交易双方建立特定的交易对接账户与监管账户。这一模式下，整个交易过程可以分为两大部分：买方与平台之间的交易结算，平台与卖方之间的交易结算。资金先进入平台的银行账户，再转入卖方的银行账户。

第三方支付资金托管模式则对具体的交易账户、资金流动、操作步骤等有更详细的

[①] 法律风险责任归属标准，对出现欺诈交易时，第三方支付平台是否应当对客户损失负责进行规定。

[②] 银行支付网关是互联网公用网络平台和银行内部的金融专用网络平台之间的安全接口，网络支付的电子信息必须经过支付网关处理后才能进入安全的银行内部支付结算系统，进而完成安全支付的授权和获取。

要求。这一模式的最典型应用即为互联网金融创新之一——P2P。以 P2P 为例，借贷双方均需在第三方支付平台申请注册开立交易对接虚拟账户，投资者通过支付接口向其虚拟账户充值，并投资于某一理财产品。资金便从贷出方的虚拟账户转至借入方的虚拟账户，在资金总额达到标准后，资金即从借方在平台的虚拟账户转移至借方的真实银行账户。同理，借入方将本金收益返还给投资者的过程则完全是上述过程的"逆过程"：借入方首先将资金充值到其在平台的虚拟账户，平台根据 P2P 网站的统计数据将资金分别划转至投资者开立的虚拟账户，投资者可以将这部分资金转至真实银行账户或者用于其他项目投资。该模式的最大优势在于实现了 P2P 平台与资金的隔离，有效避免了平台的"资金池"操作，而这一操作很容易带来诸如期限错配、利率错配、"庞氏骗局[①]"甚至非法集资等风险。

1.2.4 互联网货币

（一）互联网货币的概念

互联网货币又称为虚拟货币、数字货币。在"互联网社会形态"里，人们根据自己的需求成立或者参与社区，同一社区成员基于同种需求形成共同的信用价值观，互联网货币就是在此基础上形成的"新型货币形态"。

（二）互联网货币的特征

1. 虚幻性

这是虚拟货币区别于现实货币最显著的特征。互联网货币在网络中虽也可以显示为金光灿灿成堆的金币或其他外形，但它其实只是电磁或光信号的技术显示，这与现实世界中的有形货币——纸币和硬币完全不同。它与现实世界中同样无形的电子货币也不相同，尽管由借记的储蓄卡和贷记的信用卡所组成的电子货币也是通过网络显示数字、传递信息，但是电子货币只是现实货币的一种转移媒介，只是一种电子化的记账和支付工具而已。

2. 局限性

局限性包括空间和时间两方面：在空间上，虚拟货币以互联网为平台，一般没有跨界进入现实社会的能力，它离开特定的游戏环境，就没有任何意义；在时间上，任何一款网上游戏都不能永远存在下去，它有自己的营运周期，当某种游戏被玩家厌弃时，营运商就会开发新游戏来代替它。同时这种游戏的游戏币也就随之退出了虚拟货币的舞台。

3. 价值规定的内容不同

马克思指出，在商品生产的社会里，生产商品是独立生产者的私事。他们因生产商品

[①] 庞氏骗局最早起源于美国，是人们对金融领域投资诈骗的称呼。具体来说，庞氏骗局是指向投资者许诺高额收益，并利用新投资者的资金向老投资者支付短期回报，以制造赚钱的假象来骗取更多的投资。这种类似"击鼓传花"式的风险传递最终会导致最后的进入者损失惨重。目前，我国许多不规范的 P2P 平台就是"庞氏骗局"的变型。

的不同而有各不相同的具体劳动，把它们的具体形态抽象化，就成为无差别的人类体力和脑力的耗费，这就是抽象劳动。现实货币的价值实体是凝结的抽象劳动并可以用劳动时间来度量，这表明玩游戏也是劳动，因此互联网货币的价值也与现实世界的货币一样，是用时间计量的人们所消耗的体力和精力。只不过各人取得互联网货币的时间有长有短，也不能直接按各人实际耗用的游戏时间来确定其所得互联网货币的价值，而必须通过将互联网货币兑换成现实世界的法定货币，才能判定其含有的价值。

（三）互联网货币的模式

互联网货币按照其性质不同，可分为传统互联网虚拟货币与新型互联网虚拟货币。传统虚拟货币以游戏币、论坛币、Q币为代表，其产生的初衷主要是为了解决小微额度支付的问题，同时能提高用户黏性，增强品牌知名度。新型虚拟货币以比特币为代表，其带有"货币"的基因，是为了规避监管、实现无障碍流通而存在，它不仅能满足小微额度支付的需要，在大额支付方面也具有优势。

1. 传统互联网虚拟货币

传统虚拟货币可分为两类：单一型虚拟货币和复合型虚拟货币。单一型虚拟货币，是指发行方与虚拟货币产品、服务提供方主体身份重合的虚拟货币，其只能在单一的平台上使用，具有明显的封闭性特征。复合型虚拟货币，是指发行方与虚拟货币产品、服务提供方主体身份不重合的虚拟货币，该类虚拟货币可以在多平台使用，具有相对开放性。

（1）单一型虚拟货币。

单一型虚拟货币的典型代表是游戏币和论坛币。下面以游戏币为例，分析单一型虚拟货币的发行及交易。

游戏币的发行包括两个主体：①网络游戏虚拟货币发行企业，是指发行并提供虚拟货币使用服务的网络游戏运营企业，申报网络游戏虚拟货币发行企业须符合设立经营性互联网文化单位的有关条件。②网络游戏虚拟货币交易服务企业，是指为用户间交易网络游戏虚拟货币提供平台化服务的企业，申报网络游戏虚拟货币交易服务企业须符合设立经营性互联网文化单位的有关条件，且同一企业不得同时经营上述两项业务。

消费者获得游戏币的方式主要有三种：一是通过游戏获得。玩家可以通过完成系统发布的任务获得奖励，奖励内容通常包括游戏币。二是通过法币对换获得。当通过完成游戏任务获得的游戏币无法满足玩家的需要时，玩家可以通过交易系统以法币兑换游戏币，兑换的比例由运营商自行决定。三是通过民间的交易平台获得。当玩家想要退出某个游戏时，会在民间交易平台（如淘宝）出售游戏币，出售的价格不会高于运营商的发售价格，一些职业玩家会选择在民间交易平台上将装备和游戏币兑现。

（2）复合型虚拟货币。

复合型虚拟货币以Q币、盛大币、百度币为代表。2005年，百度与银联、盛大、支付宝等多家公司签订合作协议，推广百度币，试图打通生态圈，构建以百度币为核心的互联网货币体系，但百度当初的构想似乎并未实现。互联网的多元化机制以及各大网络服务公司对自身利益的维护等多方面的原因导致百度币并未真正在各大生态圈中流行起来。但与单一型虚拟货币相比，复合型虚拟货币的使用范围更加广泛，法律关系也更为复杂。虽然在支付方式上，单一型虚拟货币与复合型虚拟货币并无不同，但复合型虚拟货币为消费者营造的"畅通无阻"的用户体验，是单一型虚拟货币无法实现的。

2. 新型互联网虚拟货币

比特币是互联网金融领域广泛讨论的虚拟货币。

（1）比特币的概念。

比特币最初起源于中本聪（Satoshi Nakamoto）在 2008 年题为《比特币：一种点对点的电子现金系统》的论文。在文中，中本聪描述了一种完全基于点对点（P2P）的电子现金系统，该系统使得全部支付都可以由交易双方直接进行，完全摆脱了通过第三方中介（如商业银行）的传统支付模式，从而创造了一种全新的货币体系。比特币是一种"电子货币"，由计算机生成的一串串复杂代码组成，新比特币通过预设的程序制造，随着比特币总量的增加，新币制造的速度逐步减慢。

（2）比特币的特点。

一是去中心化。这是比特币最核心的特点。目前，各国（地区）公开发行的货币都有法定的集中发行方，而比特币不同。比特币是通过 P2P 网络中众多节点计算生成的，实际上就是一些复杂算法（哈希加密算法）的特解。而 P2P 模式意味着这是一个去中心化的运行体系，没有集中发行方，因而也就不存在有哪个政府或机构可以控制其发行机制。

二是总量有上限。"挖掘"比特币的过程其实就是通过庞大的计算机"运算能力"不断求解的过程，其求解机制源自中本聪先生最初设计的规则——一种自动调整的算法，即自第一枚比特币诞生起，比特币的数量就以约每 10 分钟 50 枚的速度增长；当总量达到 1 050 万枚（2 100 万的 50%，约需四年时间）时，减半为 25 枚；当总量达到 1 575 万枚（新增 525 万枚，即余量 1 050 万的 50%）时，再减半为 12.5 枚；……随着比特币总量的增加，新币制造的速度将逐步减慢，后期的增长速度会非常缓慢，直到 2140 年达到 2 100 万枚的总量上限。

三是交易匿名性。比特币的所有交易都记录在相应的分布式网络节点上，可以说是完全透明的。但比特币的设计规则为此提供了两种解决方案：①所有比特币交易使用公共密钥，无须提供交易者的身份证明，因而可以实现完全匿名交易。②比特币客户端可以生成无数个公共密钥，以帮助交易者通过一次一密的方式防止被跟踪。此外，同一个用户还可以拥有多个比特币地址，而且这些地址与用户现实生活中的真实身份可以没有任何联系，因此很难知道一个用户持有多少比特币。

四是流通无国界。用户可以在任意一台接入互联网的电脑上对比特币进行管理，而且任何人无论身处何方，都可以"挖掘"、出售、购买或收取比特币。在进行比特币交易时，用户只需输入其比特币的数字地址，点击"确定"，待 P2P 网络确认后，即完成交易。这一系列行为，没有任何国界限制，唯一的条件就是要有一台连接互联网的电脑。

（3）比特币的获得方式。

比特币的获得方式有三种：一是挖矿生产。制造一个新的比特币区块获得比特币。二是进行购买。通过类似于网上交易平台 Mt.Gox[①]购买。三是捐赠获得。2011 年，自由网、互联网、档案馆、自由软件基金会以及其他的一些组织接受比特币捐赠。

1.2.5　大数据金融

（一）大数据金融的概念

大数据金融是指集合海量非结构化数据，通过对其进行实时分析，可以为互联网金融机构提供客户全方位信息，通过分析和挖掘客户的交易与消费信息掌握客户的消费习惯，并准确预测客户行为，使金融机构和金融服务平台在营销与风控方面有的放矢的金融服务。

大数据金融模式广泛应用于电商平台，以对平台用户和供应商进行贷款融资，从中获得贷款利息以及流畅的供应链所带来的企业收益。大数据的关键是从大量数据中快速获取有用信息的能力，或者是从大数据资产中快速变现的能力，因此，大数据的信息处理往往以云计算为基础。未来，大数据金融企业之间的竞争将存在于对数据的采集范围、数据真伪性的鉴别以及数据分析和个性化服务等方面。

（二）大数据金融的特征

1. 网络化的呈现

在大数据金融时代，大量的金融产品和服务通过网络来展现，包括固定网络和移动网络。其中，移动网络将会逐渐成为大数据金融服务的一个主要通道。随着法律、监管政策的完善，随着大数据技术的不断发展，将会有更多、更加丰富的金融产品和服务通过网络呈现。支付结算、网贷、P2P、众筹融资、资产管理、现金管理、产品销售、金融咨询等都将主要通过网络实现，金融实体店将大量减少，其功能也将逐渐转型。

2. 基于大数据的风险管理理念和工具

在大数据金融时代，风险管理理念和工具也将进行调整。例如，在风险管理理念上，财务分析（第一还款来源）、可抵押财产或其他保证（第二还款来源）的重要性将有所降低。交易行为的真实性、信用的可信度通过数据的呈现方式将会更加重要，风险定价方式将会出现革命性变化。对客户的评价将是全方位、立体的，而不再是一个抽象、模糊的客户构图。基于数据挖掘的客户识别和分类将成为风险管理的主要手段，动态、实时

---

① 　Mt.Gox 是目前最大的比特币交易平台，总部设在东京，处理全球大约 80% 的比特币兑换美元业务。除了美元外，还提供英镑、欧元、加拿大元、澳大利亚元、日元以及波兰兹罗提与比特币的兑换业务。

的监测而非事后的回顾式评价将成为风险管理的常态性内容。

3. 信息不对称性大大降低

在大数据金融时代，金融产品和服务的消费者与提供者之间的信息不对称程度大大降低。消费者可实时获知对某项金融产品（服务）的支持和评价。

4. 高效率性

大数据金融无疑是高效率的。许多流程和动作都是在线上发起和完成，有些动作是自动实现。在合适的时间、合适的地点，把合适的产品以合适的方式提供给合适的消费者。同时，强大的数据分析能力可以极大地提高金融业务的效率，大幅降低交易成本。

5. 金融企业服务边界扩大

首先，就单个金融企业而言，其最适合经营规模扩大。由于效率提升，其经营成本必随之降低。金融企业的成本曲线形态也会发生变化。长期平均成本曲线，其底部会更快来临，也会更平坦、更宽。其次，基于大数据技术，金融从业人员的个体服务对象会更多。换言之，单个金融企业从业人员会有减少的趋势，或至少其市场人员有降低的趋势。

6. 产品的可控性、可受性

通过网络化呈现的金融产品，对消费者而言，是可控、可受的。可控，是指在消费者看来，其风险是可控的。可受，是指在消费者看来，首先其收益（或成本）是可接受的；其次产品的流动性也是可接受的；最后基于金融市场的数据信息，其产品也是可接受的。

7. 普惠金融

大数据金融的高效率性及扩展的服务边界，使金融服务的对象和范围也大大扩展了，金融服务也更接地气。例如，极小金额的理财服务、存款服务、支付结算服务等普通老百姓都可享受到，甚至极小金额的融资服务也会普遍发展起来。传统金融想也不敢想的金融深化在大数据金融时代完全实现。

（三）大数据金融的模式

目前，大数据服务平台的运营模式可以分为以阿里小额信贷为代表的平台金融模式和以京东、苏宁为代表的供应链金融模式。

1. 平台金融模式

平台金融模式是指使用自身平台上的客户交易与支付数据，通过云计算和数据模型分析而形成的网络信贷、基金等金融服务模式。阿里小贷是平台金融模式的典范，它有效解决了中小企业融资难的问题。其主要对商户在淘宝、天猫和阿里巴巴平台中的交易数据、交互信息和购物习惯特点等方面的大数据进行分析和处理，形成了商户在电子商务平台中的累积信用数据。在确认其具有还款能力后就发放贷款，且无须抵押。

2. 供应链金融模式

供应链金融模式是指通过供应链上下游企业的信用捆绑，以此来降低企业的融资风险，提高融资效率，缓解上下游企业融资难的问题。供应链金融的最大特点在于改变了金融机构针对单一中小企业进行主体信用评级，并据此为结果进行授信的信贷方式。金融机构的信用评价不再局限于中小企业本身的信用风险，转而关注企业所处供应链的整体状况，以及中小企业与核心企业的商业关系。2013年年初，苏宁电器成立了重庆苏宁小额贷款有限公司，以其在供应链管理、IT金融人才、数据分析和挖掘能力等方面的基础，为供应链体系中的中小企业提供供应链金融服务。

1.2.6　信息化金融机构

（一）信息化金融机构的概念

信息化金融机构是指在互联网金融时代，通过广泛运用以互联网为代表的信息技术，对传统运营流程、服务产品进行改造和重构，实现经营、管理全面信息化的银行、证券和保险等金融机构，在一定意义上也可以认为是传统金融机构的信息化、互联网化。

我国以银行业为代表的传统金融机构信息化建设已经有20多年的时间，整个金融行业的信息化程度也有了较大的提高，实现了从手工操作到电子化、集约化运营，行业数据和业务得到了较大的集中，特别是随着互联网技术的进一步发展，金融行业信息化也迎来了其创新和发展机遇，基于大数据、云计算、移动智能端以及社交网络等第三类平台的金融服务，逐渐成为金融业务新的增值点，传统金融行业也逐渐从"金融机构信息化"向"信息化金融机构"转变。

（二）信息化金融机构的特征

（1）信息化金融机构能够提供的金融服务更高效、便捷。其基于云计算、大数据等当前最新的互联网技术，改造和重构传统金融运营流程与服务产品，在金融服务方面取得了较大的提升。

（2）信息化金融机构的资源整合能力更强大。通过完整的信息化建设，传统金融机构内部管理系统集成到一个内部的统一管理平台，实现互联互通，更好地整合了各个系统资源。

（3）信息化金融机构的产品更丰富。大家最熟悉的一个创新产品就是手机银行，作为移动互联网时代的产物，其极大地方便了日常生活，从充值到购物、生活缴费再到投资理财，通过手里的智能手机就能全部实现。

（三）信息化金融机构的模式

信息化金融机构从运营的角度来分类，主要有三种模式：传统金融业务的电子化模式、基于互联网的创新金融服务模式和金融电商模式。

（1）传统金融业务的电子化模式，是指利用现代化计算机、网络和通信技术，实现传统金融业务处理自动化、管理信息化和决策科学化，进一步降低运营成本，提高工作效率，从而更好地服务客户，提高行业竞争力。以银行为例，比较常见的电子化业务有手机银行、电话银行和家居银行等。

（2）基于互联网的创新金融服务模式主要包括三种类型：以北京银行和民生银行的直销业务为代表的银行金融服务模式，以"众安在线"为代表的互联网保险业务和以"余额宝"为代表的天弘基金。

（3）金融电商模式主要包括三种类型：第一种是银行业金融电商模式，以中国建设银行的自建平台模式——"善融商务"和招商银行的平台合作模式——"微信银行"为代表；第二种是保险业金融电商模式，以大型险企的自建官网营销平台和中小型险企的"借力"第三方为代表；第三种是证券业金融电商模式，主要包括券商自建的电子商务网站和一些为券商销售产品的第三方平台。

1.2.7 移动互联网金融

（一）移动互联网金融的概念

移动互联网金融是指以移动互联网技术为支撑，传统金融为基础，智能手机、平板等移动设备为工具，突破了传统金融机构垄断金融服务的界限，将电信运营商、第三方支付企业等更多角色投入市场竞争中，提供更方便、快捷、低成本、低门槛、不受时间地域限制的金融业务的一种金融模式。

移动互联网金融继承了互联网金融的诸多特点。首先，移动互联网金融进一步打破了传统商业银行对资金支付中介渠道的垄断。其次，移动互联网金融加速了传统商业银行高利差盈利模式的崩溃。此外，移动互联网金融也触及了商业银行的中介业务。以支付宝手机钱包为例，其业务领域目前已经涵盖支付、代售基金、保险等传统银行领域。

（二）移动互联网金融的特征

（1）移动互联网金融进一步强化了快捷、便利的概念。

（2）移动互联网金融有更强的病毒式传播能力。金融产品与服务基于移动平台或社交网络平台推送，能在极短时间内完成传播、购买/办理等各项操作。

（3）移动互联网金融用户黏性更高。作为移动终端的手机较 PC 有更高的专属性与私密性，且用户使用时间呈碎片化、散点式分布，即时性强，因此基于移动端的金融服务与产品用户黏度更高。

（三）移动互联网金融的模式

1. 按照参与主体划分

（1）以传统金融机构为主体。传统金融机构主要以银行为代表。商业银行利用移动互联网技术，设立手机银行服务，通过手机银行可以实现移动支付、账户查询等服务，甚至推出了部分只针对移动端用户的理财产品。这是银行在移动互联网金融的大趋势下所做的妥协和改革。但是，其只学到了移动互联网金融的形式，而没有涉及实质部分。如各银行推出的移动服务对象仅限制于本行的用户，没有实现移动互联网金融的"互联互通"的特征；银行提供的服务还往往受到地域与时间的限制，不能实现"随时随地"的便捷交易；其金融产品的认购门槛往往较高，交易成本也不低，这就大大降低了用户的参与程度。因此，传统金融机构在移动互联网金融改革方面还需进一步加强。

（2）以电信运营商为主体。电信运营商在移动互联网金融上有着绝对的优势地位。首先，移动用户对电信运营商有着很强的黏性，简单来说，几乎每一台移动终端设备都需要电信运营商的支撑。其次，电信运营商往往掌握着最先进的信息技术，如3G/4G技术，其发展为移动互联网金融的强大创造了条件。电信运营商参与移动金融的主要方式是注资，其注资的方式比较特殊，并不仅仅是通过资金，更多的是依赖技术，如运营商提出负担金融机构开展业务所需设备的成本，整合移动终端所提供的信息，对移动支付的利益分配制定标准，同时不断研发新的信息技术和移动设备等，这种方式非常受传统金融机构的拥戴。总体来说，以电信运营商为主体的移动互联网金融模式更便捷，用户接受度更高，但是缺乏相关的监管制度，所以很容易造成违规操作。

（3）以第三方支付企业为主体。第三方支付企业原本是作为金融消费者和传统金融服务机构的中介间接进行金融服务的，我国又对其开放了一大批金融牌照，使得其可以直接进行金融活动。它是目前移动互联网金融发展中的较高级形态。第三方支付企业的主要参与方式是通过对消费者和商家进行双向资格认定，要求双方在平台上绑定其在金融机构中的正式账户，利用信息技术完成金融交易和结算。该类型的优点是在金融产业链的各个环节分工明确、责任清晰；使金融交易不再受时间地点的限制；使交易简单化，人们可以通过该平台完成和其他多个金融机构的交易，如支付宝的移动支付服务。但是其也存在着很大的缺点：一是竞争更加激烈，要求在研发、营销甚至是资本运营方面付出更多的努力；二是对技术要求较高，交易的过程需要信息技术的支持，所以对信息技术的维护与创新能力要求较高；三是安全性风险较高，其受到的网络安全问题困扰较大，会影响用户的接受程度。

2.按照提供的商业模式划分

（1）移动支付。移动支付是移动互联网金融最核心的服务内容，一方面，它能够克服时间和空间的限制，提供更方便快捷的支付服务，特别是移动支付功能实现后，使小额、高频的交易成为常态，所以深受移动用户的支持。另一方面，移动支付的产品层出不穷，如大众熟知的支付宝手机钱包、微信钱包、财付通等，使得此服务的替代性很强，移动支付企业为了站稳市场，不得不努力提高产品和服务质量。随着移动支付引导的新技术、新服务、新业态的出现和发展，在为用户提供更为多元化、更为便捷的支付服务的同时，其也引领着通信行业、金融行业以及互联网行业的转型和发展，人们在促进移动支付跨行业以及跨平台协作发展方面达成了共识。在当前社会，随着移动支付产业的迅速发展，基于生物识别、移动互联网、Token、NFC、HCE 等技术的业务模式也得到了很大的创新；应用场景方面，也在不断进行丰富和拓展；同时，人们还致力于使线上和线下业务能够早日实现一体化。大数据时代的到来，使得深入分析和预测用户的行为方式与消费习惯成为可能，这也会使移动支付服务的市场价值和发展空间得到进一步的扩展。

（2）移动交易。移动交易主要在传统金融机构、电信运营商、第三方支付企业、电子商务企业所提供的移动线上平台实现。移动交易包含的服务内容非常广泛，例如，在移动交易模式下，不但能通过电子商务平台进行购物、充值，还能通过传统金融机构的移动平台进行还款、转账，甚至还可以通过移动金融平台进行资产管理，包括理财信息的查询与认购、各种投资筹资活动的进行等。移动交易服务的发展，使得用户可以在极短的时间内完成投资、筹资、理财和借贷等金融业务，其处理交易的便捷和快速，很大程度上提高了资源的利用率和配置效率。如今各大移动互联网金融行业参与者都在不断地扩大自己关于移动交易的内容，比如各大银行推行的手机银行，从最开始只提供查询业务到增加了转账汇款、信用卡还款等功能，到现在推出了专属于各自手机银行的理财产品；电子商务企业从原来单纯地提供购物服务，到现在扩展到提供保险、证券等金融业务的交易。这些现象都表明了移动交易的多样化是移动互联网金融发展的主要趋势。

（3）移动金融 APP。移动互联网金融最典型的平台模式就是 APP 模式。该模式最大的优势在于它用户与 APP 开发者、移动金融平台方三者之间构建了一个共赢的生态系统。移动 APP 的兴起是以智能移动终端的发展为基础的，APP 的使用极大地方便了人们的生活。银行推出的手机银行实质上就是一种金融 APP，人们通过手机银行可以直接进行转账汇款以及还款等交易，这一方面减少了出行费用和时间，另一方面也降低了交易费用。另外，通过一些理财 APP 可以直接观测理财产品在各个时间段的动态，随时进行理财产品的认购，这样不但可以提高理财的效率，而且可以增强用户的感知和体验，从而提高用户的偏好程度。移动金融 APP 的盈利模式也具有其独特性：一方面，对商户利用 APP 投放的广告或授权收取费用；另一方面，通过电信运营商的流量数据监控进行利益分成。还有一部分 APP 是通过向使用者收取费用来获利，但实践证明，用户更倾向于免费的服务模式。为了促进移动金融 APP 的发展，从自身角度来讲，应该以用户的需求为导向，不断地研究创新产品，增强客户体验，提高平台的运营能力；从行业角度来讲，要注意与金融机构和移动互联网企业相互协作，实现共赢，比如微信在与浦发银行和腾讯公司的共同协作下于 2013 年 8 月向外界推出了微信银行，这是业内第一个将微信交互模型融入传统金融模式的移动金融 APP。这款 APP 可以提供微信支付、理财和汇款、取款等多项服务，在推出后连续四个月的时间里月交易额都实现了翻番。

（4）O2O 模式。在移动互联网时代，一些线下的商务机会可以通过互联网技术转移到线上来，这种线上线下的结合方式称为 O2O 模式。常见的各类生活消费的团购网站使用的都是 O2O 模式，该模式的关键思想是"线上交易、线下体验"。随着移动互联网技术的飞速发展、移动支付体系的成熟、移动网络连通性的增强、商户营销手段的更新，O2O 在 2012 年出现了爆发式的增长，有人将其称为移动互联网时代的一场浩大的商业革命。仔细观察后不难发现，O2O 模式几乎出现在金融市场的各个领域，包括移动支付、移动理财、投资筹资等。其盈利方式与移动金融 APP 较为相似，主要通过向商户收取佣金、广告费用以及向线下会员收取授权费用来实现。O2O 模式涉及的服务内容广泛，参与者也越来越多，银行、证券公司、电信运营商、电子商务企业都在致力于该模式的发展。如今，O2O 模式已经成为各企业竞相追逐的潮流趋势，这是因为一方面可以通过该模式对线上线下资源进行整合，提高品牌的曝光度，以此来吸引客户，增加知名度，最终提高销售额；另一方面还可以增强用户的体验感，降低交易成本，拓宽选择范围，增加用户的黏性。但是在发展中也要注意解决诚信难以得到保证、商家的主体资格审核存在疑虑、创新能力不足导致同质化竞争严重等问题。

1.2.8 互联网金融超市

（一）互联网金融超市的概念

互联网金融超市是指互联网金融平台将金融机构的各种金融产品和服务进行有机整合，并通过与保险、证券、评估、抵押登记、公证等多种社会机构和部门协作，在互联网上向企业或个人客户提供的一种涵盖众多金融产品与增值服务的一体化经营方式。

（二）互联网金融超市的特征

互联网金融超市的特征可归纳为三个方面。

（1）互联网特性。互联网平台凭借其在透明度、参与度、协作性、中间成本、操作便捷度上的优势为现代金融服务提供了优质的土壤。

（2）金融特性。面向个人的信用卡、保险、基金、外汇和面向企业的贷款、财务顾问乃至供应链融资都可作为"货架"上的商品。

（3）超市特性。业务的全能化加强了客户对金融机构的依赖和信任。

（三）互联网金融超市的模式

1. 信息型金融超市

信息型金融超市是指第三方服务平台以网络为媒介，将通过技术手段抓取或通过签约方式获取的金融产品信息或金融服务信息在平台上呈现、提供给第三方的经营模式。信息型金融超市只为消费者提供信息，而不搭建购买平台，其作用类似搜索引擎，只提供搜索，详细信息需要到第三方网页获取。国内典型的信息型金融超市平台有百度财富、新浪金融超市等。

信息型金融超市最主要的特征是只提供金融产品信息，不提供金融产品或服务，但消费者可以在这个"超市"中检索到海量的金融产品信息，涵盖保险、理财、贷款、信用卡等众多领域，消费者可以根据需求，自动筛选信息。信息型金融超市所呈现的金融产品信息由第三方网站机构或系统自动收集提供，对消费者而言准入门槛较低。

信息型金融超市能够实现各方的共赢。对主动提供数据或信息被超市被动抓取的金融产品提供者而言，信息型金融超市为其打通了销售渠道；对金融超市本身而言，信息的集聚意味着流量的集聚和平台的广泛运作空间。信息型金融超市的成本较小，但在金融超市领域的作用不容忽视。

2. 销售型金融超市

销售型金融超市是指正规金融机构或互联网服务平台以销售其自身发布的金融产品为目的而设立的综合性金融销售平台。典型代表有中国银行网上银行、中国平安金融超市等。这类金融超市专门服务于某个金融集团或某个法人，具有专门性、集聚性和排他性等特点。

随着互联网科技的发展，金融机构将业务由线下带到线上，实体店是金融机构在线下的交易场所，而销售型金融超市则是金融机构在线上推介业务的平台。事实上，平台方与金融产品提供方属于同一法人或集团。销售型金融超市以销售金融产品为目的，为消费者提供综合金融服务，包括银行、保险、理财等服务，投资者在金融超市选定产品后，可直接在线上与金融机构签订合同，购买产品或服务，并在线上完成支付交易。

3. 媒介型金融超市

媒介型金融超市是指平台服务商不直接提供金融产品，而通过提供平台服务吸引金融产品提供者入驻，收取一定管理费用的金融超市。

平台服务提供者与金融产品提供者相互独立，平台方与金融产品提供方的利益不同，平台设计的初衷并不是销售商品，而是为各方打造一个舒适的金融产品购物平台。金融产品提供者之间也是相互独立的，且须接受平台服务提供者的监管。

媒介型金融超市不仅有正规金融机构发布的产品，同时也将众筹业务、P2P业务收入其中，以满足不同消费者的消费需求，真正实现"普惠金融"的构想。同时，媒介型金融超市体现了更加细化的社会分工，形成规模经济效应，是互联网时代的共赢选择。

1.3 互联网金融的发展

1.3.1 国外互联网金融的发展概况

（一）传统金融服务的互联网化

国外金融业在互联网出现不久后就开始将业务实现方式向网络方向延伸拓展。传统金融服务的互联网化即金融互联网服务，这时互联网与金融之间的关系主要表现为以互联网为代表的多种信息技术手段对传统金融服务的推动作用，即传统金融业务通过互联网手段实现服务的延伸。其主要表现为国外商业银行传统业务通过互联网、手机、PDA等终端设备实现银行业务功能；券商建立互联网平台以实现让客户通过网络完成证券交易；保险公司依托互联网交易平台实现保单出单和在线理赔；还有诸如通过互联网平台实现资产管理等业务。这些业务的本质是技术创新带来的银行传统业务渠道的信息化升级。其中较为典型的早期创新就是美国 Wells Fargo 银行于 1995 年 5 月向公众提供 web通道办理银行业务，早期的网页服务在功能多样化和安全性上较如今的水平相差很远，但这拉开了互联网技术在金融业务中取得长足发展的序幕。

（二）第三方支付日益成熟

自 1996 年全球第一家第三方支付公司在美国诞生以来，随着信息技术的发展，以第三方支付和移动支付为代表的互联网支付方式取得了较快的发展，涉及的交易金额和交易范围迅速扩大，且具有很强的增长潜力。

PayPal（中文译名"贝宝"）是到目前为止全球最大的支付业务供应商，成立于 1998年 12 月，总部设在美国加利福尼亚州圣荷西市。PayPal 在全世界范围内拥有大约 1 亿个注册账户，在跨国交易中，使用 PayPal 付款也是现今最为有效的付款方式。普通用户只需使用电子邮件地址即可进行注册并使用相关服务，包括在线实时支付和收款，收付款均可即时到账。与传统的到银行汇款或者采用邮寄方式送出支票相比，PayPal 提供的服务无疑更加安全和便捷。现在 PayPal 的业务范围覆盖了全世界 190 多个国家和地区，是跨国交易中较为理想的解决方案之一。

与 PayPal 类似的产品还有美国 Google 公司于 2006 年推出的 Google check out 支付平台等，它们在各自的支付业务上各有侧重，核心业务均围绕在充当第三方的转账支付工具。

（三）P2P 平台衍生多种模式

P2P 是一种个人对个人的网络直接信贷模式。自 2005 年第一家互联网 P2P 公司Zopa 在英国上线，P2P 贷款部分替代了商业银行信用中介职能，大幅降低了借贷双方的信息不对称程度及交易成本，并在发展中不断摸索，衍生出多种运营模式。总体来看，国外 P2P 借贷平台普遍只作为中介型机构存在，除了提供相关服务并收取费用外，并不在借贷过程中形成独立的利益关系。

在欧美等发达国家，P2P 贷款机构十分普遍，目前，比较著名的有美国的 LendingClub 和 Prosper、西班牙的 Comunitae、英国的 Zopa、韩国的 Popfunding、巴西的Fairplace 和日本的 Aqush 等。以美国的 P2P 贷款平台 Lending Club 为例，该公司成立于2006 年，到 2013 年年底，其总贷款规模已超过 20 亿美元，Lending Club 公司的运营方式是交易成功后收取一定比例的中介费用，不为交易双方提供任何担保。

表1-2　国外主要P2P平台的运营模式

类别	代表	放贷区域	面向群体	盈利机制	利率
非盈利公益性	Kiva	发展中国家	收入较低的企业。通过该国小贷机构筛选当地合格贷款机会	收取息差覆盖贷款管理成本	平均年贷款利率为30%
单纯中介型	Prosper（2006）	美国	具有美国合法公民身份，超过520分的个人信用评分、社会保障号、个人税号、银行账号	不承担贷款的信用风险，主要确认借款者的身份和个人信息，提供全生命周期内的贷款服务。借款者按借款金额的0.4%~4.5%收取费用；放贷人按交易规模收取1%的年费	5.65%~33.04%
复合中介型	Zopa（2005）	英国	P2P社会贷款服务，借款人需符合Equifax信用评级可借等级	收取借款人每笔0.5%及出借人年借款额0.5%的服务费；为借贷双方提供还款保障保险；坏账率低于1%	将借款人按Equifax信用评级分为四个等级，出借人根据借款人的信用等级、借款金额、借款时限选择可接受利率
复合中介型	Lending Club（2007）	美国	借款者整体属于中上阶层，利用网联平台的高传播性及朋友间的互相信任，使用Facebook应用平台和其他社区网络及在线社会将出借人和借款人聚合	中介服务费	6%~25%

资料来源：陶娅娜. 互联网金融发展研究 [J]. 金融发展评论，2013（11）：60.

（四）众筹融资呈现爆发式增长

众筹融资是通过网络实现天使投资、创业投资和创业者撮合的融资平台，起源于2009年美国的一家创业众筹网站Kickstarter，其经营模式是用捐赠资助或预购产品的形式为中小企业或者小微企业在线募集资金。作为一种大众化的融资方式，自诞生以来，众筹模式呈现爆发式增长，成功募资的项目数量和募资额屡创新高。据 Massolution 公司研报显示，2009 年全球众筹融资额仅 5.3 亿美元，2012 年已快速上升至 26.6 亿美元，较 2011 年的 14.7 亿美元增长了 81%，其中北美 2012 年众筹平台募资总额为 16 亿美元，较 2011 年增长了 105%。从单笔募资额来看，2013 年 5 月的创意手表项目 Pebble Watch 在 Kickstarter 上创造了到目前为止众筹融资的最高纪录——发布 28 小时内筹得 100 万美元，1 个月内得到近 7 万人的支持，筹得 1 000 万美元。

2012 年 4 月，美国奥巴马政府签署了《促进初创企业融资法案》（简称《JOBS 法案》）。该法案增加了对众筹的豁免条款，为创业公司通过众筹方式向一般公众进行股权融资提供了法律依据，进一步拓宽了投资者和创业者的募资渠道，使众筹模式逐步趋于合法化、规范化。此外，《JOBS 法案》还在投资者利益的保护方面做出了较为细化的规定。

1.3.2　我国互联网金融的发展概况

我国互联网金融经历了三个阶段。2005 年以前是其所处的第一个阶段，该阶段主要是互联网可以为金融行业提供技术服务，实现线上业务，这个时期并没有形成真正的互联网金融行业。2005～2012 年是其所处的第二个阶段，该阶段的主要表现是网络借贷迅猛发展，第三方支付机构迅速扩大，两者的结合正在向金融行业扩展，不再局限于技术领域。该阶段最重要的标志性事件就是，2011 年央行对经过资格审核的机构发放第三方支付资格证，第三方支付从此进入正规化发展。2012 年以后是其所处的第三个阶段。2013 年是互联网金融最重要的一年，在这一年，互联网金融获得井喷式发展：P2P 迅猛发展，众筹融资平台开始逐渐建立起来，银行、保险等行业开始以网络作为基础实现业务创新，各种线上产品开始登上网络舞台进行在线销售。可以说互联网金融从此进入一个新的发展时期。

互联网金融模式不断得到创新和丰富。近年来，特别是 2013 年以来，随着人们对互联网技术在向金融领域渗透过程中体现出的降低金融交易的成本、降低金融交易过程中的信息不对称程度和提高金融交易的效率等优势的认识的深入，我国互联网金融发展的模式内容也不断地得到创新和丰富。这些模式内容上的创新和丰富突出表现在以下三大方面：第一，在银行开展的网络借贷业务方面，银行开展的网络借贷业务已由传统的"网下申请、网下审批、网上发放"，经由"银行＋电子商务平台"，而创新发展出了"银行自建电子商务平台"。第二，在第三方支付方面，由独立的第三方支付、有担保的第三方支付等，创新发展出了第三方支付工具与基金、保险合作进行理财等内容。第三，在 P2P 网络借贷方面，则由纯粹提供信息中介服务，创新发展出了 P2P 平台与担保机构合作、线上与线下结合以及债权转让等内容。

交易规模快速发展壮大。2008 年以来，我国的网络银行、第三方支付及 P2P 网络借贷等互联网金融模式的交易规模不断扩大。其中，网络银行的交易额由 2008 年的 285.4

万亿元迅速增长到了 2015 年的近 2 000 万亿元。第三方支付的交易额也由 2009 年的 3 万亿元快速增长到了 2015 年的 36 万亿元左右，期间虽由于市场渐趋饱和，增速有所下降，但也达到了 18.6% 以上。P2P 网络借贷的交易额则由 1.5 亿元快速增长到了 3 292 亿元。以第三方支付工具与基金合作的余额宝产品于 2013 年 6 月 13 日上线，至 2015 年年底，其用户已达到了 2.6 亿户，交易总规模突破了 1 万亿元。

【本章小结】

1. 互联网金融（Internet Finance）是参与主体凭借互联网平台、互联网工具、互联网技术手段等实现资金融通的经济活动。具体来讲就是基于互联网点对点信息互换，通过网格化的关系对接，借助数据挖掘技术进行信息处理，依托支付、云计算、社交网络以及搜索引擎等互联网工具实现的资金融通、支付和信息中介等活动。

2. 结合欧美和国内互联网金融业务的发展经验，本书主要介绍八种互联网金融模式，包括 P2P 网络借贷、互联网众筹、第三方支付、互联网货币、大数据金融、信息化金融机构、移动互联网金融、互联网金融超市。而这八种模式也正是现阶段我国互联网金融发展过程中出现的模式。

3. 互联网金融的主要特征有：低成本、高效率、注重客户体验、风险特殊性。

4. 国外互联网金融的发展概况主要包括：传统金融服务的互联网化；第三方支付日益成熟，移动支付逐步替代传统支付；P2P 平台衍生多种模式，部分替代银行信用中介功能；众筹融资呈现爆发式增长，逐步走向合法化与规范化。

5. 我国互联网金融发展的模式内容上的创新和丰富突出表现在以下三大方面：第一，在银行开展的网络借贷业务方面，银行开展的网络借贷业务已由传统的"网下申请、网下审批、网上发放"，经由"银行＋电子商务平台"，而创新发展出了"银行自建电子商务平台"。第二，在第三方支付方面，由独立的第三方支付、有担保的第三方支付等，创新发展出了第三方支付工具与基金、保险合作进行理财等内容。第三，在 P2P 网络借贷方面，则由纯粹提供信息中介服务，创新发展出了 P2P 平台与担保机构合作、线上与线下结合以及债权转让等内容。

【复习思考题】

1. 互联网金融的概念是什么？

2. 互联网金融有哪些主要模式？各种模式有哪些主要特点？

3. 国外互联网金融的发展状况是怎样的？

4. 我国互联网金融的发展状况是怎样的？

第2章　互联网金融的治理框架与法律规制

任务目标

1. 了解互联网金融的治理框架
2. 了解互联网金融的法律规制
3. 掌握互联网金融的法律风险特征及其类型
4. 掌握互联网金融法律风险的防范措施
5. 理解我国互联网金融监管的现实意义

2.1 我国互联网金融的治理框架

2.1.1 框架构成与治理原则

（一）互联网金融治理的框架构成

互联网金融治理与互联网金融监管应具有类似的内涵和外延。尽管近几年我国互联网金融发展迅猛，但由于我国互联网金融方面的立法比较落后，现行的金融监管政策在某种程度上尚未跟上互联网金融发展的步伐。

互联网金融治理的框架主要表现为以下几个部分。

1. "一行三会"的治理

基于我国当前"分业经营、分业监管"的金融发展模式，在互联网金融领域同样存在着银监会、证监会、保监会三足鼎立的分业监管模式，同时中央银行发挥维护金融整体安全的职能。在这种体制下，银监会负责统一监管全国银行、金融资产管理公司、信托投资公司、P2P网贷及其他存款类金融机构；证监会依法对全国证券、期货市场以及股权众筹实行集中统一监管；保监会则统一监管包括互联网保险在内的全国保险市场，促进保险业的发展；央行负责第三方支付的牌照发放以及企业经营行为的合规监管。此外，上述部门在进行分工的同时，还建立了"监管联席会议机制"，定期讨论监管事项，这是对现行分业监管模式的有益补充。

2. 行业协会的治理

互联网金融结合了金融和互联网的双重特点，因此，由互联网企业、金融机构、政府部门、专家学者等组成的行业组织对于反映互联网金融企业的要求，以及对互联网金融企业进行有效治理等方面的作用显得至关重要。例如，在实践中，中国互联网金融行业协会、中国互联网协会互联网金融工作委员会、中国证券投资基金业协会、中国保险业协会等行业协会都已建立，它们在制定自治章程、行业规范、行为准则等方面做了许多工作，可以及时地反映中国互联网金融企业的切实需求，进而促进对互联网金融的有效治理。

3. 互联网金融企业的自我治理

互联网金融企业的自我治理是遵守国家金融监管法规、行业自治规范的要求。互联网金融企业在经营过程中面临着经营主体风险、法律合规风险、技术操作风险、市场流动性风险、资金安全风险、货币政策风险等不同类型的风险，因此，互联网金融企业的自我治理在应对各类风险方面就至关重要。例如，互联网金融企业可以通过进行资金第三方托管、申请银行授信、引入第三方担保等方式减小上述风险对互联网金融企业本身的冲击。此外，互联网金融平台还可以制定各类操作指引（如申购指引、退出指引以及隐私权保护指引等），完善金融投资者保护渠道。

（二）互联网金融治理的原则

我国互联网金融要有统一的治理原则。一方面，要有效地鼓励互联网金融企业创新，为其创造良好的发展环境，避免监管机构违背经济规律的过度监管；另一方面，监管机构也要不断创新监管思路和手段，积极应对互联网金融背景下出现的新风险、新问题。互联网金融的治理原则至少应包括以下几个方面。

（1）互联网金融创新必须坚持服务实体经济的本质要求，合理把握创新的界限和力度。互联网金融的发展须以市场需求为导向，解决实体经济中的融资难等问题，提高金融服务的能力和效率。

（2）互联网金融创新应服从宏观调控和金融稳定的总体要求。互联网金融的发展和治理应有利于提高资源配置效率，有利于维护金融稳定，有利于推进国家利率市场化改革，有利于央行对流动性的调控，避免增加实体经济的融资成本、影响银行体系流动性转化。

（3）要切实维护消费者的合法权益。互联网金融与传统金融相比既有相同之处，又有创新之处。互联网金融的治理也要重点关注互联网金融企业、平台是否进行充分的信息披露和风险揭示，是否以直接或间接的方式承诺收益。

（4）维护公平竞争的市场秩序。互联网金融治理也包括对互联网金融环境下存在的不正当竞争行为的防范。在互联网金融环境下，不允许存在提前支取存款或提前终止服务而仍按原约定利率计息或收费标准收费等不合理的合同条款。

（5）处理好政府监管和自律管理的关系，充分发挥行业自律的作用。政府监管与行业自律管理在互联网金融的治理和监管方面可相互配合、相互补充，特别是在当前互联网金融立法不完善、政府监管不足的背景下，允许行业协会制定行业规范、自治章程，从而作为后续立法的尝试，对互联网金融的治理颇有意义。

2.1.2 外部监管与治理

由于互联网金融是互联网与金融的结合物，在实践中，互联网金融监管的主体包括央行、银监会、证监会、保监会、工信部等部门。同时，互联网金融作为当前金融创新的主体领域，带来高频密集的交易方式和分散灵活的交易结构，对当前的金融监管政策和监管手段提出了新的要求和挑战：①在交易技术层面，大量的金融服务体现为网络化、自动化的数据传输和算法处理，对网络安全等基础设施的保障、对算法和技术风险的整体防范有可能成为监管的内容。②在交易结构层面，去中心化的交易结构形成后，互联网金融环境下，交易渠道错综复杂，交易行为小微密集。在这种信息与资金的广泛互联中产生了金融监管中最需严格审慎的公众化利益问题、资金流监测问题以及宏观调控效果问题。③在权力契约层面，监管机构必须保护、培育并维持合理、适度的竞争秩序，既要防止金融权力重新过度集中，又要防止出现过度竞争。

在实践中，互联网金融立法不健全（多为部门通知、相关报告、领导讲话等），互联网金融机构的法律地位、经营范围、监管主体等在法律上没有明确的界定，因此，这导致了互联网金融的监管一直处于监管领域的灰色地带，极易出现模糊业务边界、逃避监督管理的现象。此外，互联网金融涉及面广，跨越银行、证券、基金、保险、信托等多个领域，互联网金融企业难以纳入某个单一金融监管部门监管，相关金融业务难以按分业管理原则纳入相应监管体系进行监管，因此出现一些监管真空。鉴于互联网金融的上述特点，国内学者针对互联网金融监管的方式也有很多的讨论，有的学者较为保守，从中国区域经济发展的差异出发，强调地方政府金融办对地方金融活动更为熟悉，因此主张建立在"一行三会"基础上以地方政府金融办为主导的地方金融监管体系；另有学者立足于机构监管、功能监管和目标监管的利弊，从互联网金融的发展看到了"混业监管"的方向，并试图分析集中统一的（互联网）金融监管委员会设立的必要性和可行性。

2.1.3 行业协会治理

对于日新月异的互联网金融创新，行政监管部门一般会给予一定的"观察期""测试期"及一定的发展空间，同时使其尽快暴露其中的风险和问题。由于互联网金融是互联网与金融相结合的产物，政府监管的实施过程中需要不同部门之间的协调，而不同部门之间往往存在信息不畅通、效率低下等问题，因此，单纯的外部监管并非是最有效的方式。建立行业协会、加强行业自律管理可以减少互联网金融领域"一管就死，一放就乱"的尴尬局面。在实践中，中国互联网行业协会、上海东方互联网金融服务协会、深圳市互联网金融协会以及中关村互联网金融行业协会等全国性、地方性的互联网金融行业组织纷纷成立，它们各自制定会员章程、自治规范等规则，约束会员单位合法合规经营，同时互联网金融行业协会还组织开展各类评级或评选，引入社会舆论监督，督促互联网金融企业正当运营。

互联网金融行业组织的行业自治规范是基于互联网金融企业会员的同意或自愿接受而产生的，它是在行业成员协商一致的基础上创制的。另外，其内容很多是对市场活动中普遍的商业习惯做法的总结和定型化，基于有关行业团体成员的同意而订立，并为行业成员普遍接受，对行业成员具有普遍的约束力，因此行业自治规范具有习惯法的效力。这种效力在互联网金融领域没有成文立法的情况下具有特别的意义。但是，在推动行业自治、加强行业规范制定过程时，相关部门应建立和完善对行业自治规范的效力审查与认定机制，避免自治规范不合理地提高行业的门槛，降低行业的竞争，甚至成为少数人谋取利益的手段。因此，相关部门必须建立行业规范的备案、行政审查和司法审查制度，识别行业规范是否与现行法律法规、产业政策、宏观调控以及竞争政策等存在矛盾。

2.1.4 互联网金融企业自我治理

互联网金融内部治理与风险合规管理源于互联网金融企业运营中面临的各类风险，其中包括互联网金融的传统金融风险（如信用风险、市场风险、流动性风险、操作风险、法律风险等）、互联网金融的经营风险（如战略风险、操作风险等）以及互联网金融的技术风险（如安全风险、计算机病毒和黑客攻击风险等）。加强企业本身的内部治理和风险合规管理，对于维护企业自身的持续运营以及投资者的资金安全等至关重要。

互联网金融企业可以从以下几个方面做好互联网金融的内部治理与风险合规管理工作：一是企业员工的教育和培训。由于互联网金融在产品推介、风险收益以及交易缔结等很多方面与传统金融存在区别，互联网金融企业的员工在工作过程中容易出现违反金融法律法规等合规问题，因此，加强对金融从业人员金融法律法规、计算机应用操作、网络通信等方面的教育和培训便尤为重要。二是柜员管理和权限控制。事权分离是银行内部控制的基本制度。设立不同类别、不同岗位、不同权限的柜员，建立网络金融业务的纵横制约、逐级审批、互为监督的柜员权限控制体系，是行之有效的内部控制机制，此权限控制在互联网金融投资者的隐私权保护及用户信息使用方面应用广泛。三是客户注册业务控制。互联网金融企业加强对客户开户注册业务的控制，审查客户提交的身份证明和申请表，要求客户签署互联网金融的各类服务协议和业务条款，从而建立金融机构与客户之间清晰的法律关系，明确双方之间的权利义务关系，减少互联网金融企业面临的后续诉讼风险。四是身份识别控制。互联网金融平台在客户进行交易的过程会采用一系列的身份识别技术，确认客户对注册账户的操作权限，保证客户的信息安全和账户资金不被盗用，例如逻辑码识别（如动态密码卡）、物理介质识别（如 USBKey 证书）、生物介质识别（如指纹）。

值得指出的是，对于互联网企业开展金融业务类的互联网金融，其自身的发展积累了大量的客户信息、交易信息等大数据，因此，此类互联网金融企业在全面评估客户信用、深入评测业务风险、强化服务的供需对接等方面可以广泛运用大数据的优势。例如，互联网金融企业基于大数据对客户资信调查、信贷记录、违约记录、偿还记录以及各种消费情况、购买力情况、资产情况的分析和筛选，可以为贷款业务提供信用分析的有效支持，实现对客户信用的全面评估。

2.2 互联网金融的法律风险

互联网金融创新浪潮势不可当，但大潮之下，难免鱼目混杂，泥沙俱下，在良莠不齐的发展过程中，有"劣币驱逐良币"的可能。互联网金融在野蛮发展中催生了四个集聚：一是人才的集聚；二是科技的集聚；三是资金的集聚；四是风险的集聚。互联网金融发展过程中面临的风险很多，最主要的是法律风险。

所谓互联网金融的法律风险，主要是指由于互联网金融从业机构以及投资者的外部法律法规的环境发生变化，或者是自身没有法律依据，没有按照合同规定有效行使权利、履行义务，从而导致产生负面法律后果的各类风险。

2.2.1 互联网金融法律风险的特征

互联网金融的法律风险和其他行业相比，有自己的特殊性。

1. 政策和法规高度不确定性风险

作为新生业态，互联网金融缺乏直接针对性的法律，很多领域缺乏法律监管，政策和法律多处空白或者出现漏洞，往往是新出现某种产品领域，后出台监管政策。

2. 金融和网络安全风险的叠加

互联网金融机构既会面临传统金融业的道德风险、市场风险、信用风险，同时也会涉及网络安全方面的风险，这导致风险累加，最后有可能引发更严重的法律风险。传统金融业，诸如各大银行的网络一般是半独立、非公开化的。与此不同的是，互联网金融企业拥有的多为开放式网络通信系统，服务器暴露于开放的网络空间。对于大部分初创性企业而言，保密技术不够完善，很容易遭受病毒以及黑客攻击，使得互联网金融消费者的个人数据、资产面临被侵害的风险。自 2013 年以来，一些知名 P2P 网贷平台（如人人贷、拍拍贷）与网贷第三方服务平台（如网贷之家）多次被攻击，甚至被黑客敲诈勒索。这些平台被侵权后很难取证，要通过法律途径起诉黑客、维护自身权益更加困难。网络安全的风险系数非常大，维权成本高。因此，互联网金融许多产品领域表面上看没有门槛，实质上门槛相当高。

3. 信息易被滥用的风险

在大数据时代，各种机构推崇对种种数据进行无止境的收集。随着高科技的发展，智能手机带来的移动互联网传播方式令个人信息以最快的速度向外暴露，并且难以控制。网络在消除金融信息不对称的同时，也让个人变得缺乏隐私。对投资者而言，要在各类互联网金融机构投资往往要经过烦琐认证，包括提供姓名、家庭住址、工作单位、身份证号码（包括上传身份证正反面照片）、手机号码、电子邮箱等个人信息。这些互联网金融机构普遍存在可能被黑客攻击的风险，当各类互联网金融机构没有尽职提供网络安全技术，或者内部员工未尽责保守秘密时，信息有可能轻而易举地落入他人手中。由于网络传统速度极快，各种消息可能会快速被滥用到种种不法途径中去。

4．可信证据保存的风险

传统交易大多数以物证和书证等形式进行表达或记录，比如对于较大额度的借贷交易，双方当事人往往要签订书面契约。但是在互联网金融领域，所有借贷、投资等行为基本上都是用电子合同或电子数据来表示。由于电子数据容易被删改，一旦发生纠纷或诉讼，如何向公安、司法机构证明电子数据所包含的交易信息是完整、可靠和真实的，就存在很大的问题。

2.2.2 互联网金融法律风险的类型

1．商业信息泄露的法律风险

为消除信息不对称以及获得投资人的信任，P2P网贷平台需要把优质借款人的详细信息（住址、姓名、电话等联系方式）发布到网上。优质借款人的信息对网贷平台而言是最具核心价值的商业信息，将其发布到网上可能无形中致使网贷平台的商业信息泄露。P2P网贷平台要发布令出借人可信任的借款信息，一般要提供借款人的具体营业信息，这些信息也可能会被其他潜在竞争者所获知。

2．隐私被侵犯的法律风险

这主要是互联网金融消费者和投资者的各类隐私被泄露的法律风险。在2013年3月，有人反映部分支付宝生活助手转账付款结果页面被谷歌抓取，包括姓名、家庭住址、手机联系方式、金额等非常隐私的信息。支付宝方面调查表示，支付宝对相关页面链接进行了安全保护，正常情况下任何搜索引擎都无法抓取。出现这次事故可能是因为有极少量用户主动将自己的付款结果页面分享到公共区域。但这一回应未能完全消除一些网友的质疑。美国著名的众筹网站Kickstarter在2014年2月被黑客攻击，导致部分客户数据泄露，其中就包括客户的隐私信息。在互联网金融时代，讲究大数据收集，以加工、挖掘有价值的信息，为金融业提供信息服务，这事实上不可避免地和个人隐私保护相冲突。中国《刑法修正案（七）》和《电信和互联网用户个人信息保护规定》以及2014年修订并在3月15日开始使用的《消费者权益保护法》等若干法律法规、立法解释、司法解释都对公民信息和隐私保护有非常详细的规定。互联网金融机构一旦没有妥善地保护消费者、投资者的个人信息和隐私，可能会受到相关法律法规的惩治。

3．借贷主体间的法律风险

这涉及借贷利率过高的法律风险。在2013年年底，网贷第三方服务平台"网贷之家"统计，在95家网贷平台里面有三分之一左右平台的年化收益率超过24%。根据《关于人民法院审理借贷案件的若干意见》，民间借贷的利率可以适当高于银行的利率，各地人民法院可根据本地区的实际情况具体掌握，但最高不得超过银行同类贷款利率的四倍。超出此限度的，超出部分的利息不予保护。因此，网贷平台对高利率的约定具有违法性，以及可能存在不能兑现的风险。

4. 网络虚拟货币的法律风险

这方面的典型代表是比特币，另还有莱特币、元宝币、狗币等。2009 年，比特币的概念由中本聪提出。比特币是一种 P2P 形式的数字货币，点对点的传输意味着其拥有去中心化的支付系统。比特币与普通常见货币以及 Q 币等都不同，Q 币实质为真实货币的虚拟化，是真实货币的延伸，且流通领域有限，大多数情况下在发行该货币的网站内流通；比特币则不依靠特定货币机构发行，它依据特定算法产生。比特币使用整个 P2P 网络中众多节点构成的分布式数据库来确认并记录所有交易行为，使用密码学的设计来确保货币流通各个环节的安全性。比特币等网络虚拟货币具有匿名、跨境流通便利等特征，不易追溯其交易过程，政府间难以对其实施管制，因此易成为洗钱利器，与反洗钱的国家政策背道而驰。另外，比特币可能恶化金融秩序，在一国金融动荡的时候，通过出售本国货币、购买比特币，可能加速本国货币贬值。根据《人民币管理条例》规定，比特币在我国不是法定货币。另据央行 2013 年发布的《关于防范比特币风险的通知》，比特币是否具有（虚拟）财产的性质也是很模糊的，这导致其在行政、司法领域是否可以得到与普通财产同等的保护存在疑问。

2.2.3 法律风险控制思考

（一）法律风险控制的总体原则

面对互联网金融法律风险的多个维度，控制法律风险的总体原则要注重"三线"建设。

1. 平衡权利义务的界线

交易双方的权利义务关系一定要界定清楚，要有一个平衡，这是权利的界限。不能在经营过程中侵犯投资者（消费者）的利益、侵犯经营合作方的利益。

2. 把握政策的红线

政策的红线放得很宽，但是要注意，不能在互联网金融经营过程中影响社会稳定。

3. 坚守法律的底线，不要进行非法集资

法规禁止非法集资，其规定了集资人数的上限和资金金额的上限。

（二）法律风险控制的主要举措

1. 信息的正当收集与保护

从业者应严格按照现有法律法规收集客户信息，并给予相应的保护。根据 2007 年 6 月公安部等部门颁布的《信息安全等级保护管理办法》，凡是互联网机构信息系统受到破坏后，会对社会秩序和公共利益造成严重损害，或者对国家安全造成损害的，此种信息系统安全等级划分为第三级。该等级的信息系统运营、使用单位应当依据国家有关管理规范和技术标准进行保护。国家信息安全监管部门对该级信息系统信息安全等级保护工作进行监督、检查。例如，P2P 网贷或众筹平台涉及借贷交易的资产过亿，涉及广泛社会利益，信息安全等级应列为第三等级。在实践中，此类互联网企业通过向当地公安部门备案，获得公安部门出具的《信息安全等级保护备案证明》，从而达到国家法规要求的信息安全等级。从业者应该熟悉相关法律法规，平台安全程度需达到国家标准，这样在黑客入侵导致客户信息泄露时，才可能在一定程度上适用免责。

2. 互联网金融行业自律要加强

对于正在发展中的互联网金融各产品领域，国家相关法律法规尚不完善，因此应重视行业章程对本行业的有效规范。作为"软法"，需发挥这种社会自生规则的应有价值。

2.3 互联网金融的法律规制

2.3.1 互联网金融监管方向愈加明确

2015 年，监管层的积极引导对互联网金融的发展产生了积极影响。2015 年 3 月 5 日，李克强总理在《政府工作报告》中两次提到"互联网金融"："互联网金融异军突起"；要求"促进互联网金融健康发展"。2015 年 7 月 4 日，国务院下发《国务院关于积极推进"互联网＋"行动的指导意见》，其中 15 次提到"互联网金融"，要求促进互联网金融健康发展，培育一批具有行业影响力的互联网金融创新型企业。2015 年 7 月 18 日，十部委联合发布《关于促进互联网金融健康发展的指导意见》，指出"互联网与金融深度融合是大势所趋"，同时强调从业机构应做好安全防范和风险规避。2015 年 8 月 6 日，最高人民法院发布了《最高人民法院关于审理民间借贷案件适用法律若干问题的规定》，针对 P2P 网贷问题平台的"跑路"明晰了各方责任。2015 年 8 月 12 日，央行发布《非存款类放贷组织条例（征求意见稿）》。2015 年 12 月 28 日，银监会等部门研究起草了《网络借贷信息中介机构业务活动管理暂行办法（征求意见稿）》，"负面清单"明确了网贷平台明令禁止的 12 条行为。2015 年 12 月 28 日，央行发布了《非银行支付机构网络支付业务管理办法》。

2016 年 8 月 24 日，银监会联合工业和信息化部、公安部、国家互联网信息办公室等部门发布了《网络借贷信息中介机构业务活动管理暂行办法》，这意味着历经八个多月的征求意见的行业管理办法终于落地。

2.3.2 监管原则体现"底线"与"红线"思维

互联网金融具有创新性、跨部门性、联动性等特点，同时也沿着"创新—监管—再创新—再监管"的道路发展。金融监管部门对待互联网金融的态度也更多地表现为鼓励创新和防范风险，其表现在监管原则上就是重在强调"经营底线"和"政策红线"，施行负面清单原则：一方面，强调创新必须坚持金融服务实体经济，服从宏观调控和金融稳定，维护消费者合法权益，维护公平竞争市场秩序，充分发挥行业自律作用等；另一方面，强调互联网金融企业不能从事非法集资、非法吸收公众存款、洗钱犯罪、互联网诈骗、庞氏骗局以及 P2P 资金池运作等行为及其变相行为。这种"底线""红线"思维在鼓励互联网金融企业创新、创造更多互联网金融投资产品或服务的同时，又时刻引导互联网金融企业遵守金融规范，减少金融违法行为的发生。对于互联网金融，银监会、证监会和保监会三大监管机构纷纷亮出各自的监管思路，底线思维或将成为共识。"底线"和"红线"思维不仅仅是一种思考方法，更代表着监管机构对互联网金融的态度。

在底线思维模式下，互联网金融创新要坚持金融服务实体经济的本质要求、合理把握创新的界限和力度的原则。互联网金融发展的最终目的是解决现实中的投融资难、渠道少的问题，服务实体经济，同时减少变相资金池、庞氏骗局等脱离平台属性的行为。互联网金融创新应服从宏观调控和金融稳定的总体要求，互联网金融在活跃市场资金、加快资金流动的同时，也要加强自身的风险管控能力，特别要注意信用风险、流动性风险、用户信息安全等风险的防范，避免互联网金融风险对整个金融体系的波及。要切实维护消费者的合法权益，互联网金融平台、投资产品应注重进行适当的风险提示、信息披露，避免承诺收益、收益欺诈、"跑路"等情况的发生，同时，金融平台的大数据分析、云计算等也应减少侵犯用户隐私权、滥用用户私人信息的行为。要正确处理政府监管和自律管理的关系，充分发挥行业自律的作用，互联网金融创新与政府监管之间应是相互协调的关系，既要避免过度监管对金融创新的限制，又要防止疏于监管带来的金融风险。行业自律组织应是金融监管机构与互联网金融企业之间的沟通纽带。2014 年中国互联网协会互联网金融工作委员会成立，透过其章程我们可以看到，互联网金融工作委员会的业务范围包括营造促进公平竞争、有序发展的产业发展环境，制定和实施行业服务规范，面向全行业发布互联网金融发展指导建议，维护互联网金融行业整体利益；研究制定并实施互联网金融行业自律公约，规范互联网金融企业经营和服务行为，协同加强互联网金融的风险防范与管理等。这种"底线""红线"思维同样体现在金融行业自律组织的组织规范中，行业自律组织通过会员资格、等级评定等方式约束互联网金融企业遵守行业规范，避免金融违规行为的发生。

2.3.3 与互联网金融有关的法律法规

目前，在我国金融体制和监管政策没有重大变化的情况下，能够直接规范互联网金融实践的法律法规依据较为有限，除了集资诈骗罪和非法吸收公众存款罪这两把利剑外，监管部门并未就互联网金融的监管原则和具体方式作出更多的规定。

1. 刑法

互联网金融的准入门槛较低，仅仅凭借一台电脑、一套源代码就可以搭建一个 P2P

网贷平台，因此不可避免地出现了一些不法分子利用 P2P 网贷平台恶意骗款跑路事件，给投资者造成了巨大的损失。利用互联网进行非法活动的，可能涉及如下犯罪。

（1）《刑法》第一百七十六条【非法吸收公众存款罪】。

非法吸收公众存款或者变相吸收公众存款，扰乱金融秩序的，处三年以下有期徒刑或者拘役，并处或者单处二万元以上二十万元以下罚金；数额巨大或者有其他严重情节的，处三年以上十年以下有期徒刑，并处五万元以上五十万元以下罚金。单位犯前款罪的，对单位判处罚金，并对其直接负责的主管人员和其他直接责任人员，依照前款的规定处罚。

（2）《刑法》第一百九十二条【集资诈骗罪】。

以非法占有为目的，使用诈骗方法非法集资，数额较大的，处五年以下有期徒刑或者拘役，并处二万元以上二十万元以下罚金；数额巨大或者有其他严重情节的，处五年以上十年以下有期徒刑，并处五万元以上五十万元以下罚金；数额特别巨大或者有其他特别严重情节的，处十年以上有期徒刑或者无期徒刑，并处五万元以上五十万元以下罚金或者没收财产。

2. 相关监管法规

（1）第三方支付监管法规。

2010 年 6 月 14 日，中国人民银行发布《非金融机构支付服务管理办法》。该办法第一条规定其制定目的是促进支付服务市场健康发展，规范非金融机构支付服务行为，防范支付风险，保护当事人的合法权益。

该办法第二条规定，本办法所称非金融机构支付服务，是指非金融机构在收付款人之间作为中介机构提供下列部分或全部货币资金转移服务：①网络支付；②预付卡的发行与受理；③银行卡收单；④中国人民银行确定的其他支付服务。该办法所称网络支付，是指依托公共网络或专用网络在收付款人之间转移货币资金的行为，包括货币汇兑、互联网支付、移动电话支付、固定电话支付、数字电视支付等。该办法所称预付卡，是指以盈利为目的发行的、在发行机构之外购买商品或服务的预付价值，包括采取磁条、芯片等技术以卡片、密码等形式发行的预付卡。该办法所称银行卡收单，是指通过销售点（POS）终端等为银行卡特约商户代收货币资金的行为。《非金融机构支付服务管理办法》是第三方支付的重要监管法规。

此后，虽先后又出台了《支付机构预付卡业务管理办法》《支付机构客户备付金存管办法》《银行卡收单业务管理办法》，以及征求意见的《支付机构互联网支付业务管理办法》《关于手机支付业务发展的指导意见》等具体支付业务管理规定，但相关规定均以 2010 年的管理办法为基础，第三方支付的制度架构并未发生根本变化。

（2）P2P 监管法规。

2011 年 8 月 23 日，银监会发布《关于人人贷有关风险提示的通知》（银监办发

〔2011〕254号）。该通知指出，在当前银行信贷偏紧情况下，人人贷（Peer to Peer，P2P）信贷服务中介公司呈现快速发展态势。这类中介公司收集借款人、出借人信息，评估借款人的抵押物，如房产、汽车、设备等，然后进行配对，并收取中介服务费。有关媒体对这类中介公司的运作及影响进行大量报道，引起多方关注。对此，银监会组织开展了专门调研，发现大量潜在风险并予以提示。由此可见，该通知只是对人人贷的一个风险提示文件。

在2013年11月25日举行的九部委处置非法集资部际联席会议上，央行对P2P网络借贷行业非法集资行为进行了清晰的界定，主要包括三类情况：资金池模式、不合格借款人导致的非法集资风险以及庞氏骗局。

2016年8月24日，银监会联合工业和信息化部、公安部、国家互联网信息办公室等部门发布了《网络借贷信息中介机构业务活动管理暂行办法》。

（3）众筹融资监管法规。

2013年9月16日，中国证监会通报了淘宝网部分卖家涉嫌擅自发行股票的行为并予以叫停。《国务院办公厅关于严厉打击非法发行股票和非法经营证券业务有关问题的通知》（国办发〔2006〕99号）规定：严禁任何公司股东自行或委托他人以公开方式向社会公众转让股票。至此，中国式"众筹"，即利用网络平台向社会公众发行股票的行为被首次界定为"非法证券活动"。虽然众筹模式有利于解决中小微企业融资难的问题，但考虑到现行法律框架，国内的众筹网站不能简单复制美国模式，必须走出一条适合中国国情的众筹之路。

依据《最高人民法院关于审理非法集资刑事案件具体应用法律若干问题的解释》的规定，我国众筹在形式上几乎很容易触及违法的红线。我国可借鉴美国的《JOBS法案》对众筹模式进行规范，但还需一个循序渐进的过程。

（4）虚拟货币监管法规。

2009年6月4日，文化部和商务部联合发布了《关于加强网络游戏虚拟货币管理工作的通知》（文市发〔2009〕20号）。该通知规定要严格市场准入，加强对网络游戏虚拟货币发行主体和网络游戏虚拟货币交易服务提供主体的管理。从事"网络游戏虚拟货币交易服务"业务须符合商务主管部门关于电子商务（平台）服务的有关规定。除利用法定货币购买之外，网络游戏运营企业不得采用其他任何方式向用户提供网络游戏虚拟货币。2009年7月20日，文化部发布《"网络游戏虚拟货币发行企业""网络游戏虚拟货币交易企业"申报指南》，为开展经营性互联网文化单位申请从事"网络游戏虚拟货币发行服务"业务的申报和审批工作提供可操作性指导规则。

2008年9月28日，国家税务总局发布《关于个人通过网络买卖虚拟货币取得收入征收个人所得税问题的批复》（国税函〔2008〕818号），明确了虚拟货币的税务处理，即个人通过网络收购玩家的虚拟货币，加价后向他人出售取得的收入，属于个人所得税应税所得，应按照"财产转让所得"项目计算缴纳个人所得税。

对于时下热炒的比特币，《中国人民银行、工业和信息化部、中国银行业监督管理委员会、中国证券监督管理委员会、中国保险监督管理委员会关于防范比特币风险的通知》（银发〔2013〕289号）明确规定，现阶段，各金融机构和支付机构不得以比特币为产品或服务定价，不得买卖或作为中央对手买卖比特币，不得承保与比特币相关的保险业务或将比特币纳入保险责任范围，不得直接或间接为客户提供其他与比特币相关的服务，包括：为客户提供比特币登记、交易、清算、结算等服务；接受比特币或以比特币作为支付结算工具；开展比特币与人民币及外币的兑换服务；开展比特币的储存、托管、抵押等业务；发行与比特币相关的金融产品；将比特币作为信托、基金等投资的投资标的；等等。

（5）互联网银行监管法规。

2006年1月26日，中国银监会颁布《电子银行业务管理办法》（银监会令2006年第5号）。该办法所称电子银行业务，是指商业银行等银行业金融机构利用面向社会公众开放的通信通道或开放型公众网络，以及银行为特定自助服务设施或客户建立的专用网络，向客户提供的银行服务。电子银行业务包括利用计算机和互联网开展的银行业务（以下简称网上银行业务），利用电话等声讯设备和电信网络开展的银行业务（以下简称电话银行业务），利用移动电话和无线网络开展的银行业务（以下简称手机银行业务），以及其他利用电子服务设备和网络，由客户通过自助服务方式完成金融交易的银行业务。《电子银行业务管理办法》是互联网银行的重要监管法规。

《中国银监会　中国人民银行关于加强商业银行与第三方支付机构合作业务管理的通知》（银监发〔2014〕10号）对商业银行与第三方支付机构合作业务提出了具体要求。

（6）互联网保险监管法规。

2011年9月20日，中国保监会发布《中国保险监督管理委员会关于印发〈保险代理、经纪公司互联网保险业务监管办法（试行）〉的通知》（保监发〔2011〕53号）。该办法的制定目的是促进保险代理、经纪公司互联网保险业务的规范健康有序发展，切实保护投保人、被保险人和受益人的合法权益。2012年5月，中国保险监督管理委员会发布《关于提示互联网保险业务风险的公告》（保监公告〔2012〕7号），对互联网保险业向广大投保人进行了风险提示。此外，2011年4月15日，保监会发布《互联网保险业务监管规定（征求意见稿）》，互联网保险监管规定也将在不久的将来得到进一步完善。

表2-1 与互联网金融有关的法律法规汇总

序号	时间	发文机关：《文件名》
		（截至 2016 年 8 月 24 日）
1	2006年12月12日	国务院办公厅：《关于严厉打击非法发行股票和非法经营证券业务有关问题的通知》
2	2009年6月4日	文化部、商务部：《关于加强网络游戏虚拟货币管理工作的通知》
3	2010年9月1日	中国人民银行：《非金融机构支付服务管理办法》
4	2010年12月1日	中国人民银行：《非金融机构支付服务管理办法实施细则》
5	2011年1月4日	最高人民法院：《关于审理非法集资刑事案件具体应用法律若干问题的解释》
6	2011年3月21日	国家认证认可监督管理委员会：《关于对〈非金融机构支付服务业务系统检测认证管理规定〉修改意见的函》
7	2011年6月16日	中国人民银行：《非金融机构支付服务业务系统检测认证管理规定》
8	2011年8月23日	银监会办公厅：《关于人人贷有关风险提示的通知》
9	2012年1月5日	中国人民银行：《支付机构互联网支付业务管理办法（征求意见稿）》
10	2012年3月8日	中国人民银行：《关于印发〈支付机构反洗钱和反恐怖融资管理办法〉的通知》
11	2012年11月1日	中国人民银行：《支付机构预付卡业务管理办法》
12	2013年3月7日	支付清算协会：《关于印发〈支付机构互联网支付业务风险防范指引〉的通知》
13	2013年6月7日	中国人民银行：《支付机构客户备付金存管办法》
14	2013年7月5日	中国人民银行：《银行卡收单业务管理办法》
15	2013年12月3日	中国人民银行、工业和信息化部、中国银行业监督管理委员会、中国证券监督管理委员会、中国保险监督管理委员会：《关于防范比特币风险的通知》
16	2014年3月14日	中国人民银行支付结算司：《关于暂停支付宝公司线下条码（二维码）支付等业务意见的函》
17	2014年3月18日	中国人民银行：《关于手机支付业务发展的指导意见》及起草说明

18	2014年3月18日	中国人民银行：《支付机构网络支付业务管理办法（征求意见稿）》
19	2014年3月25日	最高人民法院、最高人民检察院、公安部：《关于办理非法集资刑事案件适用法律若干问题的意见》
20	2014年4月3日	中国银行业监督管理委员会、中国人民银行：《关于加强商业银行与第三方支付机构合作业务管理的通知》
21	2014年4月15日	中国保险监督管理委员会：《关于规范人身保险公司经营互联网保险有关问题的通知（征求意见稿）》
22	2014年12月18日	中国证券业协会：《私募股权众筹融资管理办法（试行）（征求意见稿）》及起草说明
23	2015年7月18日	中国人民银行、工业和信息化部、公安部、财政部、工商总局、法制办、银监会、证监会、保监会、国家互联网信息办公室：《关于促进互联网金融健康发展的指导意见》
24	2015年7月31日	中国人民银行：《非银行支付机构网络支付业务管理办法（征求意见稿）》
25	2015年9月1日	最高人民法院：《关于审理民间借贷案件适用法律若干问题的规定》
26	2015年10月1日	中国保险监督管理委员会：《互联网保险业务监管暂行办法》
27	2015年12月28日	中国银行业监督管理委员会：《网络借贷信息中介机构业务活动管理暂行办法（征求意见稿）》
28	2016年7月1日	中国人民银行：《非银行支付机构网络支付业务管理办法》
29	2016年8月24日	银监会、工业和信息化部、公安部、国家互联网信息办公室：《网络借贷信息中介机构业务活动管理暂行办法》
各主要地区和城市关于互联网金融的政策（摘编）		
30	2013年10月11日	《北京市海淀区人民政府关于促进互联网金融创新发展的意见》
31	2013年12月25日	中关村国家自主创新示范区领导小组：《关于印发〈关于支持中关村互联网金融产业发展的若干措施〉的通知》
32	2014年2月27日	《天津开发区推进互联网金融产业发展行动方案》（2014—2016）
33	2014年3月15日	《深圳市人民政府关于支持互联网金融创新发展的指导意见》
34	2014年7月17日	南京市人民政府印发《关于加快互联网金融产业发展的实施办法》的通知
35	2014年8月4日	上海市人民政府印发《关于促进互联网金融产业健康发展若干意见》通知
36	2014年12月5日	上海市黄浦区人民政府印发《黄浦区关于进一步促进互联网金融发展若干意见》的通知

37	2015年 8月17日	《上海市黄浦区人民政府印发黄浦区关于进一步支持互联网金融健康发展的若干意见》
38	2014年 12月14日	《杭州市人民政府关于推进互联网金融创新发展的指导意见》
39	2015年 1月29日	《广州市人民政府办公厅关于推进互联网金融产业发展的实施意见》
40	2015年 6月19日	南宁市人民政府办公厅关于印发《南宁市促进互联网金融产业健康发展若干意见》的通知
41	2015年 11月9日	《江苏省人民政府关于促进互联网金融健康发展的意见》

2.3.4 三重法律责任：刑事责任、行政责任与民事责任

在我国当前的互联网金融环境下，针对互联网金融的参与者，包括互联网金融平台以及从业人员，对其违法和违约行为的追究，根据其行为的情节和危害程度，相应法律责任的形式有三种：刑事责任、行政责任与民事责任。

（一）刑事责任

刑事责任是指互联网金融参与者违反国家相关的金融、刑事法律及相关司法解释，构成刑事犯罪行为时应予承担的责任。

我国现行证券法（《中华人民共和国证券法》）第十条是关于金融刑事犯罪的基础规定，规定了公开发行证券须经核准、公开发行的认定标准以及非公开发行不得采用广告、公开劝诱等变相公开方式。基于《证券法》第十条，现行《刑法》第一百七十六条、第一百九十二条分别规定了非法吸收公众存款罪、集资诈骗罪等。互联网金融作为新型的投融资方式，在降低投融资成本的同时，存在非法集资等违反《刑法》的风险。例如，银监会在2011年发布的《中国银监会办公厅关于人人贷有关风险提示的通知》中指出了P2P网贷平台存在的主要风险和问题，其中之一便是其容易演变为非法金融机构。由于行业门槛低，且无强有力的外部监管，人人贷中介机构有可能突破资金不进账户的底线，演变为吸收存款、发放贷款的非法金融机构。

此外，在具体金融犯罪的认定方面，2010年发布的《最高人民法院关于审理非法集资刑事案件具体应用法律若干问题的解释》（以下简称《解释》）提供了相应的标准，该《解释》对于非法吸收公众存款罪、集资诈骗罪等的认定以及除外情况进行了规定。

根据《解释》第一条，违反国家金融管理法律规定，向社会公众（包括单位和个人）吸收资金的行为，同时具备下列四个条件的，除刑法另有规定的以外，应当认定为《刑法》规定的"非法吸收公众存款或者变相吸收公众存款"：①未经有关

部门依法批准或者借用合法经营的形式吸收资金；②通过媒体、推介会、传单、手机短信等途径向社会公开宣传；③承诺在一定期限内以货币、实物、股权等方式还本付息或者给付回报；④向社会公众即社会不特定对象吸收资金。未向社会公开宣传，在亲友或者单位内部针对特定对象吸收资金的，不属于非法吸收或者变相吸收公众存款。

另外，根据《解释》第二条，实施下列行为之一，符合《解释》第一条第一款规定的条件的，应当依照刑法第一百七十六条的规定，以非法吸收公众存款罪定罪处罚：①不具有房产销售的真实内容或者不以房产销售为主要目的，以返本销售、售后包租、约定回购、销售房产份额等方式非法吸收资金的；②以转让林权并代为管护等方式非法吸收资金的；③以代种植（养殖）、租种植（养殖）、联合种植（养殖）等方式非法吸收资金的；④不具有销售商品、提供服务的真实内容或者不以销售商品、提供服务为主要目的，以商品回购、寄存代售等方式非法吸收资金的；⑤不具有发行股票、债券的真实内容，以虚假转让股权、发售虚构债券等方式非法吸收资金的；⑥不具有募集基金的真实内容，以假借境外基金、发信虚构基金等方式非法吸收资金的；⑦不具有销售保险的真实内容，以假冒保险公司、伪造保险单据等方式非法吸收资金的；⑧以投资入股的方式非法吸收资金的；⑨以委托理财的方式非法吸收资金的；⑩利用民间"会""社"等组织非法吸收资金的；⑪其他非法吸收资金的行为。《解释》针对非法吸收公众存款或变相吸收公众存款的行为表现进行了规定，同时也涉及非法集资行为中"社会公众"的认定，列举了典型的变相非法吸收资金的行为。

2014年3月25日，最高人民法院、最高人民检察院、公安部印发了《关于办理非法集资刑事案件适用法律若干问题的意见》（以下简称《意见》）。《意见》分为关于行政认定的问题、关于"向社会公开宣传"的认定问题、关于"社会公众"的认定问题、关于共同犯罪的处理问题、关于涉案财物的追缴和处置问题、关于证据的收集问题、关于涉及民事案件的处理问题、关于跨区域案件的处理问题八部分内容。另外，《意见》还指出《解释》第一条中的"向社会公开宣传"，包括以各种途径向社会公众传播吸收资金的信息，以及明知吸收资金的信息向社会公众扩散而予以放任等情形。

下列情形不属于《解释》第一条规定的"针对特定对象吸收资金"的行为，应当认定为向社会公众吸收资金：①在向亲友或者单位内部人员吸收资金的过程中，明知亲友或者单位内部人员向不特定对象吸收资金而予以放任的；②以吸收资金为目的，将社会人员吸收为单位内部人员，并向其吸收资金的。对于非法集资刑事案件中存在的共同犯罪认定问题，《意见》进一步指出，为他人向社会公众非法吸收资金提供帮助，从中收取代理费、好处费、返点费、佣金、提成等费用，构成非法集资共同犯罪的，应当依法追究刑事责任。能够及时退缴上述费用的，可依法从轻处罚；其中情节轻微的，可以免除处罚；情节显著轻微、危害不大的，不作为犯罪处理。

上述立法和解释构成了我国在非法集资领域的相关规定，在一定程度上可以被用来判断互联网金融环境下相关吸收资金行为的合法性。同时，实践中已有一些互联网金融平台因为触犯上述规定而得到了相应的刑事处罚。例如，深圳市誉东方投资管理有限公司（即"东方创投"P2P网络投资平台）在2014年就因通过网上平台非法吸收公众存款，被判处非法吸收公众存款罪。

值得指出的是，虽然上述罪名的设置对于打击非法融资行为、保护金融投资者权益以及维护国家金融秩序有重要作用，但上述规定的200人范围等标准在于互联网金融领域时，金融平台动辄触犯非法集资等罪名，这是否与互联网金融"小额大量"的理念相违背？是否会阻碍互联网融资功能的发挥？互联网金融是否会享有任何豁免？这些都是有待思考的问题。互联网金融并非不需要监管，而是需要适应互联网金融发展的监管，这就需要在安全和效率之间寻找一种平衡。

在刑事责任的承担方面，对于构成刑事犯罪的情形，根据相关规定：①个人构成非法吸收公众存款罪，处三年以下有期徒刑或者拘役，并处或者单处二万元以上二十万元以下罚金；数额巨大或者有其他严重情节的，处三年以上十年以下有期徒刑，并处五万元以上五十万元以下罚金。单位犯前款罪的，对单位判处罚金，并对其直接负责的主管人员和其他直接责任人员，依照前款的规定处罚。②个人构成集资诈骗罪，处五年以下有期徒刑或者拘役，并处两万元以上二十万元以罚金；数额巨大或者有其他严重情节的，处五年以上十年以下有期徒刑，并处五万元以上五十万元以下罚金；数额特别巨大或者有其他特别严重情节的，处十年以上有期徒刑或者无期徒刑，并处五万元以上五十万元以下罚金或者没收财产。单位构成集资诈骗罪的，对单位判处罚金，并对其直接负责的主管人员和其他直接责任人员，处五年以下有期徒刑或者拘役，可以并处罚金；数额巨大或者有其他严重情节的，处五年以上十年以下有期徒刑，并处罚金；数额特别巨大或者有其他特别严重情节的，处十年以上有期徒刑或者无期徒刑，并处罚金。③个人构成非法经营罪，处五年以下有期徒刑或者拘役，并处或者单处违法所得一倍以上五倍以下罚金；情节特别严重的，处五年以上有期徒刑，并处违法所得一倍以上五倍以下罚金或者没收财产。单位构成非法经营罪的，对单位判处罚金，并对其直接负责的主管人员和其他直接责任人员，依照前款的规定处罚。

（二）行政责任

行政责任是指互联网金融参与者违反国家金融监管的法律法规并且因此遭受罚款、吊销执照等相应行政处罚的情形。对于非法金融活动的界定，1998年7月13日实施的《非法金融机构和非法金融业务活动取缔办法》第四条进行了规定。该办法所称非法金融业务活动，是指未经中国人民银行批准，擅自从事的下列活动：①非法吸收公众存款或者变相吸收公众存款；②未经依法批准，以任何名义向社会不特定对象进行的非法集资；③非法发放贷款、办理结算、票据贴现、资金拆借、信托投资、金融租赁、融资担保、外汇买卖；④中国人民银行认定的其他非法金融业务活动。前款所称非法吸收公众存款，是指未经中国人民银行批准，向社会不特定对象吸收资金，出具凭证，承诺在一定期限内还本付息的活动；所称变相吸收公众存款，是指未经中国人民银行批准，不以吸收公众存款的名义，向社会不特定对象吸收资金，但承诺履行的义务与吸收公众存款性质相同的活动。

对于司法实践中非法集资行为的认定，1999年1月27日实施的《关于取缔非法金融机构和非法金融业务活动中有关问题的通知》第一条进行了相应的规定。按照该通知，非法集资是指单位或者个人未依照法定程序经有关部门批准，以发行股票、债券、彩票、投资基金证券或其他债权凭证的方式向社会公众筹集资金，并承诺在一定期限内以货币、实物及其他方式向出资人还本付息或给予回报的行为。它具有如下特点：①未经有关部门依法批准，包括没有批准权限的部门批准的集资以及有审批权限的部门超越权限批准的集资；②承诺在一定期限内给出资人还本付息，还本付息的形式除货币形式外，还包括实物形式或其他形式；③向社会不特定对象即社会公众筹集资金；④以合法形式掩盖其非法集资的性质。总之，金融机构或金融从业人员出现上述金融违法行为时，应承担相应的行政责任，涉及的行政责任种类包括没收违法所得、罚款、吊销执照等。例如，该通知规定，对于设立非法金融机构或者从事非法金融业务活动、尚不构成犯罪的行为，由中国人民银行要求停止一切业务，没收非法所得，并处非法所得一倍以上五倍以下的罚款；没有非法所得的，处10万元以上50万元以下的罚款。设立非法金融机构或者从事非法金融业务活动骗取工商行政管理机关登记的，一经发现，工商行政管理机关应当立即注销登记或者变更登记。

另外，在司法实践中，对于非法集资的违法行为还存在行政规制和刑法惩罚的协调问题，特别是当金融监管机构未对金融违法行为进行认定或与司法机关的认定不一致时，该种情形的协调便是需要解决的问题。关于行政认定的问题，根据《意见》，行政部门对于非法集资的性质认定，不是非法集资刑事案件进入刑事诉讼程序的必经程序。行政部门未对非法集资做出性质认定的，不影响非法集资刑事案件的侦查、起诉和审判。公安机关、人民检察院、人民法院应当依法认定案件事实的性质，对于案情复杂、性质认定疑难的案件，可参考有关部门的认定意见，根据案件事实和法律规定做出性质认定。通过该意见的规定，司法实践中基本可以解决两者之间的冲突。

在我国互联网金融环境下或在整个金融系统中，行政规制是对金融违法者的主要责任追究方式，因为现行的互联网金融规范主要表现为行政法规、部门规章、指导意见

（或通知）等。透视中国互联网金融的整体现状，我们可以发现不同的业态种类：互联网支付业务、互联网基金销售业务、P2P网络贷款业务、互联网众筹业务、互联网保险业务等，同时，上述业务形态又可以划分为不同的子项目。与互联网金融多样的业态相比，对于监管层面，由于尚未制定完善的规则规范，行政监管机关有时面临无法可依的处境，因此，互联网金融在实践中存在监管真空。监管机构的监管重点更多地在防范互联网洗钱行为、非法集资行为、非法吸收公众存款行为、互联网诈骗行为等方面，因此，在互联网执法实践中，我们看到的主要是对互联网金融运营商经营"底线"的强调。

但是，在互联网金融企业出现违法违规行为时，金融监管部门也应积极地进行查处。例如，2013年重庆市金融办、银监局对于五家P2P公司将债权包装成理财产品，通过网络和实体门店向社会公众销售，并且社会公众资金直接进入公司账户或法定代表人个人账户的行为，认定超出了P2P的性质，并给予上述五家P2P公司予以注销或逐笔清退现有债权债务的处罚。

（三）民事责任

虽然互联网金融是网络环境下的投融资行为，但其本身依旧是金融投资合同的性质，从本质上来看互联网金融是融资者与投资者之间的投融合同（如P2P网贷）关系以及互联网投融资者与互联网金融平台之间的平等合同关系（如网络用户在使用支付宝服务时与支付宝公司签订电子合同、投融双方与P2P平台之间的居间合同关系）。对于互联网金融环境下的民事责任承担问题，本书以实践中第三方支付的领导者支付宝为例进行讨论。用户在下载安装支付宝软件时，一般需要确认《支付宝安全保障规则》《隐私权规则》等支付宝服务协议。按照协议的规定，网络用户使用支付宝服务便视为同意支付宝服务协议的各项条款。支付宝的《隐私权规则》规定，支付宝公司可以获取用户的姓名、身份证号、电子邮箱、生物特征、手机号、IP地址、交易信息、地理位置等，并且支付宝可以对用户的身份数据、交易信息等进行综合统计、分析或加工，并出于销售、奖励或为了让用户拥有更广泛的社交圈的需要而使用、共享或披露数据；在支付宝与第三方进行联合推广活动中，支付宝会与第三方分享用户的数据信息。合同权利的行使须以合同的约定为依据，并且不得滥用权力、违反合同约定，否则将承担相应的民事责任。虽然信息的分析、加工和商业化应用是基于大数据和云计算等互联网时代的常见技术，但互联网金融用户的隐私权是否会被侵犯呢？互联网金融平台收集、加工的个人信息以及由此产生的衍生信息产品，其所有权归谁？由此产生的收益归谁？支付宝将其平台上的用户信息与第三方分享使用并出现隐私权侵权时，哪方是赔偿责任的承担主体（支付宝、第三方使用者，还是支付宝与第三方使用者的连带责任）？在互联网投融资者与互联网金融平台关系的语境下，隐私权的侵犯或者用户信息商业化盗用既是基于平等关系的合同责任，也是基于权益保障的侵权责任。除了隐私权保障的风险外，在互联网金融环境下还存在着金融投资者资金被盗的情况。例如，微信的理财通、阿里巴巴的余额宝都曾出现过用户资金被盗的事件。对于用户的被盗资金，互联网金融平台是否负有安全交易平台的担保责任并且因此有义务赔偿用户的损失？答案应是肯定的。但在实践中，隐私权受侵或者资金被盗的用户多数面临举证难、受偿难的问题，因为互联网金融平台的使用协议多数排除了平台对用户的责任并且单个的用户由于信息不对称、专业因素等原因难以进行有效的举证。例如，在《支付宝服务协议》中就有条款约定支付宝公司仅对服务协议中列明的责任范围负责；对于与服务协议相关的或者由服务协议引起的任何间接的、惩罚性的、特殊的、派生的损失不负有任何责任，且支付宝公司对服务协议承担的违约赔偿责任总额不超过向用户收取的当次费用的总额。互联网金融投资产品上述内容的约定条款在很大程度上就排除了用户对互联网金融企业责任的追究，限制了用户民事权益的救济。

在互联网金融环境下，除了互联网金融平台与互联网用户之间的民事责任问题之外，还存在互联网金融融资者与投资者之间的民事责任承担问题。这一层面的民事责任主要是指融资者按时向投资者支付投资本金及相关收益的责任，以及融资者违反融资合同的约定时应承担的违约责任。另外，在融资者与投资者之间的责任承担问题上还存在第三方的担保责任（金融平台或第三方独立担保公司提供的担保）问题。例如，在 P2P 网贷平台中融资者不按时支付投资者的本金及利息时，第三方担保机构须代替融资者偿还相关债务。

【本章小结】

1. 互联网金融治理的框架表现为：①"一行三会"的治理；②行业协会的治理；③互联网金融企业的自我治理。

2. 互联网金融治理的原则包括：①互联网金融创新必须坚持服务实体经济的本质要求；②互联网金融创新应服从宏观调控和金融稳定的总体要求；③要切实维护消费者的合法权益；④维护公平竞争的市场秩序；⑤处理好政府监管和自律管理的关系，充分发挥行业自律的作用。

3. 互联网金融的法律风险，主要是指由于互联网金融从业机构以及投资者的外部法律法规的环境发生了变化，或者是自身没有法律依据，没有按照合同规定有效行使权利、履行义务，从而导致产生负面法律后果的各类风险。

4. 互联网金融法律风险的特征有：①政策和法规高度不确定性风险；②金融和网络安全风险的叠加；③信息易被滥用的风险；④可信证据保存的风险。

5. 互联网金融法律风险控制的主要举措有：①信息的正当收集与保护；②互联网金融行业自律要加强。

6. 在我国当前的互联网金融环境下，针对互联网金融的参与者，包括互联网金融平台以及从业人员，对其违法和违约行为的追究，根据其行为的情节和危害程度，相应法律责任的形式有三种：刑事责任、行政责任与民事责任。

【复习思考题】

1. 互联网金融治理的框架是什么？

2. 互联网金融治理的原则有哪些？

3. 什么是互联网金融的法律风险？其类型和特征如何？

4. 互联网金融法律风险防范的举措有哪些？

5. 互联网金融的相关法律责任如何鉴定？

第3章 P2P网络借贷的法律问题与风险防范

> **任务目标**
>
> 1. 了解 P2P 网络借贷的发展概况
> 2. 掌握 P2P 网络借贷不同模式的法律关系
> 3. 掌握 P2P 网络借贷不同模式的法律风险
> 4. 掌握 P2P 网络借贷的法制建设情况及不足
> 5. 理解我国 P2P 网络借贷法制建设的方向

【导入案例】

e 租宝事件

备受关注的"e 租宝"平台的 21 名涉案人员已于 2016 年 1 月被北京检察机关批准逮捕，其在一年半内非法吸收资金 500 多亿元人民币，受害投资人遍布中国 31 个省市区。其实际控制人、钰诚集团董事会执行局主席丁宁，涉嫌集资诈骗、非法吸收公众存款、非法持有枪支罪及其他犯罪。

截至 2015 年 12 月，e 租宝总成交量 745.68 亿元，总投资人数 90.95 万人，待收金额约 703.97 亿元，竟然比半年前激增 775%。而 e 租宝相关公司员工的数量也十分庞大。据 e 租宝母公司钰诚集团人事行政部门人士介绍，钰诚集团员工规模约在 13 万 ~15 万人。e 租宝极有可能成为国内最大的金融欺诈案件。

"e 租宝"是"钰诚系"下属的金易融（北京）网络科技有限公司运营的网络平台。2014 年 2 月，钰诚集团收购了这家公司，并对其运营的网络平台进行改造。2014 年 7 月，钰诚集团将改造后的平台命名为"e 租宝"，打着"网络金融"的旗号上线运营。

钰诚集团通过虚构融资项目，把钱转给承租人，并给承租人好处费，再把资金转入关联公司，以达到事实挪用的目的。据 e 租宝涉事人事后供认，其 95% 以上的项目都是假的。e 租宝指使专人，用融资金额的 1.5% ~ 2% 向企业买来信息，把这些企业信息填入准备好的合同里，制成虚假的项目在"e 租宝"平台上线。为了让投资人增强投资信心，他们还采用更改企业注册金等方式包装项目。

自设资金池

根据人民银行等部门出台的《关于促进互联网金融健康发展的指导意见》，网络平台只进行信息中介服务，不能自设资金池，不提供信用担保。但据警方调查，e 租宝将吸收来的资金以"借道"第三方支付平台的形式进入自设的资金池，相当于把资金从"左口袋"放到了"右口袋"。

涉及关联担保

不仅如此，钰诚集团还直接控制了三家担保公司和一家保理公司，为"e租宝"的项目担保。中国政法大学民商经济法学院教授李爱君表示，如果平台引入有关联关系的担保机构，将给债权人带来极大风险。

不实宣传，设计"高收益低风险"的承诺陷阱

在此过程中，e租宝投入了大量广告，如在央视广告投放3 102万元，在北京卫视投放2 454万元，在江苏卫视投放1 440万元，在东方卫视投放1 479万元，在天津卫视投放1 440万元，上述电视广告投放金额共计约9 915万元。同时，e租宝在湖南卫视、浙江卫视、安徽卫视、河北卫视也有广告投放，但相关知情人士对界面新闻记者透露，绝大部分广告费尚未结清。重金砸广告对于e租宝来说显然起到了效果，今年e租宝成交额激增，月成交额甚至超过了过去一直遥遥领先的红岭创投。"e租宝"共推出过六款产品，预期年化收益率在9%~14.6%之间，远高于一般银行理财产品的收益率。"1元起投，随时赎回，高收益低风险。"这是"e租宝"广为宣传的口号。许多投资人表示，他们就是听信了"e租宝"保本保息、灵活支取的承诺才上当受骗的。

正是抓住了部分老百姓对金融知识了解不多的弱点，"e租宝"才能够用虚假的承诺编织一个"陷阱"。钰诚集团还在各地设立大量分公司和代销公司，直接面对老百姓"贴身推销"。其地推人员除了推荐"e租宝"的产品外，还会"热心"地为他们提供开通网银、注册平台等服务。在这种强大攻势下，"e租宝"仅用一年半时间就吸引了90多万实际投资人，客户遍布全国。

"e租宝"涉嫌非法集资犯罪

根据"e租宝"案件中已经查明的种种犯罪事实，司法机关认为，犯罪嫌疑人的这些行为已经涉嫌非法吸收公众存款和集资诈骗。非法吸收公众存款罪有四个构成要件：第一是未经有关部门批准或者假借合法的经营形式来吸存；第二是以媒介、短信、推荐会等形式公开吸存；第三是通过私募、股权等其他的手段来承诺还本付息或者回报；第四是向社会公众即不特定的人吸存。在本案中，e租宝利用网络平台公开向全国吸存，还对外承诺还本付息，其行为已经涉嫌非法吸收公众存款罪。

"e租宝"涉嫌集资诈骗罪

对于已经构成非法吸收公众存款罪的，如果还存在挥霍性投资或者消耗性支出导致财产不能偿还的情形，就构成了集资诈骗罪。e租宝案的犯罪嫌疑人投资高档车辆和住宅、向员工支付高工资等挥霍行为，体现了他们主观上非法占有投资者资金的目的，这是导致吸收来的资金不能偿还的重要原因之一，也是他们涉嫌集资诈骗罪的主要原因之一。

当然，加紧金融消费者教育是避免再次重蹈覆辙的重要条件。如果居民没有风险意识，一味追求高利率，此类案件未来也不可避免。

3.1 P2P 网络借贷的发展概况

3.1.1 P2P 网络借贷行业规模与数量迅速增长

据中国电子商务研究中心数据显示，2015 年全国 P2P 网络借贷成交额为 1.18 万亿元，比上年增长 259%。2015 年年底 P2P 平台数量达到 3 858 家，主要分布在京津冀、长三角、珠三角三大经济区附近，广东地区的平台数量仍然为全国之最。

3.1.2 问题平台不断增加

比较突出的问题是 P2P 问题平台不断增加，P2P 平台跑路事件不断，其中仅 2015 年全国就有 1 301 家平台发生问题，问题平台增幅超过新增平台，涉及近千亿元资金，超过 100 万投资人中雷。其中山东地区发生问题的平台最多，占全国所有问题平台的 20%；广东第二，占 17%。资金安全一直是 P2P 网络借贷投资者的心头之患。仅 2015 年 1 月至 8 月，全国涉嫌非法集资的立案就在 3 000 件左右，涉案金额超过 1 500 亿元。加上 e 租宝、卓达、泛亚等"地震级"案件，全年涉案金额超过 3 000 亿元。

3.1.3 担保平台占绝大多数

目前，P2P 在国内主要是三个模式：纯平台模式、债权转让模式、担保模式。其中，担保模式是目前 P2P 的主流模式，70% 以上的平台以这种模式来提供本金甚至利息担保。担保模式又分为平台自担保和第三方担保，前者是平台通过自身风险备付金对借款本息进行担保；后者是引入第三方担保机构对借款本息进行担保，即网贷平台和担保平台进行合作，若发生任何的资金拖欠和违约情况，都由第三方担保平台对投资者进行资金垫付偿还，网贷平台也要支付担保公司一定的担保费。

3.1.4 出现显著的"类证券化"趋势

随着 P2P 网络借贷行业的多元化发展，我国出现了 P2P 网络借贷机构向资产证券化发展和演化的趋势。根据网贷之家统计，截至 2015 年年末，有多家 P2P 平台涉足资产证券化业务，规模逾 1 000 亿元。目前，我国的资产证券化可以分为三大类：一是银监会体系下的信贷资产证券化，受中国人民银行、银监会监管，对应的法规为《金融机构信贷资产证券化业务试点监督管理办法》。二是证监会体系下的资产证券化，对应的法规为《证券公司和基金管理公司子公司资产证券化业务管理规定》。三是保监会体系下的项目资产证券化，对应的法规为《资产支持计划业务管理暂行办法》。而 P2P 网络借贷机构所运行的业务并不符合上述三类资产证券化的要求，也没有明确的监管和审批机制，因而并非标准的证券化，但其在产品设计和交易方面却运用了资产证券化业务的技术和方法，因而被视为"类资产证券化"。

3.2 P2P 网络借贷的法律风险与法制建设

3.2.1 P2P 网络借贷的法律关系与法律风险

（一）纯平台模式的法律关系与法律风险

1. 法律关系

在纯平台模式所进行的交易过程中主要存在以下三种主体：①借款人，即有资金需求，通过平台发布借款信息的主体。②贷款人，也就是用一定资金通过平台完成出借行为并获利的主体。③网络借贷平台，为撮合借款人和贷款人完成借贷的服务商。上述三种主体在纯平台模式中存在以下两种法律关系。

（1）借款人和贷款人之间的借贷合同关系。

不可否认的是，网络借贷其本质还是民间借贷，所以借贷合同关系也是最基本的成立基础。借贷在法律上是指贷款人在一定时间内出借一定数量的资金供借款人使用，到期后借款人还本付息的行为。在我国，民间借贷作为借贷的一种方式长期存在，是指自然人、法人、其他组织之间及其相互之间进行借贷的行为。而 P2P 网络借贷就是一种"个体与个体之间的借贷关系"，实践中的借贷双方当事人也主要以自然人和企业法人为主。观察交易中的资金流动可以看出，大多数情况下，P2P 网络借贷交易过程中的资金流向是：从贷款人账户流出至第三方支付平台，再由第三方支付平台流入借款人账户，借款人还款时则反向流动。由此可见，这种借贷模式在其整个操作过程中没有银行等金融机构参与，交易双方均是平等的主体，是一种直接金融模式。通过 P2P 网络借贷平台贷款的特殊之处仅在于该借贷行为发生在互联网环境下，借助网络平台的服务完成，交易行为以电子化的借贷合同为核心。而事实上，在民事关系上其与民间借贷是相同的。因此，P2P 网络借贷属于民间借贷的一种表现形式，属于民事法律关系，依法受到法律保护。

最高人民法院在《关于如何认定公民与企业之间借贷行为效力问题的批复》中认为，公民与非金融企业间的借贷属于民间借贷的范围，这有利于确定企业作为借款人的合法性问题。通常借款人如果要在平台借款，首先要注册成为平台用户，在借款时需要填写详尽的借款信息，包括身份证复印件、工作单位信息、个人收支证明等，并提交给网站以待审核。如果这些基本信息通过了审核，借款人就可以发布需要的借款信息，包括约定借款期限、最高年利率以及资金筹措期限等内容。这样的借款信息可以被视为针对不特定大众的要约邀请，然后投资人参与竞标的行为可以视作向借款方发出的要约；一旦投标的资金满额，该笔借款计划基本可认为完成，只要借款人确认即认定为承诺，平台则会对过程予以记录，并自动生成电子借条，至此则可以宣告该借款合同成功达成。借贷合同关系的生成平台仅仅是提供相应信息、审核双方交易资格，并没有直接参与合同的达成，所以借款的金额、利率、期限等合同条款都是双方自愿提出和主动接受的。

借款人和贷款人二者签订《借款合同》，该合同为实践性合同，以资金划转为合同生效要件。具体来说，借款人享有的权利包括依约到处借资金等；借款人负有的义务包括按期偿还本息等。出借人享有的权利包括按期取得约定本息、向第三人转让债权、了解债务人基本信息等；出借人负有的义务包括如期支付出借款等。

由此可见，P2P 网络贷款在民事法律关系上与民间借贷并无本质区别，特殊之处仅在于其借助了互联网技术。

（2）借贷平台在借款人和贷款人之间的居间服务合同关系。

居间是指居间人向委托人报告订立合同的机会或者提供订立合同的媒介服务，委托人支付报酬的一种服务。由此可见，居间人提供的服务核心是了解委托双方的信息，促使交易的达成，这实质上是一种撮合服务。P2P 网络贷款平台产生之初，其经营理念是致力于为借贷双方提供投资和借贷信息，作为一个牵线搭桥的中介为借贷双方提供居间服务，以促成借贷合同的成立。而纯粹的无担保中介模式则是这一理念的最好体现。《合同法》第四百二十六条"居间人促成合同成立的，委托人应当按照约定支付报酬"的规定，从法律上肯定了无担保平台如"拍拍贷"这样单纯的居间人收取合理中介费的行为。

在 P2P 网络借贷平台上的借贷流程如下：首先由借款人发起借款需求并明示意向利息为条件形成其借贷的一种要约邀请，再由贷款人在平台上进行投标，即做出要约，以借款人设定借贷标的满额或部分额度作为承诺，最后当借贷标的额资金抵达借款人的账户后借贷合同成立并开始履行。在合同成立的整个过程中，借贷平台为借贷双方提供交易信息，进行一定的信用升级行为，搭建有益于交易的环境，最后为双方存档电子合同。因此，借贷平台仅充当了中介服务商的角色，其通过有效的信息服务为借贷双方通报订立合同的机会并提供订立合同的媒介服务，符合居间法律关系特征。P2P 网络借贷平台通过构筑网络平台，集中借款需求对象的信息，然后开放信息，贷款人再根据信息产生交易意愿并完成交易。因此，其开设网站平台并收集提供信息的目的是撮合借贷双方成立借贷关系，促成借贷双方签订借贷合同从而收取服务费以实现盈利，其核心也还是居间服务。

2. 法律风险

第一，P2P 平台易涉嫌超范围经营，合法性屡遭质疑。我国目前绝大多数 P2P 网络借贷平台都是通过"金融信息服务公司""信息技术公司"的名义进行工商登记，并在营业执照中明确标明"不得从事金融业务"，然而，实际上 P2P 网络借贷平台的许多线下业务均涉嫌银行、信托或是理财、资产管理等业务，其本质就是进行金融服务，从这一点上来讲，其不免涉嫌超范围经营。此外，我国当前金融业、保险业和证券业的分业监管模式并不能适应以信息技术为基础的网络借贷平台监管。那么，监管者封杀 P2P 行业，或是在严格的监管模式下要求对 P2P 行业进行大洗牌都会是可能的选项。第二，P2P 平台易涉嫌洗钱行为。在 P2P 借贷交易中，放贷人根据自身情况既可以对借款标的全额投标，也可以只对一部分资金投标。洗钱者若利用这一规定先将资金分拆成若干份，然后放贷给不同的借款人，被分拆的资金流动性增强，如此一来，就可轻易地掩盖大额资金的真实来源。放贷资金来源不明、是否合法，这些问题我们在实践中都无法判断，借贷网站也无法具体核实。这就给了犯罪分子可乘之机，他们极有可能将贩毒、走私或是贪污、收受贿赂所得的资金进行放贷，利用网络贷款平台进行洗钱活动。同时，虚拟网络也会加大对资金进行追踪和监测的难度，即资金用途的难以监管。P2P 网络贷款平台要求资金的实际用途与申请借款时所记录的用途相一致，但是，在实践操作中，无论哪一个网站都很难核实或实地查看，它们更多关注的是借款人能否按时还本付息，而忽视对资金用途的监督和管理。

3. 案例：拍拍贷

拍拍贷全称上海拍拍贷金融信息服务有限公司，是中国第一家纯线上 P2P（个人对个人）网贷平台，也是国内第一家经政府批准从事"金融信息服务"的互联网金融平台。公司于 2007 年 6 月成立，总部设在国际金融中心上海，注册资本为 1 亿元。

用户可以在拍拍贷上获得信用评级、发布借款需求、快速筹得资金；也可以把自己的闲余资金通过拍拍贷出借给信用良好、有资金需求的人，在获得良好的资金回报率的同时帮助他人。拍拍贷的借贷过程为，借款人将自身的借款信息，如借款金额、资金用途、利率和期限等在 P2P 平台上发布，放贷人通过 P2P 平台选择合适的借款项目全额或部分进行投标。同时，P2P 平台会及时更新借款人的借款完成程度，新的放贷人也可以随时继续投标，直到借款总额达到满额为止。若借款达成，放贷人的资金就通过 P2P 平台贷给借款人，同时，电子借单也会在 P2P 网站上生成，借款人按月向放贷人还本付息。若在规定时间内筹到的资金没有达到预定金额，则该项借款项目流标。

拍拍贷作为无担保的信用贷款平台，对资金的保障完全依赖于借款人的信用和自律。然而拍拍贷自成立至今，也有许多难以追回的坏账，很多借款人还不上钱，只能跑路，如此一来，投资人的钱只能由网贷平台承担。正是因为考虑到会发生这样的情况，拍拍贷的借款利率和手续费并不低。拍拍贷能够做到今天，也是由于其并没有参与非法集资和建立资金池的行为。

（二）债权转让模式的法律关系与法律风险

1. 法律关系

债权转让合同关系。除了普通的借贷合同关系和居间关系之外，复合型中介主要还会涉及债权转让关系。简单来说就是先由第三人先对借贷人放款，然后再将债权在公司提供的平台上转让给投资人。《合同法》规定，债权人可以将合同的权利全部或者部分转让给第三人。虽然规定上没有具体说明转让的金额、期限、次数的限制，但足以说明这种转让模式在法律上是合法的。当然这种模式与传统的债权转让还是有所不同，不会获得全部债权而是分期分批次获得。

债权转让关系是否明确，关键在于投资人是否知晓受让债权的完整信息。如果平台在债权转让、变动时及时向投资人提供真实、明确的债权信息（包括借款人姓名、身份证号、职业情况、借款用途、还款期限等）和规范、有效的转让合同，并通知了债务人（原始借款人），那么投资人与借款人之间存在真实的、点对点的债权债务关系。

债权转让法律关系通常有两种表现形式：一是投资人在需要流动资金时，将其在P2P网络借贷平台所持有的符合相应条件的债券项目挂出，并与购买人（其他投资人）签订债权转让协议，从而将其所持有的债券转让给购买人（其他投资人）的一种模式。例如，投资人甲在某P2P网络借贷平台认购了3万元、期限1个月的债权，但在认购后的第10天，投资人甲急需3万元周转，平台通过申请、公示，最终由投资人乙、丙分别认购了相应的债权，平台复审后，投资人甲即可以提前取出本金。二是借贷双方通常不直接签订民间借贷合同，而采用第三个个人先行放款给资金需求者，再由该第三方个人将债权转让给投资者，P2P平台为前述交易过程提供服务和收取一定的手续费，即专业放贷人与债权转让结合模式下的P2P。例如，P2P网络借贷平台公司内部第三方作为第一出借人，将个人自有资金借给需要借款的资金需求者并签署《借款协议》，此后该平台将公司内部第三方获得的债权进行拆分，打包成类固定收益的组合产品，以组合产品的形式销售给投资人。

前述两种模式，第一种模式为我国《合同法》意义上常见的债权转让行为，只需注意符合我国《合同法》对于债权转让的相关规定和必要生效条件即可。而第二种模式由于存在信息不透明、资金使用不规范甚至被挪用等风险，有的甚至涉及变相吸收公众存款，已被国家主管部门认定为非法行为并被禁止。

2. 法律风险

（1）涉及非法集资风险。根据我国《刑法》的规定，用诈骗等手段，并以非法占有他人财产为目的的非法集资行为，构成集资诈骗罪。依据该项法条的规定，任何单位和个人未经法定程序，或相关部门的审批，均不能借助股票、债券等方式向社会大众募集资金，更不可以承诺还本付息。

2012年11月，全国人民代表大会财经委员会副主任委员吴晓灵在长安论坛期间曾表示，当前，许多P2P网络借贷平台涉嫌非法集资，务必严加防范其风险。在国外，P2P平台最初是利用互联网技术，实现个体与个体间的直接借贷模式，P2P平台仅仅作为一个中介平台，为借贷双方当事人提供信息交流、投资、咨询等中介服务。但是，P2P行业在我国一经发展就开始异化发展，多数的P2P平台早已不是纯粹的信息交流中介，而演变成兼具存款和贷款功能于一体的新型类金融机构，其中就以宜信贷债权转让模式最为典型。此类模式将各种不同的债权打包，通过分拆，设计成多个理财产品，兜售给一般放贷人，或者直接先收集资金，再寻找借款目标。这都使得放贷人的资金流入到某一个中间账户，形成资金池，极易涉嫌非法集资。

关于 P2P 的问题，中国人民银行在早些时候就已对假借 P2P 行业进行非法集资的行为作了划定：第一是理财—资金池模式；第二是由于借款人的主体资格不合格而引发的非法集资；第三是庞氏骗局行为。并且，中国人民银行条法司也向 P2P 行业提出了坚决不能实施集资诈骗的风险警示。

2014 年 12 月，为了规范现阶段民间借贷的无序发展，我国最高人民法院、最高人民检察院以及公安部联合发布了《关于办理非法集资刑事案件适用法律若干问题的意见》，明确将那些向社会大众非法吸收的资金划分为非法所得，并依法追缴向集资参加者所付的利息、分红或向给予帮助的人支付的代理费等。此《意见》已是司法机关第三次特意针对非法集资行为而发布的指引性意见或者司法解释，这足以说明监管部门和司法机关对非法集资行为的关注程度之高。

综上所述，不管是央行官员规定的界限，还是最高人民法院、最高人民检察院作出的最高解释，均无一例外地剑指非法集资行为。那些依赖于 P2P 平台归集资金并承诺回报的运营模式，无疑涉嫌非法集资犯罪的法律风险。

（2）涉嫌非法吸收公众存款。我国《刑法》规定，非法吸收公众存款罪是指非法吸收公众存款或者变相吸收公众存款，扰乱金融秩序的行为。非法吸收公众存款包括两种情况：一种是行为人不具有吸收公众存款的合法主体资格而吸收公众存款，如个人私设银行、钱庄；另一种是虽具有合法主体资格但采取非法的方法吸收公众存款。而 P2P 网络贷款平台就极易符合第一种情况，因为在我国 P2P 平台的合法性本身就存在争议。

现阶段，我国相关法律并没有对 P2P 网络借贷平台的法律地位进行确认，而学者对此主要有两种观点：①部分学者认为网络贷款服务机构的存在和服务费的收取均符合《合同法》居间合同的规定。认为网络贷款机构承担了居间人的角色，因此其有权向委托方收取相应的报酬。拍拍贷既不吸储，也不放贷，作为一个借贷服务中介，它的业务和经营范围并没有触犯相关法律以及国家的政策。②也有学者认为，在宜信模式下，平台吸收的资金并不能与债权相匹配，先融资、后放贷的业务模式性质上归属于转贷款，宜信通过对期限和金额的双重份额，将债权重新组合转让给放贷人，其实质是资产证券化，此时的 P2P 平台无疑与金融机构类似。然而，根据我国法律的规定，从事金融业务必须经监管部门批准，只有银行可以开展这样的业务。P2P 平台变相吸储放贷，将中间沉淀资金的利息收入作为自己的利润来源，那么其涉嫌非法吸收公众存款的风险也就不言而喻了。此类模式最易被视为是向多数、且不特定的投资者吸收资金，这便和"非法吸收公众存款"类似，该现象已引起相关监管机构的注意。

2014 年 7 月 15 日，涉案金额达 1.2 亿元的东方创投案在深圳正式宣判，被告方法定代表人及总经理因非法吸收公众存款罪被判处有期徒刑和罚金。据悉，东方创投公司在经营过程中利用新贷还旧债，假借提供资金中介的服务之名，向投资者承诺月息 3%~4% 的高额回报，实际上却是通过网上平台进行非法吸收公众存款的犯罪活动。针对此案，有许多专家学者认为此案处罚过轻，应该进一步将此行为定性为非法集资，并给予被告人严惩。不过，我们更应该关注到的是，这起案件的审判是我国司法实践中首次对网络贷款案件的判例，其对以后类似案件审理的参考价值是不容小觑的。同时，也有利于督促 P2P 平台经营者将其业务控制在合法合规的范围内，不要轻易触碰法律的红线。

（3）法律不确定性风险。在我国，由于政策上不允许任何机构违规放贷，宜信贷则采用了个人放贷的模式，公司 CEO 唐宁是中国最大的放贷人。这样做，虽然在现行法律制度范围内不违法，但不免存在着各种潜在风险，最典型的体现在法律的不确定性上。目前，对于个人放贷的总数量以及债权转让次数问题上，我国法律和政策均没有规定上限，但是，一旦放贷人条例出台，极有可能会设置放贷数量和债权转让次数的上限。如果监管部门作出此类规定，宜信模式得以发展的基础就会随之消失。要想继续发展，就必须转变经营模式，当然，也会有彻底退出市场的可能性。

3. 案例：宜信

该模式中，假设借款人甲在 P2P 平台上发布借款申请，其中，借款金额为 10 万元，期限为一年，按月分期付息，到期偿还本金。之后，平台对借款人进行审核，审核通过后，由平台指定的专业放贷人（即唐宁个人）将资金出借给借款人。此时，与其他模式所不同的是，唐宁会将其手中的债权进行金额和期限的分拆，形成多种诸如 1 个月、3 个月或 6 个月的短期理财产品，再把这些短期理财产品售卖给放贷人（即投资者），P2P 平台为此债权作担保，完成债权转让。从上述过程中可以看出，该债权转让模式突破了之前传统模式中一对多的借贷关系，形成了多个借款人与多个一般放贷人通过中间的专业放贷人唐宁而联系在一起的局面，即多对多的借贷关系。随着资金和债权的不断增多和涌入，宜信所做的就是债权的拆分和再出借。

宜信贷运营模式的本质是将债权拆分，进而转让。其法律依据是我国《合同法》规定：债权人在转让权利时，必须通知到债务人，若没有通知到，债务人对该转让毫不知情，则该转让行为不会对债务人有任何的约束，即不产生法律效果。可见，若在债权转让过程中，可以确保借款人传递的信息是准确且真实的，那么，一般放贷人就能及时了解到借款人的还款进度，且 P2P 平台并没有参与实质的交易行为，仍可认为其仅仅是一个提供中介服务的平台。然而，从实际情况来看，宜信并没有做到这一点。它利用债权转让使自己成为一个资金的中介枢纽平台，实际上进行的是一种资产证券化的过程。但是，资产证券化要求专门的托管银行对资金进行监管，并且有严格的信息披露管理制度。很显然，宜信并没有达到这些要求。也就是说，尽管宜信平台公司通过债券转让的方式暂时规避了法律风险，但其业务模式远远突破了纯信息中介平台的性质，与银行等金融机构无异，应视为无牌照、不透明、无监管约束的"影子银行"。

债权转让模式下，若处置不当，很容易陷入变相非法吸收公众存款的境地，同时，借款人还不上钱也会使公司承受损失。

（三）担保模式的法律关系与法律风险

1. 法律关系

P2P网络借贷平台在诞生之初，基本上都属于无担保的网络借贷平台，国内最早成立的拍拍贷网贷平台就是这种模式。但是随着网贷平台数量的不断增多，其规模也越来越大，相应地，交易额也迅猛上升，其面临的风险也日益变大。由于在无担保模式的网贷平台上所发放的贷款为信用贷款，一旦发生借款人逾期不能偿还贷款的违约情况，投资人就会遭受损失，这种信用风险的发生只能由投资人去承担而不能要求网贷平台来承担。正是由于巨大风险的存在，越来越多的网贷平台开始通过为投资人提供担保的方式来预防这种风险，进而产生了另一种网贷平台模式——有担保的网贷平台。在国内诸如宜信、红岭创投等均是采用此类模式。例如，某P2P网络借贷平台承诺：当借款人不能归还到期债务时，则根据投资人与网贷平台之间签订的担保合同，由网贷平台向投资人垫付，以保障投资人的资金安全。形式上可能表现比较多样，但实质上其实还是担保合同关系。如何确定这些担保资金的性质，则需要从其来源给予定性。

一是平台划拨一部分中介服务费收入到风险储备池账户中，这笔资金主要适用于逾期不偿还贷款的赔付，平台对这笔资金的划拨类似于一种捐赠的行为，其本身不具有担保的属性。二是由平台支付一定的风险储备金，平台直接从账户中划拨出与借款金额相适应的风险储备金到其设立的账号中，该账户没有机构挂靠，通常是在与平台相关的自然人名下或直接进入平台的账户。其实质相当于"投资者共同保护基金"。三是在借款人支付了以上两种名目的担保资金之外，一些平台还会另外要求借款人支付一笔类似于"保证金"性质的资金。如果借款人按时归还借款，则这笔资金将会返还给借款人，否则平台将会把资金作为赔付金赔偿给投资人。四是平台将所有的担保或者担保性服务交与另一家独立的担保机构完成，担保合同关系发生在担保公司与借款人之间，而平台则不再参与风险性服务。

在实践中，我国P2P网络借贷平台提供的担保主要有平台自身担保和与第三方担保公司合作两种模式。上述的前三种情况都属于平台自身担保，第四种属于与第三方担保公司合作。

2014年4月21日，中国银监会处置非法集资部际联席会议办公室主任刘张君在接受媒体采访时表示，P2P网络借贷平台业务边界有四条"红线"：一是明确平台的中介性质；二是平台本身不得提供担保；三是不得归集资金搞资金池运作；四是不得非法吸收公众资金。自此，P2P 网络借贷平台自身不得提供任何形式的担保成为判断平台运营是否合法的重要依据。随之而来的是，原有大量的自身提供担保的网贷平台开始谋求业务转型，构建新的运营模式。

2. 法律风险

被认定承担担保责任的风险。根据《最高人民法院关于审理民间借贷案件适用法律若干问题的规定》，P2P 网络借贷机构通过网页、广告或者其他媒介明示或者有其他证据证明其为借贷提供担保，根据投资人请求，法院可以判决网贷机构承担担保责任。因此，P2P 网络借贷机构在产品推介、网页宣传等方面应该严格注意措辞，避免被认定为给借款人提供担保。

除此之外，P2P 网络借贷平台由于涉及资金监管 / 托管、第三方支付业务环节等，存在可能带来的沉淀资金、中间账户性质及认定、托管效率等法律风险；在业务运营层面，也存在着信贷技术风险、资金流动性风险、贷后管理风险、与机构合作风险、不良债权的追索和处理的风险等。

3. 案例：红岭创投

红岭创投是一种线上、有担保的运营模式。借款人先自行在平台网站上进行注册，在平台对其进行个人信用评级后，借款人就可以将自己借款的总额、利率以及还款计划和借款期限等主要要素填写完整，并以借款列表的形式在网站上公示，随后放贷人会根据自己的判断对相应的借款信息进行投标，同时由深圳市可信担保有限公司（红岭创投控股 90%）为借款标提供担保。可见，该模式下的担保与自行担保并无本质区别。盈利模式上，红岭创投同时向借款人和放贷人收取费用。对于借款人来说，需要承担每月借款本金 0.5% 的管理费、担保费及会员费用；对于放贷人来讲，除会员费外，红岭创投还要向其按每笔放贷资金所获利的 10% 收取分成。

至于担保问题，监管部门曾明确指出：P2P 要明确平台的中介性质、明确平台本身不得提供担保，但对于"平台本身不得提供担保"一说，目前监管层尚未做出详细区分和解读。目前，我国大部分的 P2P 网络贷款平台利用提供本金或本息的担保来吸引更多放贷者的投资。美国 Lending Club 等 P2P 信息平台之所以能够取得良好发展，是由于其国内成熟且发达的社会信用体系，而在我国这样一个缺失信用体系的环境下，盲目要求 P2P 网络贷款平台坚守做纯粹的信息中介平台，不免有些脱离实际。

3.2.2 P2P 网络借贷法制建设概况

（一）出台了一系列鼓励 P2P 健康发展的法规和政策

1.《政府工作报告》鼓励以 P2P 为代表的互联网金融健康发展

2015 年 3 月的《政府工作报告》中两次提到"互联网金融"，并表述为"异军突起"，要求促进"互联网金融健康发展"。一方面，希望互联网金融发挥草根金融的优势，在解决中小微企业融资难融资贵的问题中发挥作用；另一方面，希望互联网金融可以加快改革和转型步伐。

2. 将出台互联网金融健康发展的指导意见纳入2015重点工作

2015 年 5 月发布的《国家发展和改革委员会关于2015年深化经济体制改革重点工作的意见》指出，2015年深化经济体制改革的重点工作包括制定完善金融市场体系实施方案，出台促进互联网金融健康发展的指导意见，制定推进普惠金融发展规划。

3. 出台《国务院关于积极推进"互联网+"行动的指导意见》

2015 年 7 月发布的《国务院关于积极推进"互联网 +"行动的指导意见》中，"互联网金融"这个关键词出现了 15 次，"网络借贷"出现了 2 次。其中提到要促进互联网金融健康发展，培育一批具有行业影响力的互联网金融创新型企业。规范发展网络借贷和互联网消费信贷业务，鼓励互联网企业依法合规提供创新金融产品和服务，更好地满足中小微企业、创新型企业和个人的投融资需求。

4. 将互联网金融纳入中共中央五年规划

2015 年 11 月发布的《中共中央关于制定国民经济和社会发展第十三个五年规划的建议》中提到，"坚持创新发展，着力提高发展质量和效益"，具体的"构建发展新体制"中的表述为：规范发展互联网金融。这是互联网金融首次被写入中共中央五年规划。

（二）制定了一系列 P2P 网络借贷的法规和政策

1. 出台《关于促进互联网金融健康发展的指导意见》

2015 年 7 月，中国人民银行等十部门发布《关于促进互联网金融健康发展的指导意见》。（以下简称《指导意见》）该指导意见不仅正式承认了P2P的合法地位，也明确了P2P的信息中介性质，并以"鼓励创新、防范风险、趋利避害、健康发展"为总的要求，明确了包括股权众筹融资、P2P网络借贷、互联网支付在内的多种互联网金融业态的职责边界。这是P2P行业第一部全面的基本法，为P2P行业的创新发展真正指明了方向。

2. 出台《非银行支付机构网络支付业务管理办法（征求意见稿）》

2015 年 7 月，中国人民银行发布《非银行支付机构网络支付业务管理办法（征求意见稿）》。其中部分条例指出，支付机构不得为金融机构，以及从事信贷、融资、理财、担保、货币兑换等金融业务的其他机构开立支付账户，其中就包括 P2P 网络借贷平台。

3. 出台《最高人民法院关于审理民间借贷案件适用法律若干问题的规定》

2015 年 8 月，最高人民法院发布《最高人民法院关于审理民间借贷案件适用法律若干问题的规定》。《规定》在划定了24%的民间借贷利率红线的同时，还进一步明确了 P2P 平台的"媒介身份"。此外，《规定》中指出 P2P 平台作为提供媒介服务的中介平台，无须履行担保责任，这被视为 P2P 行业未来去担保化的重要开端。

4. 出台《网络借贷信息中介机构业务活动管理暂行办法（征求意见稿）》

2015 年 12 月，银监会会同公安部等部门将制定的《网络借贷信息中介机构业务活动管理暂行办法（征求意见稿）》向社会公布，并正式向社会公众公开征求意见。这意味着 P2P 网络借贷行业终于迎来了监管时代。而且，将 P2P 网络借贷平台定性为信息中介机构及对监管主体、负面清单、信息披露等的规定，为确保 P2P 网络借贷平台规范有序发展及防范金融风险奠定了坚实的监管基石。按照《征求意见稿》规定，现有的共 2 612 家 P2P 网络借贷平台将在 18 个月内整改完毕，主要是转为彻底的纯信息中介机构，彻底脱离信用中介属性。

2016 年 2 月，国务院发布《关于进一步做好防范和处置非法集资工作的意见》，要求各地区有关部门密切关注 P2P 网络借贷等领域，完善法规，尽快出台 P2P 网络借贷等领域的监管细则。

5. 发布《网络借贷信息中介机构业务活动管理暂行办法》

2016 年 8 月，银监会、工业和信息化部、公安部等四部委联合发布《网络借贷信息中介机构业务活动管理暂行办法》（以下简称《暂行办法》）。与之前的征求意见稿相比，新的《暂行办法》将 12 条负面清单扩充为 13 条，增加了禁止网贷机构进行债权转让，即不得从事开展资产证券化业务或实现以打包资产、证券化资产、信托资产、基金份额等形式的债权转让行为。此外，禁止关联交易被取消，变成了禁止自融和变相自融。P2P 网络借贷机构的资产证券化的冲动遭遇最严监管。同时，《暂行办法》还进一步明确了网贷机构是信息中介而不是信用中介，网络借贷金额应当以小额为主，并设置了借款人的借款上限。面对监管的收紧，现存 2 400 多家 P2P 机构有 12 个月的调整过渡期进行整改。文中提到的几类 P2P 网络借贷机构所受冲击尤其大，宜人贷在《暂行办法》出台后股价暴跌，市值蒸发 22%。

3.2.3 P2P 网络借贷法制建设的不足

（一）P2P 网络借贷的法制建设落后于行业的实际发展

2015 年是 P2P 网络借贷的法制建设加速发展的一年，但 P2P 网络借贷行业的发展速度远远快于法制建设，行业出现很多新问题和新趋势：一是 P2P 行业经营趋势的变化，比如 P2P 行业已经突破了 Peer to Peer 的"人人贷"、小额贷的范畴，向资金大额化、风险集中化演变。市场出现 P2B（Peer to Business）、P2G（Peer to Government）、A2P（Asset to Peer）等新概念，市场大众难以理解这些概念，一些 P2P 平台引入了类证券化的业务，甚至接入房地产项目等。二是 P2P 行业风险的整体暴露，一些 P2P 网络借贷一开始就带有金融欺诈或非法集资的性质，现有法律法规难以跟上行业发展演化的速度。

（二）P2P 网络借贷的法制框架虽已经确立但有待细化

尽管《暂行办法》确立了 P2P 网络借贷监管的基本框架，但为了未来更好地实施，需要在地方金融监管、地方备案标准、资金存管、信息披露违规追责等方面更加明确和细化。

《暂行办法》规定 P2P 的监管实行属地监管原则，虽可调动地方金融监管部门监管的积极性和主动性，但对地方政府监管能力却又带来极大的挑战和考验。

《暂行办法》规定 P2P 网络借贷公司成立只需携带有关材料向工商登记注册地地方金融监管部门备案登记；且规定地方金融监管部门备案登记不构成对机构经营能力、合规程度、资信状况的认可和评价，这些规定过于宽泛和笼统，不便于实际操作，更会导致一些新问题产生：一方面，难以正确把好准入关，会使一些不具备条件的 P2P 平台获得经营许可，再次造成 P2P 良莠不齐、无序生长局面，不利于 P2P 网络借贷平台整体健康发展；另一方面，会造成各地方金融监管部门在 P2P 平台备案时缺乏统一标准，导致宽严不一，导致各地对 P2P 网络借贷监管出现新的不平衡现象，最终影响 P2P 网络借贷监管整体水平和质量。对此，《暂行办法》应当对 P2P 网络借贷备案登记机构在资本数额、内部治理结构、风险防控能力、评估分类等方面有明确量化指标和定性指标，以便地方金融监管部门形成统一备案依据，消除各行其是和各自为政现象，确保 P2P 监管的严肃性和统一性。

3.3 P2P 网络借贷的风险防范

3.3.1 P2P 网络借贷的相关风险

（一）P2P 网络借贷存在较大的信用风险

首先，就资产质量而言，P2P 网络借贷本质上属于次级贷，存在较大的信用风险，所发放的贷款主要面向中小企业和个人，具有资金量小、期限短、借款人的信用风险高等特点，采取打包形式的债权转让，转让过程中资金和资产的匹配难以核实、资产信息不透明风险难以把控。随着国内经济下行，中小微企业信用风险增加，容易导致系统性风险。其次，某些 P2P 网络借贷采用了增信方式，但仍然主要依靠内部增信，外部增信主要依靠第三方融资担保公司，很多融资担保公司采用了远远超过 10 倍的杠杆。因此，P2P 网络借贷存在较大的信用风险。

（二）P2P 网络借贷产品面临较严重的流动性风险

P2P 网络借贷产品的再转让比较困难，存在比较严重的流动性风险。以涉及类证券化操作的 P2P 网络借贷产品为例，国内目前规范的资产证券化产品的流动性也远低于债券市场平均水平，如中央国债登记结算有限责任公司托管的信贷 ABS，2015 年的换手率仅为 7.44%，而 2015 年债券市场整体换手率为 172.7%。P2P 网络借贷平台类证券化产品几乎没有二级市场，不存在流动性可能。

（三）P2P 网络借贷存在制度风险

以 P2P 类资产证券化产品为例，一是业务流程中权威评级机构和发行中介机构的缺失，对于 P2P 网络借贷类整体流程缺少相应的监管机构监管，也没有权威且专业中介服务机构（如会计事务所、律师事务所和资信评级机构）介入，导致信息披露严重不足；二是 P2P 网络借贷类证券化过程缺少信息披露制度，尤其是各个主体之间具有关联关系，且该模式从发起人、摘牌方、转让方到回购方，几乎都是平台及其关联公司，尤其是自 2014 年以来，商业保理与 P2P 的融合发展已成趋势，这样就会形成资金池闭环，导致暗箱操作或引发系统性风险。

（四）P2P 网络借贷潜在道德风险

以 P2P 类资产证券化产品为例。第一，P2P 网络借贷类证券化没有实现真正的破产隔离。破产隔离是资产证券化的核心环节，是风险管理的关键步骤，其目的是当发起人破产时，被证券化的资产不被认定为发起人的破产财产。破产隔离的内涵包括资产转移的真实销售、SPV 本身的破产隔离。但是，目前我国的 P2P 网络借贷类资产证券化产品因监管限制不能组建特殊目的载体，自然也就不能真正实现破产隔离和"真实销售"，被证券化的资产仍然和发起人有债务关系。第二，P2P 网络借贷类证券化各主体间的关联关系极易引发道德风险，不排除出现自融式操作。

此外，由于类证券化涉及的资产除信贷资产外，还有信托资产、证券资产，易形成混业风险。

3.3.2 P2P 网络借贷政策立法的相关建议

（一）对 P2P 信息披露及责任认定要进一步明确细化

2015 年 8 月，最高人民法院发布的《最高人民法院关于审理民间借贷案件适用法律若干问题的规定》中指出，借贷双方通过 P2P 平台形成借贷关系，网络贷款平台的提供者仅提供媒介服务，不承担担保责任，如果 P2P 平台的提供者通过网页、广告或者其他媒介明示或者有其他证据证明其为借贷提供担保，根据出借人的请求，人民法院可以判决 P2P 平台的提供者承担担保责任。这意味着，P2P 平台要为自己的对外宣传说辞买单，此后行业内虚假宣传的情况将会有所缓解。尤其是 2015 年 12 月发布的《暂行办法》，其就网络借贷信息中介机构信息披露的真实性、准确性和完整性进行了明确规定，对发布虚假、误导性信息及重大信息遗漏规定了具体追责措施，为确保 P2P 网络借贷平台信息真实性奠定了坚实"法制"基石。但是，它对 P2P 网络借贷平台与各类媒体、名人合谋发布欺骗性信息缺乏追责规定，为少数不良媒体及 P2P 网络借贷平台公司"作弊"圈钱提供了土壤。未来应在《暂行办法》的基础上增加追责条款，对与 P2P 平台勾结蓄意发布虚假信息的媒体严厉追责。

根据三类 P2P 的情况来看，纯平台 P2P 网络借贷是指借贷双方通过 P2P 网络借贷平台形成借贷关系，平台只提供媒介服务，而不承担担保责任。这种情况下，平台主要应为投资者与贷款者的信息负责，根据《合同法》的相关规定督促当事人的行为，若由于网贷平台的过失造成借贷双方某一方的损害，则应承担相应的责任。在现今平台职能复杂、监管主体缺位、信用系统缺乏等新问题下，对平台单纯性的媒介服务做出监管十分有必要，应督促平台在一开始就对借贷双方进行严格的信用审核，并在运营过程中加大对风险的控制。

对债权转让模式的 P2P 平台来说，平台对债权转让的问题应该明晰化。从《合同法》的角度看，在法律范围内，债权人有合理合法的基础进行债权的转让，但在当下平台的运作中，平台对债权标的约定不明确、滥用债券拆分转让并有非法集资的嫌疑。对债权的拆分及转让需要《证券法》进行规范，并应纳入证券行业的监管范围。

对于《指导意见》已经明确不能再为借贷提供担保，而引入第三方担保的平台来说，除了要结合《合同法》与《担保法》《物权法》分类判别各种情况下如何运用法律手段维护借款人、投资人的权益，还要督促第三方担保机构对合同的履行。

（二）进一步形成 P2P 投资者保护的法制基础

未来需要进一步围绕消费者保护，建立审慎监管与行为监管并重的监管与法律框架。P2P 网络借贷行业的机构众多，P2P 网络借贷模式具有无形性、专业性，且不断发生异化，频频平台注册在某地，甚至一些平台没有固定的工作场所，但消费者却独立分散在全国各地。P2P 网络借贷的消费者较其他有形业务的消费者更容易受到侵害，维权难度大。而在现有监管框架中，因更多强调的是金融机构本身或派生的系统性风险防范，监管指标体系和监管评级标准也更加侧重于金融机构的稳健经营与风险防范能力，金融消费者利益的保护则成为了间接目标，甚至出现"监管俘获"现象。而参考国外经验发现，P2P 网络借贷在英美两国的金融监管中，消费者保护一直都是最核心的监管目标之一。而最近几年，尤其是次贷危机后，包括英美在内的不少国家开始不同程度地运用"双峰"理论[①]对本国的金融监管体系进行改革，建立两个独立的机构来分别负责审慎监管和行为监管。尤其是 P2P 行业，行为监管更加迫切。根据目前的市场环境，中国可以借鉴美国 P2P 市场的监管经验，以消费者保护为重点，适时确立行为监管与审慎市场并重的监管框架，建立独立于"一行三会"的金融消费者保护机构，并出台专门的金融消费者权益保护法，推动 P2P 行业加速向理性化、健康化发展。

---

① 在实践中，审慎监管与行为监管之间并不是必然的"和谐体"，英国学者 Taylor 的"双峰"理论认为，一国应当成立两个独立的机构来分别负责审慎监管和行为监管。

（三）建立 P2P 行业准入制度和退出制度，促进 P2P 行业的分化

《暂行管理办法》贯彻了负面清单制度原则，但没有设置准入门槛，没有资本金要求。美国的 P2P 借贷发展历史较长，但迄今为止只有 Prosper 和 Lending Club 两家主要的平台，英国也只有八家主要的平台。我国 P2P 行业的门槛极低，导致整个 P2P 行业野蛮生长。2015 年 10 月，中国已累计注册 3 598 家 P2P 平台，正常运行平台数量为 2 520 家，全国 P2P 平台平均注册资本为 2 468 万元。2014 年 12 月，我国的担保公司数量在万家以上，全国共有小额贷款公司 8 791 家，平均每家小额贷款公司实收资本 0.94 亿元。这样稠密的机构数量与行业监管的真空并存的情况下，促进行业的分化实际上成为规范市场、有效监管的必要条件。银监会应在征求多方意见的情况下，加快出台对 P2P 网络借贷监管的实施细则，在注册资本、发起人资质、组织结构、内控制度、技术条件等方面，对 P2P 平台设置行业准入标准。虽然市场中出现两种声音：一种是应该提高注册资本，促进行业分化；另一种是注册资本不能太高，否则会制约 P2P 行业的灵活、多样性发展。但作者认为前者更应该受到关注。因为，从需求方面看，任何一个国家也不需要几千家 P2P 平台；而从行业属性看，无论是信息中介还是类金融机构，规模虽然不是取胜的充分条件，但却是不可缺少的必要条件，因为系统维护、大数据风控成本极高，只有领先者才能够以较低的边际成本获得更多用户，优质资源也会向大平台靠拢。从 P2P 平台监管的国际经验来看，英国更加重视市场自律，美国则将 P2P 平台视作证券承销机构给予严格监管。P2P 平台的特殊性使其市场退出机制关系到借贷双方的利益能否得到保护。英国金融行为监管局和 P2P 行业协会对平台倒闭的退出机制和消费者保护作出事先规定，美国的 Prosper 和 Lending Club 也设有"生前遗嘱"。就我国环境来说，在市场自律无法短时期建立的情况下，更应该由监管机构出台较严格的监管细则，完善 P2P 平台的退出机制，以保障平台倒闭后未到期的借贷项目仍有效并可得到有序的管理，直至借贷双方资金结清为止。

（四）做好 P2P 网络借贷的金融消费者教育

理性成熟的金融消费者是金融市场和行业顺利运行的基础，互联网金融的消费者多数为"草根"群体，被视作长尾客户，具有数量大、风险意识淡漠、风险承受能力差等特点，一旦平台违约，将造成极大的社会问题。《指导意见》将 P2P 定位于信息中介平台，而不是信用中介平台。P2P 平台的宣传不但应禁止做保本保息承诺，而且更应禁止对平台的债权做所谓"低风险"宣传，从而将信用质量和信用风险交由投资者来判断。因此理性的金融消费者是行业健康发展的前提基础。在做好金融消费者教育的同时，更应鼓励消费者发挥市场监督作用，发挥广大消费者的监督力量，形成对非法 P2P 机构的

高压态势，断绝其生长土壤。

P2P 平台的义务则是确保借款用户和借贷标的信息的真实性，以及在此基础上为投资者提供各类投资产品风险与收益信息，便于投资者进行比较和决策。当然，作为消费者，借款人和投资人具有一定的风险识别能力是前提条件，而且金融消费者权益保护与金融消费者的教育密不可分，没有后者的支持，前者无法落到实处。金融机构作为实施主体，肩负着对金融消费者教育的责任和义务，通过教育实现消费者自我防范能力和风险能力提高的目的，只有提高消费者自身素质，才能实现机构和消费者双方共赢发展。例如，英国在 2014 年 9 月修订国家课程大纲，其中重要的一项工作就是将金融能力教育列入中学的国家课程大纲。

2015 年是互联网金融立法元年，上述立法确立了 P2P 网络借贷运行的框架，2016 年需要在此基础上进一步细化法律法规，使其进一步落实到操作层面，真正做到有法可依、有法必依、违法必究，在 P2P 行业"去伪存真"后，能够切实发挥融资功能和服务功能，体现更多"普惠"属性。

【本章小结】

1. P2P 网络借贷主要包括三种模式：纯平台模式、债权转让模式和担保模式。其中，担保模式是目前 P2P 的主流模式，70% 以上的平台是以这种模式来提供本金甚至利息担保的。担保模式又分为平台自担保和第三方担保，前者是平台通过自身风险备付金对借款本息进行担保，后者是引入第三方担保机构对借款本息进行担保。

2. P2P 网络借贷行业规模与数量迅速增长，担保平台占绝大多数，问题平台也不断增加，并且出现明显的"类证券化"趋势。

3. 2016 年 8 月 24 日，银监会、工业和信息化部、公安部等四部委联合发布《网络借贷信息中介机构业务活动管理暂行办法》。与之前的征求意见稿相比，新的暂行办法将 12 条负面清单扩充为 13 条，增加了禁止网贷机构进行债权转让，即不得从事开展资产证券化业务或实现以打包资产、证券化资产、信托资产、基金份额等形式的债权转让行为。此外，禁止关联交易被取消，变成了禁止自融和变相自融。

4. P2P 网络借贷涉及信用风险、流动性风险、制度风险和道德风险。未来应该对 P2P 信息披露及责任认定要进一步明确细化、进一步形成 P2P 投资者保护的法治基础、建立 P2P 行业准入制度和退出制度以促进 P2P 行业的分化，并做好 P2P 网络借贷的金融消费者教育。

【复习思考题】

1. P2P 网络借贷有哪些主要模式?

2. P2P 网络借贷的纯平台模式涉及的法律关系和法律风险是什么?

3. P2P 网络借贷的债权转让模式涉及的法律关系和法律风险是什么?

4. P2P 网络借贷的担保模式涉及的法律关系和法律风险是什么?

5. P2P 网络借贷涉及哪些主要风险?

6. 关于 P2P 网络借贷, 出台了哪些政策法规?

第4章 互联网众筹的法律问题与风险防范

任务目标

1. 了解互联网众筹的发展历程
2. 了解国内外互联网众筹的发展概况
3. 掌握互联网众筹的概念、分类和特点
4. 掌握互联网众筹的基本法律关系和监管问题
5. 掌握互联网众筹的法律风险及风险防范措施

【导入案例】

互联网众筹迅猛发展

互联网新经济快速发展

互联网经济总量和规模逐年增长，随着国家不断推进"互联网＋"系列政策，互联网新经济行业地位确立。

互联网经济总量规模增长趋势如下图所示。[①]

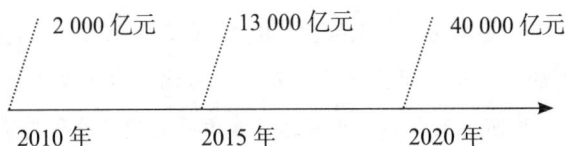

```
        2 000 亿元      13 000 亿元        40 000 亿元

    2010 年         2015 年           2020 年
```

互联网经济的快速发展，对人们的生活、消费习惯、投资理财等产生了巨大影响，为金融创新提供了庞大的用户基础，促进了创新的金融发展模式不断涌现，为中小企业提供了包括 P2P、众筹在内的更多融资渠道，有利于缓解中小企业融资困难的问题。

互联网众筹发展迅猛

随着互联网的盛行，新兴互联网金融风生水起，传统金融行业加快了互联网金融建设进程，以 P2P、众筹、第三方支付为主的互联网金融市场出现了既快速发展又互相竞争的局面。

作为互联网金融的一种重要类型，互联网众筹是近几年才出现的一种融资模式。据公开资料显示，全球互联网众筹起步于 2001 年，随后迅猛增长。据统计与预测，2010～2016 年，全球互联网众筹将保持 75% 以上的增长率，并于 2016 年达到 2 000 亿美元众筹规模。2025 年，

[①] 资料来源：《2016 年中国创新保险行业白皮书》。

全球众筹市场的众筹规模将达到 3 000 亿美元，发展中国家的众筹规模将达到 960 亿美元（见下图）。世界银行研究报告认为，到 2025 年，中国互联网众筹支持初创企业和商业的规模将迅速增长至 460 亿~500 亿美元，这相当于全世界的一半左右。

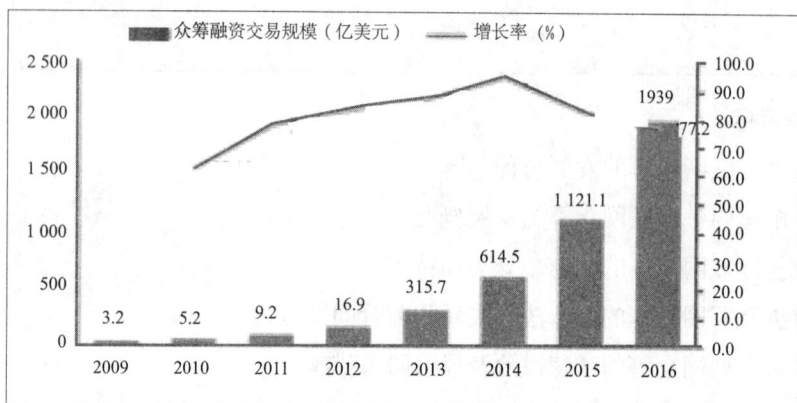

2011 年众筹开始进入中国，2011 年国内首家众筹网站"点名时间"成立通常被认为是中国众筹的开始，2013 年国内正式诞生第一例股权众筹案例。据艾瑞咨询统计，截至 2014 年 12 月，全国约有 110 家正常运营的众筹平台，其中，权益类众筹平台达 75 家。目前，正常运营的众筹平台中，股权类众筹平台数量最多，占全国总运营平台数量的 39.93%，其次为产品众筹平台，纯公益众筹平台最少。据艾瑞咨询统计，2014 年中国权益众筹市场融资总规模达到 4.4 亿元，京东众筹、众筹网、淘宝众筹、点名时间和追梦网五家平台的融资规模总额达到 2.7 亿元，占比达到 60.8%。[①]

随着平台数量的大幅增加及电商巨头、科技媒体、传统金融机构布局众筹行业、设立新平台并站稳脚跟，众筹行业整体规模急剧扩大。截至 2015 年 12 月底，全国众筹平台分布在 23 个省市，多位于经济较为发达的沿海地区，东北、西北和西南诸省众筹平台数分布极少。广东、北京、上海、浙江和四川五个地区正常运营众筹平台数为全国前五。2015 年以来，随着监管政策的不断发布和治理整顿，整个众筹行业也形成了马太效应，大的综合性众筹平台依托自身或合作方的优质资源，其影响力和市场份额逐步扩大，而许多中小众筹平台的生存空间受到挤压，甚至出局。

4.1 互联网众筹概述

互联网众筹（Crowdfunding）是随着互联网经济而发展的一种新型的筹资渠道。依照世界银行相关报告的表述，互联网众筹是指商业机构或其他平台通过互联网向众多的个体以捐赠或投资的方式而获取的融资。

---

① 资料来源：《2015 年中国权益众筹市场研究报告》。

4.1.1 互联网众筹的分类

目前，一般认为互联网众筹的主要分类为公益众筹、预售众筹、股权众筹和债权众筹。

（1）互联网公益众筹（Donate-based crowdfunding）：捐赠者通过互联网众筹平台对项目进行捐赠，被捐赠者一般不需要回报。典型平台有 GiveForward、Kiva Zip 等。

（2）互联网预售众筹（Reward-based crowdfunding）：投资者通过互联网众筹平台对公司或项目进行投资，其回报主要是物品或者服务体验等。典型平台有 Kickstarter、Indiegogo 等。

（3）互联网股权众筹（Equity-based crowdfunding）：投资者通过互联网众筹平台对公司或项目进行公开小额股权融资的活动，获得一定比例的股权。这种类型的众筹更接近天使投资或 VC 的模式，投资人通过互联网寻找投资项目，付出资金成为该公司的股东，以期获得未来的财务回报要求。股权众筹具有公开、小额、大众风险自担的特点。典型平台有 Crowdcube、Seedrs 等。

（4）互联网债权众筹（Lending-based crowdfunding）：投资者通过互联网众筹平台对项目进行投资，获得一定比例的债权，并在未来享有收回成本及利息的权利。P2P 与 P2B 实质上就是债权众筹。典型平台有 Zopa、Lending Club 等。

目前，有关互联网众筹的法律规范只针对股权众筹这种类型进行了规范。2015年7月18日，中国人民银行等十部门发布《关于促进互联网金融健康发展的指导意见》（以下简称《指导意见》），分类列举了互联网金融的几大类别和概念，对于互联网众筹，只对股权众筹融资的概念进行了定义：股权众筹融资主要是指通过互联网形式进行公开小额股权融资的活动，相较于传统的证券融资，其突出的特点是使用了互联网。2015年8月10日，中国证券业协会下发《场外证券业务备案管理办法》，其中第二条第（十）项将"私募股权众筹"修改为"互联网非公开股权融资"。该办法从名字和定义上将股权众筹或私募股权众筹做了区分，认为"股权众筹是私募股权互联网化"，但通常仍习惯称为互联网股权众筹。

4.1.2 互联网众筹的特点

（1）众筹本质上是分享式经济，通过互联网信息化平台高效、精确地对接资源和需求。

（2）互联网众筹是一种全新的融资方式和融资渠道，相较于传统的融资方式，众筹的特点在于小额和大量，互联网众筹通过互联网完成投融资全过程，依托于社交网络进行市场营销，具有低门槛、低成本、高效率等特征。这种模式打破了传统的融资模式，是专业投资走向大众化的过程，普通人也可以通过众筹模式获得所需要的资金，使得融资来源不再局限于风投等机构，而可能源自大众。互联网众筹给诸多潜在的投资人提供了投资机会，再加上对投资人所设门槛较低，所以有人也称这种模式为"全民天使"。

（3）众筹融资作为互联网金融新型网络融资渠道之一，为个人和企业特别是中小微企业提供了一个网络交易平台，其融资门槛低，为新型创业公司的融资开辟了一条新路径，是对现有金融融资体系的支持和补充，有利于提高中小企业融资效率，缓解中小企业融资困难的现状。

4.2 互联网众筹的基本法律关系和相关问题

4.2.1 互联网众筹的基本法律关系

互联网众筹融资的参与主体主要包括筹资人、出资人和众筹平台。筹资人通常指需要解决资金问题的创意者或小微企业的创业者；出资人往往是广大的互联网用户，他们利用在线支付等方式对自己感兴趣的创意项目进行小额投资；众筹平台就是利用网络技术支持，根据相关法律法规，将项目发起人的创意和融资需求信息发布在虚拟空间里，供投资人选择的互联网平台。

从法律角度分析，对于互联网众筹不同的分类，其本质上的法律关系也有所不同。

（一）互联网债权众筹

互联网债权众筹实质上是人们所熟知的P2P平台。目前，我国基本上是将P2P平台与众筹作为两种基本的互联网金融类型来区分的，并针对P2P和众筹制定了不同规范，且分别由不同的监管部门来监管，P2P是由中国银监会来制定规范和监管，而众筹则属于中国证监会监管的范畴。

（二）互联网捐赠众筹

互联网捐赠众筹中，融资方与投资方是赠与合同关系。捐赠式众筹适用于NGO（非政府组织）等公益项目。

（三）互联网预售众筹

预售众筹更接近于"商品预售"，在预售互联网众筹中，融资方与投资方是商品买卖或服务提供合同关系，而不是直接的资金融资关系。为了规避"非法公开发行股票""非法集资"等风险，这类网站规定不允许以股权、债券、分红、利息以及现金等形式作为回报，一个融资的项目更多是以产品或者其他礼物的形式回报投资人，例如美国最有名的互联网众筹平台在相应的法规没制定之前，其实质是互联网预售众筹平台。

该类众筹主要是为了加强与用户的交流和体验，以项目发起人的身份号召公众介入产品的研发、试制和推广，在筹措资金的同时获得更好的市场宣传。通常认为公益众筹和预售众筹这两种互联网众筹模式的相对法律风险较小，许多国家对于这两类众筹的监管也相对宽松，我国目前发布的《互联网金融指导意见》等也没有对其进行规定。

（四）互联网股权众筹

互联网股权众筹从交易本质而言是通过互联网平台向公众募集资金，从法律性质上来讲属于向公众融资。

不论哪种互联网众筹类型，均可把融资方和投资方视为一种特殊的交易关系，投资方是在购买融资方的股权、产品、利息或服务。而互联网众筹平台作为交易的中介，即法律上的居间人。因为互联网众筹的公众性、小额化和人员众多等特点，再加上投融资双方处于信息不对称等情形，一般在相应的法律规定中，互联网众筹平台比普通居间人要承担更多义务。

4.2.2 互联网股权众筹的监管问题

互联网公益众筹和互联网预售众筹投资成本偏低、投资风险相对较小，所以一般不是监管的重点。互联网股权众筹从交易本质而言是向公众募集资金，无论是用互联网还是其他方式，从法律性质上来讲都属于向公众融资，而为确保投资者权益保护和公平的交易，以法律严格监管向公众融资行为是大多数国家的通常做法。对互联网股权众筹的监管进行探讨，有必要先了解传统的证券监管基本理论。

（一）面向公众融资的传统证券监管理论

向公众融资的传统证券监管理论是当前证券法的核心内容，现代证券法监管体系通常包括如下主要的法律规则。

1. 强制信息披露规则

现代证券监管的核心理念就是，投资者与融资者之间天然地存在信息不对称，法律必须强制要求融资者（即发行人）向投资者披露必要和适当的信息，以保护信息不对称的投资者的基本利益。美国 1933 年颁布的证券法以及其后的修订案，就是以强制信息披露为核心原则建立了现代证券监管体制，并受到了其他许多国家的效仿。

2. 证券发行的行政许可或备案程序

通过特定的证券监管机构的审核和批准，建立证券发行上市统一的信息披露规范和要求，以制度化证券发行程序，保证融资者披露的信息适当、公开和透明，以促进公平的市场行为。

3. 对不当证券发行和交易行为的管制

针对证券发行和交易等程序中出现的不当行为予以行政管制甚至是刑法的处罚，以保护投资者权益。例如，对于证券欺诈行为、内幕交易、操纵市场等制定专门的法规，以促进信息披露的真实性、公开性和公平性。

4. 证券发行豁免制度

通常证券发行监管要实现两个核心目标：一是保护投资者；二是促进企业融资。按照证券正常发行制度进行融资，由于信息披露、审批等程序合规性成本比较高，很容易导致阻碍企业很多合理的融资需求。因此，后来又发展出一些豁免制度，即在特殊情形下，可以获得一定的豁免走简化程序以降低发行成本获得融资，其中私募豁免是使用最广泛的一种方式。在美国，私募豁免监管一般有几个标准，最早最典型的标准是投资者人数标准，即投资者不超过 200 人。1953 年美国最高法院否定了该条标准，后来美国实践中用来界定私募豁免发行的标准主要是两个标准：第一是发行方式，规定不能采用公开方式发行；第二是发行对象，即合格投资者要求，对发行对象做出了明确的要求。

美国是最早确定比较先进和完备的证券监管法律制度的国家，世界上很多国家都是参照美国证券监管法律制度而制定的。例如，对于上市私募豁免的原则，尽管后来在 1953 年美国最高法院否定了发行人数标准，但我国证监会现在仍采用投资者 200 人的标准作为界定证券公开发行与否的标准之一。我国证券法对证券公开发行的规定是，向不特定对象发行证券的，或者向特定对象发行证券累计超过 200 人的。而且对于非公开发行证券，明确规定不得采用广告、公开劝诱和变相公开方式。

（二）互联网股权众筹监管的理论探讨

互联网股权众筹涉及向不特定投资者公开募集资金，涉及面向不特定公众募集资金，且与金融市场秩序和投资者利益密切关联，因此存在金融监管的合理性与必要性。

股权众筹的性质是向公众筹集资金，从理论上应该将其纳入传统证券监管体制之下。但传统的发行监管体制成本很高，只有针对股权众筹的新情况和特点修订相应的法规，才能促进众筹等互联网金融有序发展。对于新兴的互联网金融监管，各国都在积极研究并修订相关法规，除了将股权众筹等新金融模式和平台纳入到传统的证券监管范畴之外，利用证券法中的豁免机制给予股权众筹相对宽松的发展环境，以区别非法集资等违法行为，是各国有关众筹监管法律制度的特点。

对于如何监管股权众筹尽管仍存在一定争议，对于股权众筹如何监管的一个核心问题是，借助互联网平台众筹融资能否解决信息不对称问题，或有什么突破能够让其取得豁免。美国针对众筹法律的修订是具有代表性的。美国最早对股权众筹的发展做出法律上的回应，2012 年通过的《创业企业融资法案》（Jumpstart Our Business Startups Act，简称《JOBS 法案》）设立了股权众筹豁免，即《JOBS 法案》的众筹法。其核心的理念是：①尽管众筹采用了互联网、大数据等新科技手段，但仍没有从根本上解决投融资者之间的信息不对称问题，因而股权众筹仍适用于传统证券监管的原则和规范体系；②《JOBS 法案》的目标是积极利用股权众筹这种新的融资模式，解决中小企业融资难题，创造就业，因此，在现有证券监管法律制度的基础上，结合豁免制度的突破应用，设定了股权众筹豁免制度。

简而言之，美国《JOBS 法案》对发行人设定了信息披露要求；要求众筹网站必须注册，接受类似券商的监管，众筹必须通过券商或者集资平台进行。另外，设定了三种类别的股权众筹豁免制度：一是"公募众筹"，规定了发行限额 100 万美元以下的额度限制，且须符合信息披露要求和其他监管要求，但可豁免注册程序；二是"私募众筹"，该类股权众筹没有额度限制和信息披露要求，只有发行对象的限制，要求必须是合格投资者；三是"大额公募众筹"，传统小额豁免的发行金额限制由原来的500美元扩展到5 000美元，而对于投资者允许人数众多且没有资格限制，但对投资者有投资限额的要求。

互联网众筹等新金融形态对传统金融业态产生冲击的同时也带来了监管的新难题。鉴于互联网股权众筹具有"人多钱少"的特点，且并不能够彻底解决固有的信息不对称问题，有必要调整监管理念，结合股权众筹融资新的风险点转变监管方式，做出适应性调整。鉴于互联网众筹内控和财务制度相对薄弱，且事前监管成本和难度较大，应强化监管，加大违规惩戒力度，以维护市场秩序和投资者利益。

4.3　互联网众筹的监管

4.3.1　国外互联网众筹的监管

互联网众筹迅猛发展过程中，存在的风险也愈演愈烈，因此各国都加强了对互联网众筹监管法规的制订和修改。其中，美国和英国的监管措施各有侧重和特点，一定程度上代表了不同的互联网众筹的监管方式。

（一）美国互联网股权众筹的监管

对于互联网股权众筹，美国采取专门立法的方法。在美国，《证券法》对向公众发行证券的监管很严格，股权性众筹涉嫌违法，因此美国众筹尽管出现很早，但各众筹平台基本上从事的都是预售性众筹，而并非互联网股权众筹，直到2012年，美国国会通过了《JOBS法案》，才正式将股权众筹融资合法化。美国《JOBS法案》后，通过法律形式认定了互联网股权众筹合法性，同时规定投资者可以获得项目的股权作为投资的回报，法案的通过将使得初创企业和小企业获得大量的、新的潜在投资者。该法案围绕众筹融资的便捷性和投资者保护的有效性问题，主要内容如下。

1. 众筹融资注册发行豁免规定

证券注册发行是美国证券发行的基本原则，对符合条件的众筹融资的注册发行豁免是法案的核心。与此前豁免注册发行最大的不同是，本法案规定的众筹豁免面向的不是某一特定投资者群体，而是不特定大众，并且参与众筹的大众个体基本上都是小额投资。

2. 明确发行人基本信息披露义务

为降低筹资融资成本，增加其便捷性和经济性，法案减轻了众筹发行人的信息披露负担。普通证券发行信息披露规则存在程序烦琐、操作成本较高等问题，增加了发行人的融资成本，并不适宜众筹这样的小规模融资。与此同时，按照法案要求，众筹发行人仍然需要向监管部门、中介机构、潜在的投资者提供基本的信息披露，以便更好地保护小额投资者的权益。

3. 明确众筹融资中介角色与职能

明确了众筹融资平台必须接受监管部门监管，网络众筹平台必须在监管部门注册或取得许可，监管部门将认定这些中介机构为经纪人或融资平台。

4.建立小额投资者保护机制

法案为确保众筹融资的便捷性和经济性，改进了众筹方式发行证券的信息披露规则，简化了互联网众筹的信息披露规则，较之于传统证券监管主要是通过发行人信息披露要求来保护投资者权益，简化了股权众筹信息披露制度，也增加了证券投资欺诈的可能性，因而众筹融资中投资者保护问题可能更加突出，为此，法案通过限制投资总额等强化发行者责任，以便保护小额投资者。

（二）英国互联网众筹的监管

英国是将 P2P 和互联网股权众筹共同纳入一部法律中予以监管。据英国 P2P 金融协会的统计，在 2013 年英国替代性金融市场（包括 P2P 网络借贷、股权众筹、产品众筹、票据融资等业务）规模就已超过 6 亿英镑，其中 P2P 网络借贷所占比例高达 79%。为了应对新金融的发展，2013 年 10 月，金融行为监管局首先发布了《关于众筹平台和其他相似活动的规范行为征求意见报告》，详细介绍了拟对"网络众筹"的监管办法。2014 年，英国金融行为监管局（FCA）发布了《关于网络众筹和通过其他方式发行不易变现证券的监管规则》（以下简称《监管规则》）。

FCA 制定《监管规则》的主要目标是适度地进行消费者保护并从消费者利益出发，促进有效竞争。因而对于风险较小的捐赠类众筹、预付或产品类众筹，则没有纳入监管范围内且无须 FCA 授权。FCA 将纳入监管的众筹分为两类（借贷型众筹即 P2P 借贷和股权投资型众筹），并制定了不同的监管标准，从事以上两类业务的公司需要取得 FCA 的授权。英国众筹行业协会主席 Julia Groves 表示，新规则表明有专门的机构负责对众筹行业进行监管，可以更好地保护消费者权益，同时新规则扩大了目前实践中的众筹投资者范围，有利于行业扩大规模。

英国 FCA 对债权性众筹（P2P）制定了相应规则，包括最低资本要求及审慎标准；客户资金规则；争端解决和金融监督服务机构的准入；P2P 网络借贷公司破产后的保护条款；信息披露制度等系列规则。

对于股权性众筹，除了制定相应的监管规则外，为了鼓励创新、促进就业，英国政府还向众筹投资者提供了税收优惠政策——根据投资额不同，EIS 与 SEIS 会分别给予 30% 和 50% 的税费减免。2015 年英国众筹行业快速增长，股权众筹规模增长达 295%。

针对股权性众筹，英国金融市场行为监管局（FCA）要求所有众筹平台首先必须明确地指出投资风险。

（1）"10% 规则"。英国的股权众筹法规规定，禁止投资者每年投入超过 10% 的净资产于股权众筹投资。该规则的基本目标旨在教育投资者：分散化投资组合应置于首位。

（2）"合格性测试"。"合格性测试"会衡量投资者在众筹方面的能力，判断投资者对这些平台上对投资项目的理解。此项法规的核心是需要增强投资者教育，给投资者提供一个预判风险和学习的工具，也促使新投资者们意识到股权众筹的风险，并帮助他们更好地了解这一行业。

（三）小结

尽管美国、英国及其他国家有关股权众筹的监管各有特点，但总结各国的监管规则，有关股权众筹的监管规则主要对如下方面进行规范。

1. 股权众筹的监管方式

从监管方式来看，目前，许多国家在注重规则导向监管的基础上，也适当地使用原则导向监管。规则导向监管注重以金融监管法规为导向来进行监管，重点关注金融市场行为的合规性，监管机构在进行监管过程中的主观判断与灵活性空间非常有限；原则导向监管则以既定监管目标的实现为导向，在不突破合规性的基本要求上，给金融机构和监管者留有一定的自有裁量空间。与规则导向监管相比，原则导向监管能结合市场的实际发展情况适当调整，具有一定的适应性和灵活性，因此被越来越多的域外监管制度所吸收。目前，各国对股权众筹等互联网金融模式都采取相对鼓励的政策，以便促进中小企业发展和推动资本市场发展，因而在股权众筹的相关法规中，既明确制定了强制性规范，同时根据股权众筹的特点和新情况给予了一定弹性，为其合规发展预留了一定空间。

2. 股权众筹平台法律性质的认定

对于股权众筹平台的法律性质，目前，国外的相关立法首先是明确互联网众筹的法律定位，大多将之认定为经纪交易商或金融服务提供者，同时该类互联网股权众筹平台首先要注册并获得监管部门的许可，从而将互联网众筹纳入传统的证券监管体系范畴中。众筹必须通过经纪人或融资平台进行，且这些中介机构需要符合该法案规定的相关资质。

3. 股权众筹平台的监管机构

英国无论是 P2P 网络借贷或股权众筹均由 FCA 负责监管，但是投资者在众筹企业的投资并不纳入金融服务补偿计划范畴内，这意味着投资者的投资风险自负。

4. 发行人募集资金时限和总额限制

通常给予众筹融资相对宽松的条件，法律也从发行人和投资者两个角度对众筹融资进行了限制：通常对发行人每年通过网络平台发行证券的发行总额进行限制；另外，对于投资者的年收入或资产净值总额，以及每年所投金额的总额数也进行了明确规定。

5. 合格投资者制度

在股权众筹方面，因企业孵化成功率较低，监管要求必须达到一定条件的合格投资者方可进行投资。但如何界定合格投资者是一个难题，通常合格投资者都从"资质能力"

与"资金实力"两方面综合设计。资质能力方面，从业经历及经验、资金的积累，具有与投资项目相匹配的风险识别能力和风险承担能力是判定合格投资者的重要因素。资金实力方面，则针对投资者的资金实力和投资数额等确定标准。最终，在对投资者的"资质实力"和"资金实力"两方面要素做出综合衡量的基础上给予判断，合理设置"合格投资者"准入制度。

6. 完善的信息披露与豁免机制

建立完善的信息披露制度是监管者关注的重点，各国基本上都要求众筹机构应当建立强制信息披露制度，对信息的真实性、准确性负责，确保公开披露的信息内容通俗易懂，无虚假或误导性陈述，无重大遗漏。

7. 投资保护机制

表4-1 国外互联网众筹相关法律规定简表[①]

国家/地区	股权众筹平台的法律性质	对股权众筹平台的监管	股权众筹平台发行人的限制	募集金额限制	投资者限制
美国	经纪交易所，由美国SEC监管	在SEC注册为经纪交易商或"融资门户"	美国设立的发行人	通常12个月内筹集金额不能超过100万美元	区分为成熟投资者和小额投资者：年收入或净资产低于10万美元的，年度总投资额不超过2 000美元或净资产/年收入的5%；年收入或净资产高于10万美元的，则为10%，最高为10万美元
英国	由FCA负责监管	需要再向FCA申请投资咨询机构的授权	—	—	区分投资者为高资产投资人和非成熟投资者（投资众筹项目两个以下的投资人），其投资额不超过其净资产（不含常住房产、养老保险金）的10%，成熟投资者不受此限制
法国	投资咨询机构，由金融市场监管局监管	—	—	通常12个月内总金额不能超过100万欧元	—

---

① 根据程雪军的《未来在高处：互联网众筹发展与法律监管研究》和董立阳、陈蕊的《众筹融资的架构、法律风险及监管》综合整理而成。

国家 / 地区	股权众筹平台的法律性质	对股权众筹平台的监管	股权众筹平台发行人的限制	募集金额限制	投资者限制
加拿大	豁免型市场交易商，由 SEC 监管	注册为受限交易商的在线经纪机构	发行人必须在加拿大设立	12 个月内发行人筹集金额限制为 150 万加元	投资者投资每一发行人不超过 2 500 加元，一年内对所有股权众筹发行人的总投资不超过 1 万加元
澳大利亚	金融服务投资服务提供者，需要市场许可	获得澳大利亚证券和投资委员会的许可	在本国成立的发行人，必须是公开公司	12个月内发行人筹集金额限制为200万澳大利亚元	—
新西兰	对公司股票邀约提供设施	获得金融市场局许可	—	12 个月内发行人筹集金额限制为 200 万新元	—
意大利	经营机构	获得商业部许可	在 CONSOB 注册为创新型初创企业	12 个月内发行人筹集金额限制为 500 万欧元	—

4.3.2　我国互联网众筹的监管

在我国当前的金融体制和监管环境下，对互联网众筹等互联网金融的规范几乎是空白。目前，我国对互联网众筹的法律规范仍在研究中，随着互联网金融领域的不断创新，法律监管措施的不断完善，互联网众筹仍有较大的发展空间。

（一）相关政策鼓励互联网众筹的发展

互联网众筹等互联网金融的发展，是与国家积极促进缓解中小微企业融资难问题的宏观背景密切相关的。结合当前经济结构转型和产业发展状况，国家对"降低企业融资成本"问题的高度重视。2014 年 5 月以来，国务院正式提出"降低企业融资成本"并配套相关措施已多达八次。2014 年 5 月，国务院印发了《关于进一步促进资本市场健康发展的若干意见》，积极推进健全多层次资本市场体系，拓宽企业和居民投融资渠道。2014 年 8 月，国务院发布《关于多措并举着力缓解企业融资成本高问题的指导意见》，提出十条缓解企业融资困难的意见，指出需尽快出台规范发展互联网金融的相关指导意见和配套管理办法，促进公平竞争。

（二）明确了互联网金融的监管方向

2015 年，监管层的积极引导对互联网金融的发展产生了积极影响。2015 年 7 月，国务院下发《国务院关于积极推进"互联网+"行动的指导意见》，要求促进互联网金融健康发展，培育一批具有行业影响力的互联网金融创新型企业。同月，中国人民银行等十部分联合发布《关于促进互联网金融健康发展的指导意见》，鼓励互联网金融发展的同时，强调安全防范和风险规避的原则。

（三）研究制定互联网股权众筹的相关规范

《互联网金融指导意见》对互联网股权众筹做了规定，该意见没有对股权众筹做突破性的政策规定，但也为后续的法律制定预留了空间。针对股权众筹的法律问题，《互联网金融指导意见》明确了"适度监管和依法监管的原则"：①规定股权众筹融资主要服务于小微企业："股权众筹融资方应为小微企业，应通过股权众筹融资中介机构向投资人如实披露企业的商业模式、经营管理、财务、资金使用等关键信息，不得误导或欺诈投资者。"②初步规定了"合格投资者制度"，即"投资者应当充分了解股权众筹融资活动风险，具备相应风险承受能力，进行小额投资。"③明确了"股权众筹融资业务由证监会负责监管。"目前，我国股权众筹平台中普遍采用"领投人+跟投人"的模式，合格投资者制度会对其有较大影响。

2014 年 12 月，中国证券业协会颁布了《私募股权众筹融资管理办法（试行）（征求意见稿）》（以下简称《管理办法》）。《管理办法》就股权众筹监管等一系列问题进行了初步的界定，对办法适用范围、股权众筹行业管理机制、股权众筹平台定义、平台准入条件、备案登记、平台职责等方面做出了规定，并要求投资者和融资者均应该为平台审核的实名注册用户。《管理办法》的出台有利于拓展中小微企业的融资渠道，促进创新创业和互联网金融健康发展，提升资本市场服务实体经济的能力，保护投资者合法权益，防范金融风险。

2015 年 8 月，中国证监会下发《关于对通过互联网开展股权融资活动的机构进行专项检查的通知》及《中国证监会致函各地方政府规范通过互联网开展股权融资活动》，对线上股权融资活动进行清整。证监会针对股权众筹采取监管核查，规定"未经国务院股权监督管理机构批准，任何单位和个人不得开展股权众筹活动，严禁任何机构和个人以股权众筹名义开展发行股权活动"。

2015 年 9 月，国务院正式发布《关于加快构建大众创业万众创新支撑平台的指导意见》，对众创、众包、众扶、众筹的持续健康发展提出了明确意见。众筹作为"四众"中的重要内容之一，将为大众创业、万众创新和推动实施"互联网+"行动提供新的发展模式，产生新的推动力。

4.4 互联网众筹的风险防范

众筹的优越性很多,但众筹项目失败、资金链断裂、平台倒闭、商业欺诈、网络袭击等风险同样不可忽视,最重要的是众筹不能成为非法集资等犯罪的工具。

4.4.1 互联网众筹的法律风险

众筹模式尚处于灰色地带,有一定的法律风险,如果操作不当,就会涉嫌非法吸收公众存款罪和集资诈骗罪。互联网股权众筹除涉嫌非法吸收公众存款罪和集资诈骗罪之外,还有可能涉嫌构成擅自发行股票、公司、企业债券罪等。在互联网金融发展的时代背景下,股权众筹将传统的线下筹资活动转换为线上,成为公开的网络私募,冲击了传统的"公募"与"私募"界限的划分,从而涉足传统"公募"的领域,尤其是股权众筹的实质是一种公开发行股票的行为,"公募"与"私募"的界限逐渐模糊化。因此,股权互联网众筹易引发非法集资、非法发行证券的法律风险。

(一)互联网众筹平台的法律风险

非法集资是互联网众筹平台最要防范的风险。根据我国现行有关非法集资的有关规定,众筹的创新必须在现行法律规制的范围内进行,不得超越法律红线,否则存在非常大的法律风险。根据我国现行法律,"非法集资"并不是一个刑法上的具体罪名,它是"非法吸收公众存款罪""集资诈骗罪""非法经营罪""擅自发行股票、公司、企业债权罪"以及"欺诈发行股票、债券罪"五个罪名的统称。

1. 非法发行证券

股权众筹是公开向不特定对象募集资金,本质是直接发行证券(股票),从严格意义上讲,根据《证券法》第十条关于公开发行的禁止性规定,目前,股权众筹实际上突破了《证券法》规定的"公开""特定对象"等概念。互联网众筹平台以网络等公开方式将融资项目向社会公众公示,以吸引其他不特定对象的资金,涉嫌未经批准以公开方式向社会公众发行或转让股票,可能构成"擅自发行股票罪"。

【案例】

众筹模式虽然有利于解决中小微企业融资难的问题,但必须依照现行法律框架运行。2013年,美微传媒在淘宝网销售自己公司的原始股:依据公司未来一年的销售收入和品牌知名度进行估值并拆分为2 000万股,每股股价1.8元,计划通过网络募集200万股。另有公司也采用了大致相同的模式,即出资人购买会员卡,公司附赠相应的原始股份。依据相关规定,"严禁任何公司股东自行或委托他人以公开方式向社会公众转让股票"。2013年9月,中国证监会依照《国务院办公厅关于严厉打击非法发行股票和非法经营证券业务有关问题的通知》规定，叫停了淘宝网上部分卖家涉嫌擅自发行股票的行为并予以通报。这是互联网股权众筹行为被首次界定为"非法证券活动"。

2. 集资诈骗罪

在某种意义上，股权众筹与非法集资仅存在一线之隔，互联网众筹平台的发行人等卷款跑路的，还可能构成《刑法》上的集资诈骗罪。据部际联席会议的统计，自2014年以来像互联网众筹、P2P网络借贷、私募股权投资等这种新型业态，成为非法集资的重灾区，案件数量迅速上升，风险隐患较大。国内民间融资渠道不畅，非法集资以各种形态频繁发生，引发了一些严重的社会问题，而众筹很容易越过雷区变成非法集资。依据《最高人民法院关于审理非法集资刑事案件具体应用法律若干问题的解释》（以下简称《解释》）的规定，众筹模式在形式上很容易触及违法的红线，即未经许可、通过网站公开推荐、承诺一定的回报、向不特定对象吸收资金，构成非法集资的行为。

《解释》明确了非法集资罪须具有"以非法占有为目的"的主观要件，同时具备如下四个条件，包括未经有关部门依法批准或者借用合法经营的形式吸收资金；通过媒体、推介会、传单、手机短信等途径向社会公开宣传；承诺在一定期限内以货币、实物、股权等方式还本付息或者给付回报；向社会公众即社会不特定对象吸收资金。由此明确了非法集资的四个特征：非法性、公开性、利诱性和社会性。私募股权众筹需要面向合格投资者，这条规定也是股权众筹与非法集资的重要区别之一。

在司法实践中，对非法集资罪的认定常常采取事后溯及的方式，通常在出现了大规模的投资者无法收回本金和收益的结果后，才判定非法集资是否已构成，因而非法集资的认定具有一定的不可预测性和不确定性。在发生了大规模的投资者收益或本金无法兑付后，以投资者无法收回投资本金或收益的结果来判断过往的募资行为是否合法。而实践中的股权众筹往往与各类非法集资纠缠在一起，二者之间的分辨往往以"事后溯及"的方式判断，不利于发挥法律的可预测性和确定性。

依照《刑法》和《私募股权众筹融资管理办法（试行）（征求意见稿）》的规定，股权众筹区别于非法集资的关键在于：虽然股权众筹平台在互联网上面对的是社会大众，但是在众筹融资的时候只能采取非公开的方式，且只能面向符合法律规定的特定的投资者进行融资，而且最终成立的融资企业的股东不得超过200个，另外股权众筹也不能承诺回报，需由投资者自担风险。

【案例】

冒充上市公司股权众筹非法集资

多地近期连续发生以"原始股"为名的"股权众筹"投资骗局。有不法分子宣称自己是某些地方股权托管交易中心的挂牌企业，有明确的上市代码，这些企业以证券投资为名，以高额回报为诱饵，通过"股权众筹"等名义诈骗钱财。部分企业仅仅在地方股权交易中心挂牌，就宣称投资人能享受"上市公司"的财富增值和融资便利，大搞"原始股"交易。在我国，投资者只有在上海证券交易所、深圳证券交易所以及承担新三板交易结算的全国中小企业股份转让系统才可以买卖股票，网络推销交易的所谓"原始股"并不受法律保护。如果有公司自称定向增资扩股，又通过网络等渠道向不特定的公众销售股票，实际上已涉嫌违反证券法关于"不得变相公开发行股票"的规定。在河南、山东、上海等多省市，一些群众在"一夜暴富净赚几十倍"的诱惑下，巨额资金血本无归。例如2015年11月，因涉嫌以"原始股"非法集资，上海优索环保科技发展有限公司原法人代表段国帅被批捕，其利用在上海某地方股权交易市场挂牌的身份，对外宣称为"上市公司"，并且宣布公司将定向发行"原始股"。这使得一大批投资人误以为这是一家潜在的"绩优股"企业而选择投资，其炮制的假股票骗局骗取上千名群众的2亿多元资金。

利用网络众筹集资诈骗

2015年8月26日，山西忻州市警方一举破获了诈骗40余名受害人、涉案金额200余万元的非法组织传销、诈骗系列案件，并抓获犯罪嫌疑人。犯罪嫌疑人自2014年12月开始，就在忻州市宣传推广投资"皇冠众筹""北京义众互联"等项目，并成功引来40余人的投资，成为其网站"会员"，投资金额达200余万元。但2月15日左右，"皇冠众筹"在互联网开设的网站忽然关闭。犯罪嫌疑人一开始以春节期间公司暂停营业为由推诿投资人，最后彻底"人间蒸发"。

3. 非法吸收公众存款罪

1995年颁布的《商业银行法》首次提出"非法吸收公众存款"概念，并确立了追究刑事责任与行政取缔并行的监管模式。吸收公众存款的行为是一种中性行为，法律应当在一定条件下将其合法化，而对于非法吸收公众存款的行为则应严厉打击。

非法吸收公众存款罪在客观方面与集资诈骗罪有很多相似性，依照《刑法》及《解释》相关规定，违反国家金融管理法律规定，向社会公众（包括单位和个人）吸收资金的行为，同时具备下列四个条件的，除刑法另有规定的以外，应当认定为刑法规定的"非法吸收公众存款或者变相吸收公众存款"：未经有关部门依法批准或者借用合法经营的形式吸收资金；通过媒体、推介会、传单、手机短信等途径向社会公开宣传；承诺在一定期限内以货币、实物、股权等方式还本付息或者给付回报；向社会公众即社会不特定对象吸收资金。但同时也规定，未向社会公开宣传，在亲友或者单位内部针对特定对象吸收资金的，不属于非法吸收或者变相吸收公众存款。依照《刑法》第一百九十二条关于集资诈骗罪的规定，其核心区别是在主观方面，包括非法吸收公众存款罪在主观上不具有非法占有资金的意图；集资诈骗罪在主观上表现为将资金非法占为己有的意图。

【案例】

非法吸收公众存款罪

某公司于 2004 年 9 月登记成立。因经营煤炭需要资金周转，公司法定代表人在 2006～2009 年，以高息为诱饵，通过网络形式以借款的形式先后向若干单位和个人吸收较大额资金，用于该公司经营煤炭，后因亏损不能归还，造成被害人及被害单位的较大经济损失。

法院认为，公司因经营需要周转资金，未经中国人民银行批准，以高息回报为诱饵，单独或伙同他人向社会不特定对象吸收资金，扰乱金融秩序，数额巨大，其行为已构成非法吸收公众存款罪。

（二）互联网众筹投资人的法律风险

作为互联网金融的新模式，众筹融资的形式和风险点都与传统融资方式不同。如何结合我国国情适当地保护投资者利益，同时防止欺诈等是需要谨慎考量的问题。

一般来说，股权众筹平台的作用在于发现和合理匹配投资者与融资者的需求，其实质是一种居间活动，通过提供服务以促成交易并提取相应的费用。但相对于一般的居间活动，众筹平台还常常有一定的管理监督交易的职能。因此，目前，股权众筹平台与用户之间的关系还比较模糊，双方之间如果没有设定合理的权利义务关系，很容易出现法律纠纷。

首先，互联网众筹投资人很容易面临民商事风险。出资后，法律上对项目资金的监督，以及互联网众筹平台的资金使用监管义务都不明确。由于筹资者与投资者之间信息的不对称，可能出现筹资者借助众筹活动欺诈投资者的行为，有时甚至出现众筹平台帮助或隐瞒筹资者的诈骗行为。互联网众筹平台多采用"领投＋跟投"的模式，存在领投人与融资方恶意串通的潜在可能，需防范其联合对投资方进行欺诈的法律风险。

其次，投资者保护难度大。当前，国内大部分投资者对其风险认识不充分，甚至缺乏对融资项目好坏的判断力，容易在约定回报或创意项目的诱惑下做出错误的选择。面临对众筹平台有利的协议或霸王合同，投资人将面临较高的维权成本。

【案例】

全国首例众筹融资案

2015 年年底，北京市第一中级人民法院审结了全国首例众筹融资案——北京飞度网络科技有限公司与北京诺米多餐饮管理有限责任公司居间合同纠纷案。诺米多公司与飞度公司签订《委托融资服务协议》，委托飞度公司在其运营的"人人投"平台上融资。在融资期内，有 86 位投资人通过飞度公司互联网平台认购投资，但其后飞度公司以诺米多公司可能存在违建等隐患为由诉至法院，请求解除与诺米多公司之间的融资协议。其后诺米多公司提出反诉认为飞度公司通过互联网融资行为违法，称本案已有87位合伙人，违反《中华人民共和国合伙企业法》规定有限合伙人数不得超过50人的规定，且飞度公司公开融资未取得中国人民银行批准。

由于该案是法院系统首次就众筹融资案进行司法审判，其中，涉及互联网股权众筹这类平台交易是否合法合规等焦点问题，受到社会各界的广泛关注。本案争议的焦点有两个：一是涉案《委托融资服务协议》的法律效力和合同主体之间法律关系如何界定；二是双方当事人之间的法律关系以及应承担何种违约责任。此案判决中，法院认为包括众筹交易在内的互联网金融交易仍在快速的发展变化当中，规则的形成也并非一蹴而就，对该案涉及的众筹融资交易整体上持支持和鼓励的态度，认定涉案双方签署的融资合同有效，其支持和鼓励众筹交易发展的结论为众筹行业发展留下了空间，这与当下政策鼓励和支持互联网金融发展的指导思想相符。

对于大家最为关注的众筹融资交易及众筹平台合法性问题，法院从裁判角度认为案中通过互联网融资交易不属于"公开发行证券"。其理由包括：①法院判定《委托融资服务协议》法律效力的裁判依据应为现行法律、强制性行政法规，我国目前还未出台专门针对众筹融资的行政法规和部门规章，目前发布的规范性文件主要是中国人民银行等十部门出台的《关于促进互联网金融健康发展的指导意见》、中国证券业协会发布的《场外证券业务备案管理办法》等，这些规范性文件均未对本案所涉及的众筹交易行为予以禁止或给予否定性评价。②依照我国《证券法》的规定，因本案中的投资人均是经过众筹平台实名认证的会员，且人数未超过200人上限，因而从鼓励创新的角度，该案所涉众筹融资交易不属于"公开发行证券"，其交易未违反上述《证券法》的规定。对于本案中互联网众筹平台融资时投资人（有限合伙人数）超过合伙企业法规定，上述行为是否有规避法律之嫌法院没有具体评价，也只是在个案范围内在界定违约行为和违约责任的层面上加以分析。

合同主体之间法律关系界定方面，法院认为，界定为居间合同关系是基于对该案争议的相对概括，但众筹融资作为一种新型金融业态，其互联网众筹平台提供的服务以及功能仍在不断创新、变化和调整当中，其具体法律关系也会随个案具体案情而发生变化。委托融资只是双方当事人整体交易的一部分，互联网众筹平台除了项目展示、筹集资金等服务外，还提供信息审核、风险防控以至交易结构设计、交易过程监督等服务，其核心在于促成交易。从该角度分析，双方当事人之间的法律关系主要系居间合同关系。互联网众筹平台对项目方融资信息的真实性实际负有相应审查义务，其严格掌握审查标准也是对投资人利益的保护。

因此，这一案件引发全国关注，是因为其暴露了互联网众筹行业亟待解决的问题。其一，股权众筹相关监管细则未能落地，无法准确判断众筹平台的合法性。其二，对融资方信息披露的真伪识别，是股权众筹平台普遍面临的挑战。

（三）互联网众筹融资方的法律风险

对于融资方，股权众筹融资时要披露企业和产品诸多信息，比较容易面临知识产权被侵犯的风险。众筹平台上发布的多为创意项目，国内知识产权保护主要依据《著作权法》及其实施条例、《互联网著作权行政保护办法》等，目前，有关知识产权的法律保护还较薄弱。而对于项目筹资人而言，众筹平台的防御门槛不高，加上项目从募集成功到产品生产的周期较长，面临创意被抄袭或山寨的风险。另外，融资方非法或不当使用筹集资金的，也可能会构成集资诈骗罪。

4.4.2 互联网众筹的法律风险防范

（一）准确定位，发挥互联网众筹功能

众筹要坚持平台功能，明确众筹融资中介角色与职能，厘清创新与法律红线的边界，不能把众筹做成资金池或变相资金池。要强制实行第三方资金监管，明确平台必须履行的义务，如投资者风险教育、融资方信息披露等。

（二）加强立法，建立完善的法律体系

针对当前众筹主要是以规范性文件予以管理的现状，有必要从立法层面提升互联网众筹的法律规范层级，并使之与现行证券法协调，对证券公开发行的条件和程序为互联网众筹设定适当的豁免条件，并对《刑法》的"非法集资"等罪名进一步明确，使互联网众筹的融资行为建立在明确的法律规则体系之上。

（三）细化规则，加强监管

当前我国对互联网众筹平台已经明确了监管机构和基本的监管规则，为强化互联网众筹平台规范，应研究建立从准入到退出的全程化监管规则：在明确证监会作为监管机构的职能的基础上，设定互联网众筹平台的准入条件，建立互联网众筹平台信息技术水平、业务操作流程、风控管理等标准和流程要求；建立持续的信息披露制度，并建立严格的互联网众筹平台退出机制，对违规操作的互联网众筹平台予以取缔或限制整改。

（四）完善法规，强化投资人保护制度

建立合格投资人制度，加强对投资人能力的甄别，以便保护投资人。我国有必要借鉴国外相关众筹立法对投资人保护的法律规定：区分认证投资人与非认证投资人，对互联网众筹投资人的资格条件作出明确规定，设置募集资金和单个投资者投资金额两个上限等都是比较有效的投资者保护制度。互联网众筹平台的便捷化和虚拟化也极大地提高了欺诈的可能性，应建立完备的信息披露制度，降低合同欺诈的可能性，以有利于对投资者的保护。

【复习思考题】

1. 互联网众筹的概念是什么？

2. 我国互联网众筹的发展状况如何？存在什么问题？

3. 互联网众筹的分类和特征是什么？

4. 互联网众筹的优势和风险有哪些？

第 5 章　第三方支付的法律问题与风险防范

任务目标

1. 了解第三方支付的含义、类型及发展现状
2. 熟悉第三方支付的法律关系
3. 掌握第三方支付的法律风险
4. 熟悉第三方支付的监管
5. 理解余额宝的法律关系、法律风险与风险防范

【导入案例】

央行内部曝光第三方支付漏洞及安全风险

2015 年，央行一份内部报告列举了近年来支付机构的风险案例和支付系统漏洞。第三方支付机构只有获得互联网支付牌照才能开设支付账户，但目前已开设支付账户的只有约三分之一有资格。

第三方支付是指具备一定实力和信誉保障的独立机构，采用与各大银行签约的方式，提供与银行支付结算系统接口的交易支付平台的网络支付模式。在第三方支付模式中，买方选购商品后，使用第三方平台提供的账户进行货款支付（支付给第三方），并由第三方通知卖家货款到账、要求发货；买方收到货物后，检验货物，进行确认后，再通知第三方付款；第三方将款项转至卖家账户。

此次央行报告指出，第三方支付迅速发展的过程中，相关问题和风险不断出现，包括：支付账户普遍未落实账户实名制；支付机构挪用客户资金事件时有发生；部分支付机构风险意识薄弱，客户资金和信息安全机制缺失；缺乏消费者权益保护意识等。

报告强调，消费者在追求和享受支付便捷的同时，对支付业务内在风险的警惕性不足，会面临较大的资金被盗和欺诈风险。

5.1　第三方支付概述

5.1.1　第三方支付的界定及作用

第三方支付有广义和狭义之分。在专门针对第三方支付的法规性文件《非金融机构支付服务管理办法》中，并没有提到"第三方支付"这一概念，而是用了"非金融机构

支付服务"这一概念。该办法的第一章第二条指出，"非金融机构支付服务，是指非金融机构在收付款人之间作为中介机构提供下列部分或全部货币资金转移服务，包括网络支付、预付卡的发行与受理、银行卡收单、中国人民银行确定的其他支付服务。"该定义被许多专家视为广义上的第三方支付，它包括线下支付和线上支付工具。

狭义上的第三方支付，主要是指具备一定实力和信誉保障的，利用计算机、网络等技术，通过搭建特定的中介平台，采用与相应各银行签约方式，提供与银行支付结算系统接口和通道服务的能实现资金转移和网上支付结算的机构。因此，狭义的第三方支付主要是指网络支付，包括互联网支付和移动支付。

第三方支付平台的交易流程为：买方在网上选购商品后，使用第三方平台提供的账户进行货款支付，然后由第三方支付平台通知卖家在规定的时间内发货，待买方收到货物并对货物无异议后，再通过第三方支付平台将货款转移到卖家的账户。

第三方支付平台的出现，满足了电子商务商家与消费者对信誉和安全的要求，极大地促进了电子商务交易的发展，满足了新兴经济发展中广大中小企业和零散卖家的支付需求，降低了整个社会的交易成本，它成为了我国支付体系中的一个重要组成部分。

5.1.2 第三方支付的分类

第三方支付企业按照经营模式可以分为"网关型"和"担保型"。"网关型"是指支付企业只是充当买卖双方和银行之间的支付网关，不涉及交易担保，如首信易支付、银联电子支付、快钱等。"担保型"是指买方先将交易资金转移至支付企业的支付平台，委托其代管，待买方收到商品后，支付平台再向卖方账户转移资金，即支付企业实行"代收代付"和"信用担保"，如支付宝、财付通等。

第三方支付企业按照是否存在虚拟账户可以分为"支付通道型"和"平台账户型"。支付通道型第三方支付不为客户建立虚拟账户，买方购物时的付款直接进入支付平台的银行账户，然后直接与卖方的银行账户进行结算；而平台账户型第三方支付中，买方与卖方之间的结算需通过虚拟账户才能完成。目前，多数第三方支付企业为平台账户型，如支付宝、财付通、百付宝、快钱等。

第三方支付企业按照是否依附于电子商务平台分为独立型第三方支付和非独立型第三方支付。前者不依附于任何电子商务平台，如快钱等；后者是依附于电子商务平台的，如支付宝依附于淘宝网，财付通依附于腾讯拍拍网等。

5.1.3 第三方支付的发展现状

美国的 PayPal 是最早从事第三方支付的企业之一，创办于 1998 年。在我国，第三方支付是阿里巴巴集团 CEO 马云先生在 2005 年瑞士达沃斯世界经济论坛上首先提出来的。然而，第三方支付在我国的最初实践却要追溯到 1999 年北京的首信易推出的网关支付平台；2004 年，支付宝从淘宝网分拆独立，发展成为中国最大的担保型平台，自此我国第三方支付行业进入快速发展通道。

从交易规模来看，199IT 互联网数据中心的数据显示：2010 年，我国第三方支付交易规模仅为 5.1 万亿元人民币；但是到了 2014 年，我国第三方支付交易规模已达到 23.3 万亿元人民币；2015 年，交易规模达到 31.2 万亿元人民币。[①]

表5-1　2010 年以来我国第三方支付交易规模

单位：万亿元人民币

年份	2010	2011	2012	2013	2014	2015
交易规模	5.1	8.4	12.4	17.2	23.3	31.2
同比增长率	67.5%	65.6%	48.3%	38.7%	35.2%	34.1%

数据来源：199IT 互联网数据中心。

从市场份额来看，截至 2015 年第三季度，支付宝在我国第三方支付平台中占据领先地位，市场份额达到 61.9%；其次是财付通，达到 14.5%；排在第三位的是银联在线，市场份额为 9.2%；接下来，快钱占 5.1%，百度钱包占 2.3%，易宝支付占 1.9%，PayPal 占 1.4%，翼支付占 1.3%，汇付天下占 1.2%。

从支付交易结构来看，移动支付的比重增加较快。中国电子商务研究中心的相关数据显示，移动支付的比重由 2013 年第一季度的 7.2% 增加到 2015 年第三季度的 18.8%；互联网支付仅有略微增长，由 2013 年第一季度的 30.9% 增加到 2015 年第三季度的 33.6%；而线下收单的比重下降较多，由 2013 年第一季度的 61.6% 下降到 2015 年第三季度的 47.1%；预付卡业务的交易比重最小，大概不足 1.5%。[②]

5.2　第三方支付的法律关系

5.2.1　第三方支付的法律关系主体

（一）买卖双方

买卖双方作为电子商务交易的主体，是第三方支付交易的原因和起点。买卖双方在第三方支付中形成债权债务关系。当需要付款时，买方通过授权第三方支付平台将资金划拨给卖方，而卖方则根据买方发出的收款指令，要求第三方支付平台付款。

（二）第三方支付平台机构

在第三方支付体系中，第三方支付平台机构发挥的作用是巨大的，如果缺少第三方支付平台机构，买方和卖方将无法进行沟通与交流。这些平台的业务模式和技术实现方

① 数据来源：199IT 互联网数据中心。

② 数据来源：中国电子商务研究中心。

法不尽相同，但平台的结构则具有一个相似的基本点，即第三方支付平台前端直接面对网上客户，后端连接各家商业银行或通过中国人民银行支付系统连接各家商业银行。

（三）商业银行

第三方支付平台离不开商业银行，它是依附商业银行的金融功能而存在的，银行是法律规定的可以办理结算和资金划拨的主体。在第三方支付体系中存在两大类银行：一是与第三方支付机构达成网关接入协议的各个商业银行；二是客户备付金的存管银行。

5.2.2 第三方支付中存在的法律关系

第三方网络支付的发展大大便利了交易活动，及时厘清其包含的法律关系，对它进行有效的监管和引导才能使其对市场不断发挥积极作用。

对于第三方网络支付中涉及的法律关系，目前，仍未达成统一认识。一般认为，第三方网络支付中主要存在以下法律关系。

（一）买卖双方之间的法律关系

主合同关系只存在于付款方与收款方之间，与第三方支付机构没有直接关系，该关系取决于主合同的性质，通常是买卖合同，例如，消费者在绝大多数支持第三方支付的网购平台与卖方成立的合同。但是也存在赠与合同或其他种类的合同，比如微信红包。第三方支付合同是附属于主合同的从合同，其成立依赖于主合同的成立。所以讨论第三方支付中的法律关系不能完全脱离主合同关系。

第三方支付机构不会介入主合同的缔约过程，不为主合同的有效性提供任何担保。比如在《支付宝服务协议》中，第三方支付机构——支付宝在"一（三）条"中用粗体字提醒了用户，"您在使用支付宝服务时，应自行判断对方是否是完全民事行为能力人并自行决定是否与对方进行交易或转账给对方等，且您应自行承担与此相关的所有风险。"即使支付宝的该协议因为并未强制用户注册时详细阅读，可能在履行告知义务的过程中存在一定程度的瑕疵，但该免责条款仍然应当认为是有效的。原因是：第一，它并没有限制用户的主要权利，也没有免除自己的主要义务；第二，它并没有带来歧义。毕竟，第三方支付机构只会关注主合同的履行情况，按照相应条件转移货币权利，让它去审核主合同订立主体的主体资格是不合适的。而且这种审核将大大降低第三方支付在使用上的便捷性，违背它方便交易的初衷。

所以，无论是付款方还是收款方，都应该为了自己的权利审慎地选择交易的对象，并且不能将是否可以使用第三方支付方式作为判断的标准。

（二）买卖双方与第三方支付平台机构之间的法律关系

第三方支付平台为买卖双方提供的主要服务包括资金保管、代收代付、交易担保、货到付款、即时到账等。根据第三方支付的流程以及上述服务类型，二者之间存在如下法律关系。

1. 格式合同法律关系

第三方支付中，买卖双方首先要在第三方支付平台注册账户，要成为支付平台的正式用户，必须同意其提供的格式条款，即首先买卖双方要与第三方支付平台签订一份格式合同，该合同大量规定了双方的权利与义务。

2. 保管合同关系

在平台账户型第三方支付业务活动中，由于交易流程产生的时间差，导致巨额资金沉淀在第三方支付平台的虚拟账户中，这类沉淀资金又被称作"客户备付金"。2010 年中国人民银行出台的《非金融机构支付服务管理办法》规定"支付机构接受的客户备付金不属于支付机构的自有财产。支付机构只能根据客户发起的支付指令转移备付金。禁止支付机构以任何形式挪用客户备付金"。2013 年 6 月，中国人民银行发布的《支付机构客户备付金存管办法》规定"客户备付金只能用于办理客户委托的支付业务和本办法规定的情形。任何单位和个人不得擅自挪用、占用、借用客户备付金，不得擅自以客户备付金为他人提供担保"。

由此可见，当付款方向第三方机构支付主合同中约定的价款时，付款方和第三方支付机构之间是由资金的暂存而形成的保管合同关系。

3. 委托代理关系

付款方委托第三方机构在收款方完成主合同义务后，根据付款方的指示，将货物价款转移给收款方。在这里，付款方与第三方支付机构之间形成以"代付"为委托事务的委托代理关系。

当收款方委托第三方支付机构收取货物价款，并且将款项划付到收款方的第三方支付账户或银行账户时，收款方与第三方支付机构之间形成以"代收"为委托事务的委托代理关系。

例如，在用户注册支付宝账号时，需要同意《支付宝服务协议》。而该协议规定"一旦您使用本服务，您即授权本公司代理您在您及（或）您指定人符合指定条件或状态时，支付款项给您指定人，或收取您指定人支付给您的款项"。此条款明确了支付宝用户向支付宝的授权，并且说明了支付宝代理的范围和限制。

4. 信用担保关系

"担保型"第三方支付机构在资金转移服务过程中还扮演着保证人的角色，这时用户与第三方支付机构之间存在信用担保关系。支付宝、财付通等就属于这类具有信用担保功能的第三方支付机构，即支付平台与商家签订协议为交易进行货款监管，买家付款到支付平台后卖家发货，买家确认收货可以付款后，支付平台才将款项转到卖家账户。一定要注意，并非所有的第三方支付机构都具有信用担保功能。

5. 居间法律关系

《非金融支付机构服务管理办法》规定"本办法所称非金融机构支付服务，是指非金融机构在收付款人之间作为中介机构提供下列部分或全部货币资金转移服务：（一）网络支付；（二）预付卡的发行与受理；（三）银行卡收单；（四）中国人民银行确定的其他支付服务"。由此可见，该管理办法将第三方支付平台定位为中介机构。在民法理论上，居间合同又称为中介合同或者中介服务合同。因此居间说比较符合第三方支付平台的法律地位。但是此居间说与民法上的居间说是有一定差异的。根据《合同法》第四百二十四条，居间合同是居间人向委托人报告订立合同的机会或提供订立合同的媒介服务，委托人支付报酬的合同。而在第三方支付交易中，第三方支付平台通常只是为买卖双方提供一个交易平台，并不会主动报告订立合同的机会，也不会为双方牵线搭桥，仅仅是在双方需要它的时候它才出现。第三方支付平台只要通过网络数据进行合理审慎的审查，一般都可以免责。除此之外，第三方支付平台与买卖双方之间的委托合同是一个长期性的合同，并不类似于一般居间合同的一次性。并且作为受托方的第三方支付平台很多情况下是免费的，并不像一般居间人那样要收取报酬。

（三）第三方支付平台机构与商业银行之间的法律关系

1. 服务合同关系

我国将第三方支付机构界定为非金融机构，所以第三方支付机构是不能从事资金存贷及支付结算业务的，它只是通过提供多方银行接入网关，为用户提供便捷的资金转移通道。第三方支付机构的主要业务是为网络交易买卖双方提供资金转移服务，即为客户收付货款并承担保管和部分保证担保的责任。在这一过程中，货款从买方的银行账户转移至第三方支付机构的银行账户，交易成功后再从第三方支付机构的银行账户转移给卖方的银行账户。整个过程中第三方支付机构是依照银行端口的指令从事资金转移服务，因此第三方支付机构和商业银行形成的是服务合同关系。

2. 金融监管关系

2013 年 6 月，中国人民银行发布了《支付机构客户备付金存管办法》（以下简称《办法》）。该《办法》规定"备付金银行依照本办法对客户备付金的存放、使用、划转实行监督，支付机构应当配合。"所谓的备付金银行，是指与支付机构签订协议、提供客户备付金存管服务的境内银行业金融机构，包括备付金存管银行和备付金合作银行。可见，第三方支付机构与客户备付金的存管银行存在金融监管关系，这是一种行政法律关系。

5.3　第三方支付的法律风险

第三方支付存在各类风险，既有法律风险，也有技术风险和操作风险。这里主要探讨第三方支付面临的法律风险。所谓法律风险，是指没有任何法律调整，或者使用现有法律不明确造成的风险。第三方支付在金融创新中遭遇特殊的法律风险主要涉及法律和政策的制定与完善。

5.3.1　主体资格与经营范围风险

从第三方支付的实际运营业务来看，其业务类似于金融服务中的清算结算业务；同时，第三方支付在为电商平台的买卖双方提供信誉和担保的同时聚集了大量的沉淀资金，这又类似于银行吸收存款的业务。但是，根据我国《商业银行法》的规定，只有银行才具备从事吸收存款、货币结算业务的主体资格，显然作为非金融机构的第三方支付不具备这样的主体资格和法律地位。

对于这一风险，2010 年 9 月中国人民银行发布了《非金融机构支付服务管理办法》（以下简称《办法》），明确了第三方平台的机构属性、经营范围、准入门槛和许可证申请等内容。

根据《办法》的规定，第三方平台属于非金融机构，专门从事"支付服务"。经营范围方面，允许从事包括网络支付、预付卡的发行与受理、银行卡收单和央行明确的其他支付服务等；在网络支付中，第三方平台被允许从事包括货币汇兑、互联网支付、移动电话支付、固定电话支付和数字电视支付等服务。非金融机构提供支付服务，应当依据《办法》的规定取得《支付业务许可证》，成为支付机构。在准入门槛方面，申请人拟在全国范围内从事支付业务的，其注册资本最低限额为 1 亿元；拟在省（自治区、直辖市）范围内从事支付业务的，其注册资本最低限额为 3 000 万元。支付机构依法接受中国人民银行的监督管理。

《办法》的出台使得规模小、经营不规范的公司被排除在外。自 2011 年 5 月包括支付宝、财付通在内的 27 家单位获得第一批支付牌照以来，陆续又有 200 多家企业获得牌照，据公开资料显示，目前持牌单位已达到 270 多家。

但是，对于第三方支付平台是否应该提供信用担保业务，目前已出台的相关规章制度中均没有涉及。在实践中，一些第三方支付平台是具有信用担保功能的，如支付宝；但也有很多第三方支付平台是不具有信用担保功能的，如易宝支付。有人指出，第三方支付企业在未经银行业监督管理机构批准的情况下经营担保业务，存在着超范围经营的法律风险。但是，支付宝受到消费者欢迎的一个重要原因就是有信用担保功能；另外，没有信用担保功能的第三方支付平台如何维护消费者的权益是一个大问题。现实中，因第三方支付平台无担保功能导致消费者出现损失、维权困难的事情时有发生。

5.3.2　沉淀资金带来的风险

对第三方在线支付企业来说，沉淀资金主要来源于两个渠道：一是在途资金。在担保型第三方支付平台上，不断有资金转入和转出支付平台指定的账户，由于转入和转出之间总有时间间隔，因此从长期来看会有不少在途资金滞留在第三方支付平台上，从而形成沉淀资金。二是变相的吸储业务为支付企业带来巨额的沉淀资金，比如买方在第三方支付平台的账户中进行充值或者卖方在交易完成后收到货款，但并未将货款从平台账户中取出。

对于第三方线下支付企业来说，若拥有预付卡支付牌照，就存在大量的沉淀资金，对一个运营平稳的预付卡公司来讲，资金沉淀量大概是当年发卡金额的 70%~80%。另外，预付卡中死卡的剩余金额[①]是一种永久的沉淀资金。

这些沉淀资金又被称为"客户备付金"。对于第三方支付机构而言，如果沉淀资金与自身营运资金没有完全隔离，就会使沉淀资金面临损失的可能性和流动性不足的风险。监管部门通常会要求第三方机构将沉淀资金单独存放在专用托管账户中，但是机构仍然可以通过金融创新规避监管，进而获取对沉淀资金一定程度的支配权。这种情况一旦发生，沉淀资金便会进入与其安全性和流动性不匹配的投资领域。由于第三方支付机构通常不是金融机构，不受控于金融监管体系，加上第三方支付市场是金融创新的热点地带，创新的金融技术、产品和服务层出不穷，用传统的金融监管理念很难对其实施有效监管。同时，第三方支付机构往往缺乏流动性管理意识，因此在经营不善等原因导致企业资不抵债的情况下，被挪用的沉淀资金可能带来市场的流动性风险。

5.3.3 非法交易活动风险

目前，基于第三方支付平台的非法交易活动主要集中在信用卡套现和洗钱犯罪活动。

（一）信用卡套现风险

所谓信用卡套现，是指持卡人不是通过正常合法手续（ATM 或柜台）提取现金，而通过其他手段将卡中信用额度内的资金以现金的方式套取，同时又不支付银行提现费用的行为。在第三方支付发展的最初几年，基于第三方支付平台进行信用卡套现的方式层出不穷，以下列举几种情况：①买卖双方事先计划好进行一场虚假交易，买家用有网络支付功能的信用卡向支付宝充值，然后购物付款，卖家则在款到后申请提现，再将钱返还给买家。②买方以信用卡付款在淘宝网上购买商品。随后，买方向卖家提出，由于拍错了，要求停止该交易。卖方关闭交易后，买方通过信用卡支付的资金便留在支付宝账户中。随后，买方使用支付宝的提现功能，并按系统提示设定了一个关联的银行卡号，这张卡是一张借记卡，不久后支付宝账户中的钱就转入了借记卡中。③使用信用卡通过第三方支付向 P2P 理财账户充值后，选择期限低于 50 天的项目投资，项目到借款期限之后不仅可以拿回本金，还能获取一部分利息。④消费者使用信用卡购买"虚拟购物卡"，然后选择能够回收购物卡的网店以一定折扣将卡卖出，这样将销售资金转充至支付宝或指定银行卡中，形成资金回流，实现信用卡套现。

在我国，规范信用卡业务的主要法规文件是 1997 年的《支付结算管理办法》和 1999 年的《银行卡业务管理办法》，但这两个文件都属于部门规章，缺乏法律效力。对于非法套现的持卡人，银行一般只能采取停止付款、冻结持卡人账户和将持卡人划入

---

① 在预付卡规定的有效消费期里面还没有被使用的剩余金额。

"黑名单"等措施，不能追究其法律责任；而对提供非法套现服务的不法商户，采取的措施只是收回其 POS 机。

2009 年 12 月，最高人民法院、最高人民检察院发布了《关于办理妨害信用卡管理刑事案件具体应用法律若干问题的解释》。该司法解释的出台填补了信用卡套现在法律条款领域的空白。根据《解释》的规定，对于套现的持卡人，将以"信用卡诈骗罪"定罪处罚；对于提供套现机会的商家或机构，将以"非法经营罪"定罪处罚。但是该解释中并没有明确指出包含利用第三方支付平台这种形式。

（二）洗钱风险

第三方支付平台的特性隐含着巨大的洗钱风险。第一，第三方支付平台难以对交易的真实性进行核查。任何人都可以在第三方支付平台上申请账户，但平台无法核实客户所填资料的信息是否属实，无法对客户在平台上发布信息的真实性以及交易是否发生进行查实。第二，通过第三方支付平台进行的交易过程被切割成无法确定彼此因果联系的两个交易，屏蔽了资金的来龙去脉。第三，第三方支付平台上的交易并无限额规定，这使得大量资金网络转移成为可能。第四，第三方支付机构在办理跨境业务时省去了货币兑换以及跨境转账的流程，买卖双方可以不通过银行办理外汇业务，而是委托第三方支付机构办理，这为境内外不法分子进行跨境洗钱提供了便利。尽管第三方支付机构在其服务协议中对洗钱犯罪发出了禁止性声明，但是近年来，基于第三方支付平台的洗钱违法犯罪活动不断"滋生"。

5.3.4 消费者权益受损风险

在第三方支付服务迅速发展的过程中，消费者权益受损的问题和风险不断显现。第一，部分支付机构对消费者的信息保护不利，产生消费者信息泄露、账户盗刷、资金被骗的风险，从而给消费者带来潜在的风险或直接的经济损失。第二，第三方支付机构挪用客户备付金来理财或投资已成为业界的潜规则，消费者的资金面临损失的风险。例如，上海畅购公司作为一家持牌预付卡机构，因为私自挪用客户的备付金导致公司出现资金链断裂的问题；浙江易士公司因大量违规挪用客户备付金等问题而成为首家被注销《支付业务许可证》的第三方支付企业。第三，部分支付机构并未落实账户实名制，不利于保障账户持有人的利益和打击各类违法犯罪行为。第四，缺乏消费者权益保护意识，夸大宣传，虚假承诺，普通消费者维权困难。

5.4 第三方支付的监管

5.4.1 我国第三方支付的监管现状

如前所述，从法律风险的角度来看，第三方支付平台存在法律地位和业务定位不明确的风险，账户沉淀资金带来的风险，利用第三方支付平台进行信用卡套现、洗钱等非法活动的风险，以及消费者权益受损的风险等。

面对上述法律风险，我国已初步形成了"外部监管＋行业自律"的监管架构。自2010年开始，中国人民银行等部门推出了关于第三方支付的一系列管理办法，见表5-2所示，从第三方支付的准入门槛、经营范围、预付卡管理、备付金存管、基金销售、网络支付管理、反洗钱与反恐怖融资、消费者权益保护等方面进行监管。另外，2011年5月中国支付清算协会成立。作为行业自律组织，协会先后发布了《网络支付行业自律公约》《预付卡行业自律公约》《移动支付行业自律公约》《支付机构互联网支付业务风险防范指引》等，对支付清算服务行业进行自律管理。

表5-2　关于第三方支付的法规性文件

法规名称
《非金融机构支付服务管理办法》
《非金融机构支付服务管理办法的实施细则》
《支付机构客户备付金存管暂行办法（征求意见稿）》
《支付机构预付卡业务管理办法》
《支付机构客户备付金存管办法》
《证券投资基金销售机构通过第三方电子商务平台开展业务管理暂行规定》
《中国人民银行支付结算司关于暂停支付宝公司线下条码（二维码）支付等业务意见函》
《关于促进互联网金融健康发展的指导意见》
《非银行支付机构网络支付业务管理办法（征求意见稿）》
《非银行支付机构网络支付业务管理办法》

在中国人民银行颁布的一系列部门规章中，2010年9月发布的《非金融机构支付服务管理办法》对第三方支付机构的属性、经营范围、申请与许可、监督与管理、罚则等方面做了规定，首次明确了第三方支付服务的法定地位。第三方支付平台的属性不是银行，而是非金融支付机构，主要提供网络支付、预付卡的发行与受理、银行卡收单等支付服务。央行对国内第三方支付行业实施正式的监管。非金融机构提供支付服务需要按规定取得《支付业务许可证》，才能成为支付机构。

继《非金融机构支付服务管理办法》颁布以后，2010年12月中国人民银行发布了《非金融机构支付服务管理办法实施细则》，细化了上述《管理办法》中关于支付机构的资质条件、申请资料的相关规定，明确高级管理人员、主要出资人等相关资质要求以及续展支付业务许可证应遵守的审核程序和许可证在有效期内灭失、损毁时的重新申领程序等方面的问题。

但是《管理办法》和《实施细则》对于备付金存管、预付卡业务等没有做出特别规定。2012年11月，中国人民银行发布了《支付机构预付卡业务管理办法》，对预付卡的发行、受理、使用、充值和赎回、监督管理等进行了详细规定，强调支付机构应当依法维护相关当事人的合法权益，保障信息安全和交易安全。2013年6月，中国人民银行又发布了《支付机构客户备付金存管办法》，规范支付机构客户备付金的账户管理、使用、划拨与监督，保障当事人合法权益，强调支付机构应当严格执行人民银行关于支付机构客户备付金管理的规定，履行反洗钱和反恐怖融资义务。这两个文件的出台标志着第三方支付法律规制的进一步完善。

2015年7月，中国人民银行等十部门发布了《关于促进互联网金融健康发展的指导意见》，从总体上提出了一系列鼓励创新、支持互联网金融稳步发展的政策措施；确立了互联网金融主要业态的监管职责分工，落实了监管责任，明确了业务边界；在互联网行业管理、客户资金第三方存管制度、信息披露、风险提示和合格投资者制度、消费者权益保护、网络与信息安全、反洗钱和防范金融犯罪、加强互联网金融行业自律以及监管协调与数据统计监测等方面提出了具体要求。随后仍然在7月，中国人民银行又发布了《非银行支付机构网络支付业务管理办法（征求意见稿）》，明确了互联网支付的定位和支付账户余额的性质，对互联网账户进行分类管理，实行客户实名制和交叉验证身份，对网络支付进行了限额管理，规定交易资金"原路返回"，不得通过支付账户向他人的银行账户转账，支付机构不得为金融机构，以及从事信贷、融资、理财、担保、货币兑换等金融业务的其他机构开立支付账户，要求互联网支付机构最终回归"支付业务"本色，不能有资金池，不能具备银行功能。

2015年12月，中国人民银行正式出台了《非银行支付机构网络支付业务管理办法》（以下简称《办法》）。《办法》的主要监管措施包括：①清晰界定支付机构的定位，强调支付机构应当遵循主要服务电子商务发展和为社会提供小额、快捷、便民小微支付服务的宗旨，不要经营或者变相经营证券、保险、信贷、融资等业务。支付账户有别于银行账户，支付机构更不是银行，第三方支付是支付市场的补充者，从而与商业银行形成互助、互补的关系。②坚持支付账户实名制，要求支付机构遵循"了解你的客户"原则，建立健全客户身份识别机制，切实落实反洗钱、反恐怖融资要求，防范和遏制违法犯罪活动。针对网络支付非面对面开户的特征，强化支付机构通过外部多渠道交叉验证识别客户身份信息的监管要求。③兼顾支付安全与效率。本着小额支付偏重便捷、大额支付偏重安全的管理思路，采用正向激励机制，根据交易验证安全程度的不同，对使用支付账户余额付款的交易限额做出了相应安排，引导支付机构采用安全验证手段来保障客户资金安全。④突出对个人消费者合法权益的保护。在客户资金安全、信息安全、自主选择权、知情权等方面提出了一系列管理规定，并要求支付机构健全客户投诉处理、客户损失赔付等机制，提升客户服务水平。对于权责关系相对较为复杂的银行卡快捷支付业务，《办法》还明确了业务授权等相关要求，在确保支付便捷性的同时充分保障客户合法权益。⑤实施分类监管推动创新。建立支付机构分类监管工作机制，对支付机构及其相关业务实施差别化管理，引导和推动支付机构在符合基本条件和实质合规的前提下开展技术创新、流程创新和服务创新，在有效提升监管措施弹性和灵活性的同时，激发支付机构活跃支付服务市场的动力。

这一系列法规和部门规章有效地弥补了我国第三方支付法律监管方面的空白，确立了我国第三方支付行业规范发展的法律框架，为第三方支付行业的长远和健康发展奠定了良好的基础。

5.4.2 第三方支付法律风险监管方面存在的争议

上述管理办法和规范性文件的出台解决了部分法律风险，但是仍有一些风险和问题没有得到很好的解决，存在较大的争议。

（一）法律地位：金融机构还是非金融机构

根据 2010 年 9 月中国人民银行发布的《非金融机构支付服务管理办法》，第三方支付平台属于非金融机构，专门从事"支付服务"。但是，从部分第三方支付的实际运营业务来看，其有点向类金融机构发展，存在许多金融机构的属性，比如从事金融服务中的清算、结算业务，为电商平台的买卖双方提供担保，通过虚拟账户拥有大量沉淀资金（类似于银行的"吸储"业务），虚拟账户可以充值、消费、转账、理财（类似于银行账户的功能）。钟伟和顾弦建议将第三方支付机构定位为从事"货币服务机构"的非存款性金融机构。因此，目前《管理办法》中对第三方支付平台机构属性的界定与实际情况存在一定的偏差。国际上，美国将第三方支付机构界定为非银行金融机构，欧盟地区更是强调第三方支付机构只有获得银行牌照或电子货币机构牌照才能从事相关业务。

（二）业务定位：做"通道"还是做"账户"

根据《非金融机构支付服务管理办法》的规定，在经营范围方面，第三方平台允许从事包括网络支付、预付卡的发行与受理、银行卡收单和央行明确的其他支付服务等；在网络支付中，第三方平台被允许从事包括货币汇兑、互联网支付、移动电话支付、固定电话支付和数字电视支付等服务。

但是，目前第三方支付机构已经向多元化综合经营的方向发展。早期的第三方支付平台是"支付通道型"的，也称"通用网关型"，其特点是通过特定技术将多种银行卡的支付方式整合到一个界面上，使用户能够同时利用多家银行的支付通道，从而降低消费者的网上购物成本和商户的运营成本，同时也节省银行的网关开发费用。但是自 2004 年支付宝出现以后，许多第三方支付平台演变为"通道＋账户型"，即在这类第三方支付平台上，买方与卖方之间的结算需通过平台设置的虚拟账户才能完成。通道是流量，账户则意味着存量，意味着用户行为在这里的停留和积累。第三方支付机构通过"虚拟账户"拥有大量沉淀资金，把转账、理财业务（如基金业务、保险业务）全都做起来了，从原本的支付通道变成具有多功能的账户体系，"银行化"倾向严重。同时，虚拟账户资金的安全性和交易信息的透明度是监管层担忧的问题，因为这涉及消费者权益和反洗钱等事项。

针对第三方支付机构"银行化"的倾向，2015年12月中国人民银行发布了《非银行支付机构网络支付业务管理办法》（以下简称《办法》）。《办法》中对虚拟账户的支付实施了账户类型限制和余额限制。通过支付限额、业务范围等多项规定，表明监管机构"限制账户、鼓励通道"的监管取向，引导支付机构去"银行化"，回归"小额支付"和"通道"的本质。

当然，《办法》并没有完全封死支付机构做"账户"的可能性，但账户的转账功能、理财功能大大受限。有人认为，《办法》虽然在防范支付风险、保护当事人合法权益等方面取得了突破，但存在较多影响支付效率和客户体验的条款，这会导致网络支付客户流失和该行业发展停滞，从而遏制互联网金融的发展势头。因此，对监管机构来讲，如何在鼓励创新和风险控制这两方面取得平衡，是一个值得斟酌的问题。

（三）沉淀资金：利息归属悬而未决

已出台的各项法规或规章制度中，对备付金的所有权、性质、存管、如何弥补客户备付金的特定损失等方面有较详细的规定和说明。

备付金的所有权属于客户；备付金的本质是预付价值，不是存款，预付价值只代表支付机构的企业信用，法律保障机制上远低于《人民银行法》《商业银行法》及《存款保险条例》保障下的央行货币与商业银行货币。一旦支付机构出现经营风险或信用风险，将可能导致支付账户余额不能回兑为商业银行货币，使客户遭受财产损失。

关于存管方面，根据中国人民银行制定的《支付机构客户备付金存管办法》（以下简称《存管办法》），备付金必须存放于特定账户，支付机构不得擅自挪用、进行贷款或投资等。该办法第一章第三条规定"支付机构接收的客户备付金必须全额缴存至支付机构在备付金银行开立的备付金专用存款账户。本办法所称备付金银行，是指与支付机构签订协议、提供客户备付金存管服务的境内银行业金融机构，包括备付金存管银行和备付金合作银行。本办法所称备付金专用存款账户，是指支付机构在备付金银行开立的专户存放客户备付金的活期存款账户，包括备付金存管账户、备付金收付账户和备付金汇缴账户"。第一章第四条规定"客户备付金只能用于办理客户委托的支付业务和本办法规定的情形。任何单位和个人不得擅自挪用、占用、借用客户备付金，不得擅自以客户备付金为他人提供担保"。

对于弥补客户备付金的特定损失方面，《存管办法》第三章规定"支付机构应当按季计提风险准备金，存放在备付金存管银行或其授权分支机构开立的风险准备金专用存款账户，用于弥补客户备付金特定损失以及中国人民银行规定的其他用途。风险准备金按照所有备付金银行账户利息总额的一定比例计提。支付机构开立备付金收付账户的合作银行少于四家（含）时，计提比例为10%。支付机构增加开立备付金收付账户的合作银行的，计提比例动态提高。风险准备金的计提与管理办法由中国人民银行另行制定。"

对于备付金的监管，《存管办法》第四章规定"中国支付清算协会对支付机构客户备付金存管业务活动进行自律管理"。第一章规定"中国人民银行及其分支机构对支付机构和备付金银行的客户备付金存管业务活动进行监督管理"。

但对备付金的利息（又称"法定孳息"）归属问题没有明确的规定和办法。对于备付金的利息归属，2010年的《非金融机构支付服务管理办法》中只提到利息的一定比例计提为第三方支付企业的风险准备金，但利息的剩余部分如何归属并没有做出规定。2011年11月中国人民银行发布的《支付机构客户备付金存管暂行办法（征求意见稿）》首次明确了第三方支付沉淀资金利息的归属，该办法规定:支付机构可将计提风险准备金后的备付金银行账户利息余额划转至其自有资金账户。但是2013年的《存管办法》又回避了沉淀资金的利息归属问题，这其中有较大的争议。

有人认为，按照物权法，利息应支付给资金的所有者，沉淀资金的所有者是客户，从这个意义上来说利息应归客户所有，而不应该由第三方支付公司获得。有人认为，若第三方支付机构将所获利息支付给客户，就有吸储嫌疑，与第三方非金融机构的定性不符，而且利息统计及发放成本可能会超过利息本身，不符合经济原则。也有人认为，根据民法的自治原理，若是行为双方意思表示或协商一致，沉淀资金的利息应该由消费者和第三方支付方自行约定利息归属权问题。

美国对第三方支付机构沉淀资金的利息是这样管理的。联邦储蓄保险公司（FDIC）认为，沉淀资金不是存款，而是第三方支付机构的负债，因此不能享受《联邦银行法》的存款保险。FDIC要求第三方支付机构将这些资金存放在FDIC保险的商业银行的无息账户上，然后FDIC将保险范围扩展，为每位客户购买上限为10万美元的保险项目，从而监督和管理沉淀资金。这种规定实质上变相地将第三方支付机构中的沉淀资金纳入了FDIC的体系中，而保费是用账户利息来抵扣的。这种做法一方面解决了第三方支付机构和沉淀资金利息分配的问题，另一方面通过存款延伸保险为客户的资金安全提供了保障。

目前，国内有学者建议借鉴美国经验，将沉淀资金产生的孳息用来购买保险金，一旦第三方支付资金链出现问题，不仅可以使用孳息来维护消费者权益，而且能够从一定程度上弥补第三方支付退出机制的空白；还有学者建议，可通过将消费者的交易额进行积分累计和折算的方式给消费者优惠返还，不仅解决了孳息分配问题，更鼓励消费者消费，促进第三方支付的发展。

另外，对于主营预付卡业务的支付机构来讲，其沉淀资金的利息归属问题在法律层面仍然没有解决。

5.4.3 思考与建议

（一）实行功能监管与协同监管

经过十几年的发展，第三方支付已从最初的支付业务拓展到基金、信贷、保险、征信等传统金融业务领域，其业务流程日趋复杂，业务边界日渐模糊，其机构属性和业务定位很难在短时间里梳理清楚，这给现有的监管体制带来很大的挑战。为此，需要转变监管理念，从过去的机构监管转向功能监管，并且要加强监管部门的协调配合。

所谓功能监管，是按照经营业务的性质来划分监管对象的一种金融监管模式，比如将金融业务划分为银行业务、证券业务、保险业务，或者是类似的"准"业务，监管机构针对业务进行监管，而不管从事这些业务经营的机构性质如何。第三方支付机构如果产生了与传统金融业务类似的业务，就应该接受与传统金融一致的监管。若第三方支付机构产生了"准存款业务"，则应该建立存款准备金制度；若产生了"准贷款业务"，就应该建立资本金、损失、拨备等管理制度。换句话说，功能监管是以企业行为而不是主体为标准的监管模式，其优势在于监管的协调性较高，避免重复监管和交叉监管的现象。当前，国内监管体系主要还是依托机构监管，很难及时将第三方支付的创新业务纳入其视野，造成部分第三方支付企业的套利空间，这不利于市场的公平竞争。

（二）立新法与补旧法，完善法律体系

目前，我国第三方支付监管规制的法律位阶偏低，除了 2005 年的首部针对网络支付的《中华人民共和国电子签名法》是法律位阶的外，其他规定从性质上来看，有的属于部门规章，有的只是征求意见稿。同时，已有的较高位阶的法律比较滞后，不能适应第三方支付创新业务的步伐。

以反洗钱为例，我国 1997 年的《刑法》和 2007 年的《反洗钱法》都对洗钱罪有明确的规定，但是这些规定明显滞后，不能适应第三方支付反洗钱的要求；而且，现行《反洗钱法》针对的是金融机构，而不是第三方支付平台这类非金融机构。专门针对第三方支付领域反洗钱的规章制度已有所展开，如 2009 年中国人民银行出台的《支付清算组织反洗钱和反恐怖融资指引》，2010 年的《非金融机构支付服务管理办法》和《非金融机构支付管理办法实施细则》，2011 年的《支付清算组织反洗钱和反恐怖融资管理办法》，2015 年的《非银行支付机构网络支付业务管理办法（征求意见稿）》等都对第三方支付机构的反洗钱义务做了规定，但多数规定较为笼统、缺乏可操作性。

因此，为了对第三方支付的风险进行有效地监管，有必要进一步补充和完善现有的法律体系。首先，应尽快从全国人大常委会的层面出台一部法律法规，对非金融支付机构的管理、运作等进行详细规定，增加可操作性。其次，在原有的相关法律中增加有关第三方支付机构的适用条款。

（三）实行分类监管

分类监管是指对从事不同类型的第三方支付企业实施有针对性的监管。目前，我国第三方支付企业的类型较多，按照经营模式有"网关型"和"担保型"，按照是否存在虚拟账户有"支付通道型"和"平台账户型"，按照是否依附于电子商务平台有独立型第三方支付和非独立型第三方支付。因此，在监管方面要避免"一刀切"的做法，应注重实行分类的管理办法。美国的《统一货币服务法》就对不同种类的货币服务业务在业务许可、投资主体、资金实力、财务状况等维度提出了不同的要求。

（四）鼓励创新与控制风险的平衡

第三方支付是互联网金融的发端，需要对其进行适度监管。监管力度过小，易导致其野蛮生长，带来较大的金融风险；监管力度过大，又容易遏制创新，导致行业发展停滞。因此，需要在鼓励创新与控制风险之间取得平衡。一方面，要呵护第三方支付为电子商务发展，为社会提供小额、快捷、便民的小微支付服务的普惠特性和创新；另一方面要及时惩治洗钱、套现、欺诈等违法活动，保护消费者权益，使第三方支付行业在创新中规范发展。

5.5 典型案例分析——余额宝的法律风险分析

5.5.1 余额宝的推出和作用

2013 年 6 月 17 日，第三方支付平台支付宝推出"余额宝"业务。所谓"余额宝"业务，是指客户把资金从支付宝转入余额宝后，就购买了由天弘基金公司提供的余额宝货币基金，然后由基金公司将这些资金投资到银行协议存款、债券、债券回购等资产中去。由于我国货币市场深度不够，流动性、安全性较高的投资标的有限，货币基金的投资高度集中于银行协议存款，余额宝也不例外。银行间协议存款利率是不受管制的，所以利率水平较高。余额宝里的资金不但可获得相对较高的货币基金收益，而且能随时用于网购支付，灵活提取。从本质上来看，余额宝是通过互联网的方式把大量散户的资金收集起来，通过货币基金参与银行间市场投资的一种方式，是传统金融和互联网渠道相结合的金融创新模式。

自余额宝上线后，其客户数量和资产规模呈现爆发式增长。2013 年年底，余额宝客户数达到 4 303 万人，资金规模 1 853 亿元；2014 年年底，客户数达到 1.85 亿人，资金规模 5 789.36 亿元；2015 年年底，累计用户规模达到 2.6 亿人，资金规模 6 207 亿元。

余额宝对不同的主体有不同的作用。从消费者的角度来看，余额宝是集结算和支付功能、投资功能于一体的产品，不仅满足了中小投资者的理财需求，而且带给他们高效快捷支付的用户体验。

从第三方支付机构的角度看，余额宝的推出一方面解决了支付宝中沉淀资金收益的归属问题，提升了客户使用支付宝的账户价值；另一方面突破了监管资本的束缚，降低了自身资本的压力。我国 2010 年出台的《非金融机构支付服务管理办法》的第三十条规定"支付机构的实缴货币资本与客户备付金日均余额的比例，不得低于10%。"

从监管层的角度看，余额宝发挥"鲶鱼效应"倒逼中国银行利率市场化改革。余额宝的成功，某种程度上是因为管制的个人存款利率和放开的金融机构协议存款利率之间存在利差，两者之间存在无风险套利机会。随着利率市场化的推进，这种套利空间将逐步缩小甚至消失。所以从中央监管层来看，中国人民银行行长周小川、副行长潘功胜和易纲均表示要支持余额宝等金融产品的创新行为，同时要完善和规范监管措施。

5.5.2 余额宝的法律关系

余额宝业务涉及四个主体：支付宝公司、天弘基金公司、用户和中信银行（如图5-1所示）。

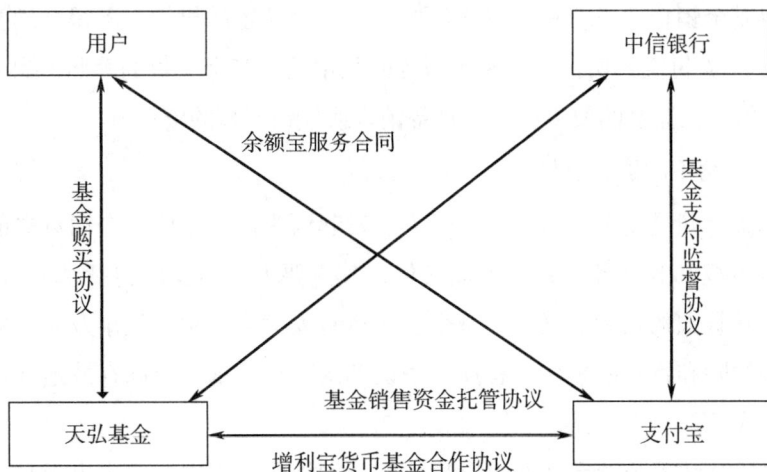

资料来源：黄欢，李晓郛．从法律风险分析余额宝的监管问题 [J]. 海南金融，2014（9）：55。

图5-1 余额宝业务涉及四个主体示意图

从用户的角度来看，他们与天弘基金公司存在基金购买合同关系，与支付宝公司存在余额宝服务合同关系，支付宝客户通过把支付宝账户余额转入余额宝，实现对增利宝基金的购买和持有，是基金的购买者。

从天弘基金公司的角度来看，它推出增利宝基金产品并嵌入到余额宝中，是基金的销售者；它与支付宝公司存在货币基金合作协议，与中信银行存在基金销售资金托管协议。

支付宝公司将基金买卖嵌入余额宝，在整个流程中是基金买卖客户资源和第三方结算工具的提供者。值得注意的是，支付宝公司并不代销基金，仅作为货币市场基金的直销平台，也就是起"渠道"作用，资金和资产的所有权在流转过程中并不经手支付宝公司，它只收取提供交易平台的"管理费"，规避了《证券投资基金销售管理办法》中关于禁止第三方支付公司代销基金产品的监管规定。

5.5.3 余额宝的法律风险

（一）监管主体不明确的风险

余额宝是跨界的互联网金融产品，在我国金融分业监管的环境下，存在监管主体不明确和多头监管的问题。例如，在余额宝的运作中，支付宝作为第三方支付服务机构由中国人民银行进行监管，余额宝作为基金销售的电子商务平台应由证监会进行监管，而货币基金投资方向的银行协议存款由银监会进行监管，这就容易出现多头监管的局面，而多头监管很容易带来监管真空和重复监管的问题。

（二）法律合规风险

余额宝的本质是让支付宝用户购买一款货币基金产品。我国证监会对银行等机构代销基金产品有着严格的要求，《证券投资基金销售管理办法》第五十四条明确规定"未经注册并取得基金销售业务资格或者未经中国证监会认定的机构，不得办理基金的销售或者相关业务。"支付宝公司提供余额宝服务时只申请了基金支付的牌照，尚未取得基金销售牌照，不符合证监会的要求，并不具备销售或代销基金的资格。

（三）合同内容不明确的风险

传统的基金合同是基金经理人、托管人、发起人为设立投资基金而订立的用以明确基金当事人各方权利和义务关系的书面文件，其主要内容至少应包括基金份额持有人、基金管理人和托管人的权利、义务；基金份额持有人大会召集、议事及表决的程序和规则；基金合同解除和终止的事由、程序；争议解决方式；基金合同存放地和投资者取得基金合同的方式等。

但是，在资金转入余额宝从而投资货币基金的操作过程中，并未出现与基金销售机构签署合同的步骤，投资者难以了解基金销售机构和第三方支付平台之间的合同内容。支付宝在其网页单方面强调其对基金盈亏以及运作中的问题不负任何连带责任，然而投资者与基金销售机构之间没有直接的合同关系，为数不少的投资者仅仅出于对支付宝这一平台的信任而转入资金。如此一来，没有书面文字合同规定的权利很难得到保护，一旦出现违约等行为，争议纠纷也难以得到妥善解决。

（四）洗钱犯罪的风险

余额宝是允许多张银行卡进出的。多卡进出可以为客户提供更便利的流动资金管理，用户体验好，强化了支付宝账户的活跃度，提高投资人对支付宝账户的使用频率，也可以通过身份鉴权实现同名验证。但与更加严格的同卡进出相比，会面临更大的洗钱风险。

同卡进出的风控要求主要是为了反洗钱，主要看用户的资金流向是不是清楚，中间有没有断点，资金流如果跑到其他断点旁路上，现有的监管系统是看不清的。同卡进出由于资金流向清晰可追溯，符合包括各种反洗钱的合规要求。

但是，有互联网金融从业者指出，即使在同卡进出的情形下，当资金从余额宝赎回至支付宝账户时，其交易痕迹就中断了，这意味着同卡进出的风控意义并不完全在于反洗钱，而是更为重要的一点：额度。在网络账户中，额度管理是非常重要的一环。客户选择余额宝或类似基金产品，是为了获取投资收益，这个行为本身和账户余额中保留零星金额用于购物缴费等小额场景相比，交易金额远大于后者，因此账户被盗或盗卡销赃的资金风险敞口也就远大于后者。

（五）流动性风险

余额宝的便捷性体现在对货币基金"T+0"的申购与赎回机制，但该机制的顺畅运行是采用自有资金或支付宝的沉淀资金进行垫资完成的。同时，余额宝与其他一般的货币基金有一点不同，即当客户用余额宝中的资金消费时就意味着赎回了基金，因此当遇到购物高峰时，该基金就面临巨额赎回的情形。而中国人民银行2015年发布的《关于促进互联网金融健康发展的指导意见》中明确指出：第三方支付机构的客户备付金只能用于办理客户委托的支付业务，不得用于垫付基金和其他理财产品的资金赎回。另外，余额宝的协议存款对象大多是中小银行，因此余额宝的流动性风险会转嫁到这些中小银行，进而影响整个金融系统运行安全。

（六）信息披露与风险提示不足的风险

与基金传统的营销渠道相比，依托第三方支付平台的营销渠道在信息披露方面做得不足。基于网络技术，余额宝的开户流程非常简便。正常情况下，用户通过银行或者券商购买货币基金时，需要填写专门的基金开户资料，阅读风险提示，抄写风险告知书，进行风险承受能力测试等。但是这些环节在余额宝的购买中是没有的。此外，余额宝的宣传中突出"低起点、高收益"的亮点，使用户并没有对货币基金投资的风险有一定的认识和了解，并与之签署相关电子协议，这就埋下了法律纠纷的隐患。

5.5.4 余额宝的监管对策

（一）完善监管体系和相关的法律法规

应明确类似余额宝这种证券投资服务平台的监管主体，加强各监管部门的协调与合作。出台相关政策法规明确余额宝等网络金额创新产品的性质和法律地位，对其组织形式、经营模式风险承担、交易中的代理等方面做出更细致的规定；对申请开办类余额宝业务的机构设置具体的准入标准和退市标准，从而保护投资者。

（二）对网络基金交易合同的订立进行严格规定

有关法律法规应当严格规定第三方支付平台与基金管理人合作向投资者出售基金产品时必须订立正式的电子合同，投资者需明确同意与第三方支付机构之间的代理合同以及第三方支付机构代理投资者与基金管理人签订的基金合同。其中，第三方支付机构订立的委托代理合同中必须包括基金购买、赎回及收益的相关方式、投资者的权利以及第三方支付机构作为委托人的义务，包括按投资者委托购买基金的义务、报告基金情况的义务、谨慎注意义务等，同时包括第三方支付机构必须承担因其过错造成资金损失的赔偿责任；而第三方支付机构代理投资者与基金管理人签订的基金合同由于直接约束了投资者，也必须订立对投资者权利保护的内容，其中包括基金购买、赎回以及收益取得的方式，且包括关于投资者个人信息保护的条款。

（三）依法监督第三方支付机构切实履行反洗钱义务

自2010年以来，我国已陆续出台了一系列法规对第三方支付机构的反洗钱义务做了规定，如2011年的《支付清算组织反洗钱和反恐怖融资管理办法》、2015年的《非银行支付机构网络支付业务管理办法》等。当前，相关监管当局应当依法监督第三方支付机构切实落实客户身份识别制度、客户身份资料和交易记录保存制度、大额交易和可疑交易报告制度等，履行反洗钱义务。

（四）合理处置流动性问题

为降低余额宝巨额赎回时造成的流动性风险，监管部门应适当提高互联网货币市场基金信息披露的标准。从美国的经验来看，可对余额宝设置权限，在市场紧缩时期向投资人收取申购赎回费用并设置赎回限制，以阻止资金外流。或者有必要对余额宝业务"$T+0$"的赎回模式进行调整，在安全与公平的基础上测算出一个合理的投资者资金赎回期间，从而给货币投资基金的收益在时间上留下必要的缓冲。

（五）完善网络基金交易信息披露制度

余额宝对风险提示的弱化，涉嫌虚假宣传等违规风险，与其不履行信息披露义务有很大的关系。因此，为了保护投资者的利益，应该完善网络基金交易信息披露制度。

首先，从外部监管来看，相关部门应专门制定针对余额宝此类通过第三方支付的证券投资网络平台的信息披露规则，规范信息披露的内容、格式、频度及职责等。具体来看，可以要求在第三方支付机构的页面上，对该基金必须有着明确醒目的风险提示；要求对披露信息的页面进行及时、准确的更新等。

其次，从内部控制来看，支付宝公司作为基金管理人，应切实履行信息披露义务，对产品的交易行为、风险状况，以及预期的收益等方面进行及时、真实、完整的披露，引导投资者正确的投资方向。在具体操作中，可以在产品首页公布一些重要信息；在交易页面上设置与所披露的主要信息的链接，引导投资者关注等。

【本章小结】

1. 第三方支付有广义和狭义之分。广义的第三方支付是指非金融机构在收付款人之间作为中介机构提供下列部分或全部货币资金转移服务，包括网络支付、预付卡的发行与受理、银行卡收单、中国人民银行确定的其他支付服务。狭义的第三方支付，主要是指网络支付，包括互联网支付和移动支付。

2. 第三方支付企业按照经营模式可以分为"网关型"和"担保型"；按照是否存在虚拟账户可以分为"支付通道型"和"平台账户型"；按照是否依附于电子商务平台可以分为独立型第三方支付和非独立型第三方支付。

3. 第三方网络支付主要涉及以下三类主体：买卖双方、第三方支付平台机构、商业银行。买卖双方之间存在主合同的法律关系。买卖双方与第三方支付平台机构之间一般存在以下法律关系：格式合同法律关系、保管合同关系、委托代理关系、信用担保关系等。第三方支付平台机构与商业银行之间存在服务合同的法律关系和金融监管关系。

4. 第三方支付的法律风险主要有：主体资格与经营范围风险，沉淀资金带来的风险，信用卡套现风险，洗钱风险以及消费者权益受损风险等。

5. 面对第三方支付的法律风险，我国已初步形成了"外部监管 + 行业自律"的监管架构。自 2010 年开始，中国人民银行等推出了关于第三方支付的一系列管理办法，从第三方支付的准入门槛、经营范围、预付卡管理、备付金存管、基金销售、网络支付管理、反洗钱与反恐怖融资、消费者权益保护等方面进行监管。同时，2011 年 5 月中国支付清算协会成立，对支付清算服务行业进行自律管理。上述管理办法和规范性文件的出台解决了部分法律风险，但是仍有一些风险和问题没有得到很好的解决，存在较大的争议。

6. 余额宝业务涉及四个主体：支付宝公司、天弘基金公司、用户和中信银行。其运作过程中存在的主要法律风险有：监管主体不明确的风险，法律合规风险，合同内容不明确的风险，洗钱犯罪的风险，流动性风险，信息披露与风险提示不足的风险等。

【复习思考题】

1. 简述第三方支付的含义、分类。

2. 我国第三方支付的发展状况是怎样的？

3. 第三方支付的法律关系有哪些？

4. 第三方支付的法律风险有哪些？

5. 简述我国第三方支付的监管现状。

6. 余额宝的法律风险主要有哪些？

第6章 互联网货币的法律问题与风险防范

任务目标

1. 了解互联网货币的基本内涵

2. 了解互联网货币的主要法律关系

3. 掌握互联网货币的主要法律风险

4. 掌握互联网货币的主要风险防范措施

5. 了解我国互联网货币发展的基本趋势

6.1 互联网货币的法律关系

本节在简要介绍互联网货币的概念及基本特征的基础上，分析了互联网货币的主要法律关系，包括互联网货币与主权货币的法律关系、互联网货币与其发行人和使用者的法律关系、互联网货币与政府机构的法律关系等。

6.1.1 互联网货币概述

（一）货币简史

货币是商品经济发展到一定阶段的必然产物。随着人类社会经济的发展和科技的进步，货币的表现形式经历了四次大的变革：实物货币、金属货币、纸币和电子货币。

（1）实物货币又称商品货币，是以普通商品的形式出现的货币。实物货币是古代商品经济不发达、直接物物交易又不便利的情况下产生的古老货币形态，比如古希腊的牛和羊，古印度的象牙，美洲土著人和墨西哥人的可可豆，古代中国的贝壳和牲畜等。实物货币只能满足简单的商品交换需求，不便携带，不易保存，而且使用不方便、不安全。

（2）金属货币最初由铜、铁等贱金属充当，后来逐渐固定在金银贵金属上。我国古代赵国的铲币、齐国的刀币、秦国的圆形方孔钱、楚国的蚁鼻钱、唐朝的开元通宝等都是非常知名的铜钱，两宋时期铁钱曾一度盛行，清末时期政府开始铸造银元，以"光绪元宝"为代表。较之实物货币，金属货币携带和保存虽然相对方便，但从使用的角度看仍然不便携带，使用不够方便和安全，而且受制于贵金属数量限制，不适应频繁、大宗的商品交易需求，逐渐被纸币所代替。

（3）纸币又称信用货币，是誊印在纸张上，由主权信用作保证的特定凭证。纸币和实物货币、金属货币都属于有形货币，但纸币不依附于实物或金属商品，是独立货币，其最大的特点就是携带方便，但安全性仍然得不到完全保证，比如假币问题一直是困扰纸币的挥之不去的梦魇。另外，纸币发行量由国家决定，可以根据国家的意志决定纸币的发行种类和发行数量。

（4）电子货币又称数字货币，是用电子数据表现和处理的货币。与前三种货币形式不同，电子货币是无形货币。电子货币是计算机和互联网技术发展的产物，起源于20世纪70年代中期，从商业银行业务的电子化开始，很快就从传统银行业务的电子化发展到绝大多数金融业务的电子化、网络化。电子货币以其快捷便利、保存成本低、流通费用低、使用成本低等优势成为最有潜力替代纸币的新型货币，并逐渐受到人们的喜爱。电子货币功能创新不断丰富和完善，在一定程度上代表了货币形式发展的趋势，如北欧国家丹麦已成为全球首个开始取消纸币的国家。

（二）电子货币与互联网货币

电子货币是数字化货币，但它还没有一个统一的概念，无论是国际金融组织还是各国金融管理当局，抑或是专业金融研究机构和专业人员，对电子货币都有不同的定义。但大致来说，对电子货币的界定都有狭义和广义之分。狭义的电子货币是指法定货币的电子化，即信用货币的电子化，概指用一定金额的现金、存款或贷款通过计算机等电子机具从发行人（银行）处兑换代表约定金额的数据，并运用网络载体进行转移支付等金融交易的数字化货币。狭义的电子货币是现实的信用货币的电子化，是借助计算机和互联网络创新货币流通业务，通过银行的存款系统和各种清算系统的电子化、数据化进行资金信息的记录和传递，进而实现货币存储和支付清算功能的新型业务系统。狭义的电子货币实质上是存款货币，体现的也是银行信用，目前常用的互联网银行业务、电话银行业务、手机银行业务等业务形式都是电子货币的典型应用。

广义的电子货币不仅包括前述法定货币的电子化，还包括基于银行信用的准电子货币和基于计算机与互联网技术产生的完全虚拟化的互联网货币。准电子货币是指由专门的发行人发行而且负责回赎所有其发行的电子化货币。准电子货币发行人通常会在银行开设一个账户，使用者用现金或其在银行的存款来购买或兑换准电子货币，并根据其与发行人的协议依约使用这些准电子货币。我们常见的电话卡，有储值功能的员工卡、学生卡，城市公交一卡通，医保一卡通等都是此类准电子货币的典型代表。

互联网货币又称虚拟货币，是和银行信用货币完全脱离关系，主要由普通商业主体发行，并基于发行人商业信用而被购买、兑换和使用的特殊商品。互联网货币通常只能购买发行人提供或指定的网络商品和服务，不能用于购买其他任何的商品与服务，也不能与法定货币反向兑换，实质上就是用法定货币购买或者用劳动兑换发行人指定商品或服务的电子凭证，只不过这个电子凭证有储值和分期消费功能。互联网货币种类较多，变化较快，目前比较知名的互联网货币有腾讯Q币、新浪U币、网易POPO币、盛大币、百度币、比特币、莱特币等。

从法律视角看，互联网货币是发行人对互联网货币购买者的一种负债，这是一种商业信用，其债权实现依赖于发行人和交易平台的整体实力和信用度，其信用风险要远远大于传统货币的国家信用或银行信用。

表6-1　（狭义）电子货币与互联网货币的区别

项目	电子货币	互联网货币
货币形式	数字货币	数字货币
货币性质	法偿货币（如美元、人民币等）	无法偿地位的货币
可接受性	被发行人以外的机构接受	一般限于特定的虚拟社区，伴随使用范围扩大和被公众了解，可接受性可能显著提高
法律地位	受监管	不受监管
发行人	商业银行等法定机构	非金融私人公司
供给量	某一时点固定，但中国人民银行可根据经济发展需要跨时期加以调整	逐渐增加，但总量设定上限（2 100万枚），没有中心发行管理机构对供给量进行调整
赎回可能性	提供以面值赎回保证	不提供保证
是否受监管	是	否
主要风险类别	操作风险	法律风险、信用风险、流动性风险和操作风险（欺诈风险）

（三）不同形式货币的基本功能对比

货币的基本功能是价值尺度、流通手段、支付手段、储藏手段和世界货币，这些功能在不同的货币形式上有不同的体现。金属货币，特别是贵金属货币具有全部五种基本的货币功能，但对电子货币，特别是还在发展中的互联网货币，其货币功能的认识还没有统一，相对一致的观点是互联网货币对虚拟商品有一定的价值尺度功能，在特定区域或特定范围，对特定商品或服务和特定机构或组织有一定的流通和支付功能，但目前基本没有储藏价值和世界货币功能。

表6-2　不同形式货币的基本功能对比

货币	价值尺度	流通手段	支付手段	储藏手段	世界货币
实物货币	有	有	有	有（部分）	无
金属货币	有	有	有	有	有
信用货币	有	有	有	有	无
法定电子货币	有	有	有	有	无
互联网货币	（虚拟）有	（局部）有	（局部）有	无	无

（四）典型的互联网货币——腾讯 Q 币

腾讯 Q 币是我国互联网货币的典型代表，它是一种可以在腾讯网站统一购买、兑换和支付的虚拟货币（腾讯官方定价是 1 元=1Q币=10 000 QQ游戏币，15 000游戏币=1Q币）。用户可以通过腾讯公司及其合作伙伴以及授权经销商购买Q币并充值到自己的QQ号码对应的个人账户中，使用腾讯 Q 币可以在腾讯网站购买一系列相关服务，如申请QQ 号码，购买 QQ 靓号、QQ 贺卡、QQ 头像、QQ 宠物、QQ 音乐，申请 QQ 会员、QQ 钻石会员，购买 QQ 游戏中的道具、网络硬盘及订阅杂志等，购买时根据相应的提示花费相应的 Q 币数额。

随着腾讯业务范围和业务规模的不断扩大，目前，腾讯Q币的适用范围已经超越了腾讯自身，扩展到了其他网络服务，例如，在互联网上购买游戏点卡、付费电影等。早在2005 年 4 月，用腾讯 Q 币就可以购买瑞星的所有在线产品，包括瑞星杀毒软件下载版、个人防火墙和在线杀毒等。

（五）新型的互联网货币——比特币

比特币（Bitcoin，BTC）是目前影响力大、使用广泛、技术先进的一种开源的、基于网络的、点对点的、匿名的新型互联网货币。通常来说，比特币是指由中本聪结合开源软件、对等网络技术和密码学原理，以公开对等、共识主动性理念为基准，于 2008 年提出并设计开发的一种具有自我完善功能的免费的分布式新型互联网货币。

比特币的发行和支付没有中央控制中心，它是由普通人而不是由中央银行或政府创造的货币。人们可以通过两种方式获取比特币：①用计算机挖矿，即在电脑上通过实施公开的复杂算法生成比特币。在 2010 年 12 月，对于一台普通的个人电脑来说，制造出50 个比特币大约需要一年的时间。50 个比特币在当时可以兑换约 15 美元。比特币诞生的头四年，有 1 000 万个比特币被制造出来，这个数值的半衰期为四年。②用货币购买，即使用其他货币通过比特币中国、比特币ATM机等专门的交易平台兑换。

比特币的支付交易由网络节点进行集体管理，交易各方可以完全隐匿自己的真实身份。交易时需要在自己的计算机上设立一个账户，这个账户是一对公私密钥，通过公开密钥算法进行交易。例如，如果 A 要给 B 转账，A 就把比特币的金额加上 B 的公钥（即收款地址），用自己的私钥签名。B 看到 A 的签名，就知道 A 转给他的比特币金额。A进行转账交易时，需要把签名的交易单广播到比特币网络上，最终让每个节点都知道这笔交易。B 可以从比特币网络上不断收到其他的确认信息，收到足够多的确认信息后，B就能确认 A 转来的比特币归他所有了。当 B 将 A 转给他的比特币再转账给 C 时，同样也要广播给足够多的其他人，让他们进行担保确认。实际上，比特币网络并不记录每一个比特币的所有者，它记录的是这个比特币从诞生起到当前的每一笔交易，其他人准备确认一个比特币交易单时，比特币网络会检查确认转出账号上有没有那么多比特币。

比特币具有以下六个基本特征：一是超国家性。比特币是全球网络发展的产物，不属于某个国家所有。二是去中心化。如前所述，比特币的发行和支付没有中央银行等管理部门充当中央控制中心，其转账支付由网络节点集中管理，通过整个网络的分布式数据块来记录其交易，并由整个比特币系统共同承担交易风险。三是完全匿名。比特币通过公开密钥技术摆脱了对银行固定账号系统的依赖，交易双方可以随意生成自己的私钥，只需要将与私钥对应的公钥告知付款人即可收到款项。下次转账时，再重新生成一对公私密钥。这种一次一加密的做法既保证了交易安全，又可以做到完全匿名交易，难以跟踪。四是交易成本低。比特币交易完全免费，无需中间人，不通过任何金融机构就能方便地进行互联网上的汇款转账，也没有任何第三方可以控制或阻止比特币交易。另外，由于比特币的匿名性，政府机构也无法了解比特币的交易情况，比特币交易完全可以避税。五是总量受控。由于受算法的限制，比特币的总供应量是受控的，可以避免比特币的通货膨胀问题。六是非唯一性。比特币是一种非主权的虚拟货币，没有任何限制性准入门槛，而且比特币的源代码完全对外公开，经过参数修改就可以制造出功能类似的其他互联网货币。

比特币作为一种新型互联网货币，其使用范围正在不断扩大，主要包括支付转账和投资应用。其中比特币支付应用发展最快，无论是线上支付还是实体店应用的线下支付都呈快速发展态势，如全球最大的电子货币支付平台 Bitpay 有近 10 万商家可接受比特币支付，苹果手机应用商店也接受比特币支付。美国等国已经逐步放松了比特币的投资应用业务，例如，2014 年 9 月 12 日，美国衍生品交易所 TeraExchange 经监管机构批准，正式推出了全球首个比特币掉期合约，该衍生品允许客户通过锁定一个美元价格来保护他们持有的比特币的价值，从而避免由比特币价格剧烈波动所带来的风险。我国的比特币投资交易也十分火热，国内的比特币交易平台很早就推出了融资融币、期货交易等多种金融业务。

6.1.2 互联网货币的主要法律关系

（一）互联网货币与主权货币的法律关系

互联网货币是基于商业信用的虚拟货币，与基于国家主权信用的真实货币有着根本的不同，它们的关系主要体现在两个方面：一方面是主权货币对互联网货币的制约。主权货币是国家的法定货币，任何单位和个人不得拒绝主权货币的支付。在我国，除了由中国人民银行发行的人民币，其他任何单位和个人都不得发行代币票券，违者可以根据《中国人民银行法》和《人民币管理条例》的相关规定给予处罚。互联网货币是一种可以在互联网世界购买特定商品和服务的特殊商品，在某种意义也是一种代币票券，虽然目前中国人民银行和国家金融监管部门对互联网货币没有采取严格的管制措施，但需要时仍可以对互联网货币进行必要的管制或约束。另一方面是互联网货币对主权货币的局部替代和冲击。互联网货币以其快速便捷等优势快速进入互联网支付领域，特别是互联网运营商内部的小额支付方面互联网货币早已占有一席之地，甚至已超过信用货币，其对主权货币的替代效应日益凸显。同时，互联网货币种类繁多，发行数量有的没有任何限制，会直接或间接替代主权货币进行流通或支付，既会影响中央银行的货币供应和货币传导机制，也会影响国家的铸币税收入。

（二）互联网货币与其发行人的法律关系

互联网货币本质上是由其发行人保证的在一定范围或区域内对特定商品和服务具有购买能力的特定商品，这种商品是由数字表示并通过计算机和互联网站点进行记录或转移的无形商品。从法律上看，互联网货币与现实世界的纸币一样都是债权凭证，只是纸币通过法律直接赋予它一定的由国家主权信用保证的面额，互联网货币则由发行人确定其与信用货币（纸币）的兑换"汇率"，并通过数字记录形成无形的债权凭证，即互联网货币是由其发行人的商业信用保证的、无形的、外在的、契约性债权凭证。

互联网货币发行人对互联网货币负有保证其合法使用的债权上的契约义务。一方面是互联网货币债权的形成，即互联网货币发行人要按照其自行规定或通过格式合同形式约定的价格卖出（兑换）互联网货币，或者按照约定的方式允许使用者通过挖矿、打游戏等特殊劳动取得互联网货币，进而形成以互联网货币为表现形式的持有者对互联网货币发行人的债权。另一方面则是互联网货币债权的实现，即互联网货币发行人要按照发行时的约定向互联网货币使用者提供相应的商品和服务，或者由互联网货币交易平台提供约定的交易方式和交易条件，满足实现互联网货币持有人通过购买商品和服务实现其债权的基本要求。

另外，为了保证互联网货币的可接受性，互联网货币的发行人除了尽可能扩大互联网货币的使用区域和范围，增加互联网货币的可购买商品和服务外，还要尽量保证互联网货币债权的稳定性，保证互联网货币债权的购买力，防止因为互联网货币的"通货膨胀"损害持有人和使用者的权益。

（三）互联网货币与其使用者的法律关系

互联网货币是发行人与使用者之间债权债务凭证，对使用者而言，它是以数字形式记录在计算机和互联网站点上，并可以快速便捷转移支付的有效债权凭证，部分像比特币这样的互联网货币甚至是完全隐匿的，这种债权凭证却是唯一的，能保证互联网货币所有人是其唯一的合法债权人。

对使用者而言，互联网货币的价值不仅体现在这一债权凭证所代表的商品和服务上，还体现在实现互联网货币所代表的债权的便利、效益和安全上。也正是互联网货币的方便快捷、交易成本低、易于保存、相对安全可靠等因素促生了互联网货币，并保证了互联网货币的持续快速发展。所以，互联网货币的发行人要努力保证互联网货币的使用者有尽可能广泛的、可行的、有效的互联网货币使用方式和使用手段，并尽可能多地扩大其所发行的互联网货币使用范围和使用区域，从而吸引互联网货币使用者更多地使用互联网货币，更加紧密地与互联网货币发行人发生关系，包括但不限于互联网货币买卖的债权债务关系。

使用者购买（兑换）、保存和使用某一互联网货币，不外乎信赖该互联网货币的发行人的商业信用，认可该互联网货币的使用区域和范围，需要该互联网货币所代表的商品或服务，或者能够完成兑换该互联网货币所需要的劳动或任务。简而言之，就是互联网货币的价值对使用者有吸引力，但互联网货币不具有法定货币的唯一性和强制性，除非互联网货币发行人对互联网货币使用者有债权债务关系以外的其他吸引力，如果互联网货币发行人不能有效保证其价值，不能保证互联网货币这一债权凭证的使用价格和使用便利性、安全性，使用者很容易选择用脚投票。

国家主权货币都有贬值风险，基于发行人商业信用的互联网货币的风险程度更高，互联网货币持有者、使用者更需要依法维护其合法债权，如选择通过协商调解、仲裁、诉讼、行政投诉、刑事举报等途径维权。另外，需要注意的是，对于因网络赌博等非法活动取得的互联网货币，其债权不受法律保护，这等同于现实世界中的非法债权不受法律保护。

（四）互联网货币与其交易平台的法律关系

互联网货币的接受度与其交易便利性、交易平台数量和质量服务等因素密切相关，为了增加其可接受度，许多互联网货币发行人都签约一个或多个交易平台。我国文化部、商务部《关于加强网络游戏虚拟货币管理工作的通知》明确规定，"网络游戏虚拟货币发行企业"和"网络游戏虚拟货币交易服务企业"需要分业经营，即主要用于网络游戏的互联网货币交易需要通过获得许可的网络游戏虚拟货币交易服务企业这一合法的第三方交易平台进行交易。

互联网货币交易平台是独立的互联网货币交易记录和操作机构，它与互联网货币发行人是委托代理关系，通过契约接受互联网货币发行人的委托，代理互联网货币发行人办理约定的互联网货币转账支付业务，并根据规定收取相关费用或通过双方认可的其他方式取得业务回报。交易平台需要保证其依法取得互联网货币交易资质，并且技术安全可靠，确保约定可交易的互联网货币交易操作便捷、安全，并采取合理的用户权益保障措施。

（五）互联网货币与特定机构的法律关系

货币是商品交易的产物，也是最主要、最常用的交易媒介。互联网货币虽然在性质上是一种商品，但它是在互联网世界可以发挥，至少是虚拟发挥价值尺度，局部或部分发挥货币流通手段和支付手段功能的特殊的媒介商品。互联网货币作为一种特殊的媒介商品，通常不能独立发挥作用，除了上述互联网货币发行人、使用者和第三方交易平台外，互联网货币以及上述各有关利益主体还要与金融机构和支付机构等特定机构发生关系。

互联网货币与金融机构和支付机构间的业务关系包括法律不禁止的业务关系和法律禁止的业务关系。互联网货币业务是创新性很强的金融业务或准金融业务，现有的金融法律法规对互联网货币业务大都没有规定，互联网货币发行方、交易平台和使用者可以在不违反平等自愿原则的框架内探讨借助金融机构扩大互联网货币的应用，比如腾讯公司可以与金融机构开展允许自然人在互联网交易平台上通过其银行账户购买Q币业务等。由于各国法律体系不同，对金融管制的程度和监管水平不同，互联网货币相关业务的法律禁止情况也各不相同。例如，有的国家已认可比特币的合法地位，有的国家开始批准基于比特币的金融衍生品，我国由中国人民银行等五部委发布的关系防范比特币风险的通知则明确要求金融机构和支付机构不得开展与比特币相关的业务。现阶段对金融机构和支付机构主要禁止的比特币业务包括不得以比特币为产品或服务定价，不得买卖或作为中央对手买卖比特币，不得承保与比特币相关的保险业务或将比特币纳入保险责任范围，不得直接或间接为客户提供其他与比特币相关的登记、交易、清算、结算等服务，不得接受比特币或以比特币作为支付结算工具，不得开展比特币与人民币及外币的兑换服务，不得开展比特币的储存、托管、抵押等业务，不得发行与比特币相关的金融产品，不得将比特币作为信托、基金等投资的投资标的，等等。

需要注意的是，《通知》已经明确上述要求是阶段性的，随着互联网技术发展和互联网货币的完善，国家有关部门对互联网货币的管理也会与时俱进。目前，有些国家已经允许使用比特币为产品和服务定价。另外，这个规定是针对金融机构和支付机构的，对提供比特币登记、交易等服务的互联网站等其他机构只是提出了在电信管理机构备案要求。

（六）互联网货币与政府机构的法律关系

政府是社会经济的主要管理者，互联网货币虽然是无形的虚拟货币，但网上的交易行为反映的是现实的社会经济关系，而且互联网货币的发行人、交易平台和使用者都是现实的企业法人、自然人和其他主体，互联网货币自然也要接受政府机构的行政管理。政府机构对互联网货币的管理可以概括为四点：制定规则，实行管理，保障权益，维护秩序。

制定规则是指政府机构根据社会经济发展水平和互联网货币发展要求，制定互联网货币规范发展的相关规则，包括法律、行政法规、行政规章、其他规范性文件和强制性技术标准等。这些规则可以是对互联网货币发行人、交易平台的设立规则，也可以是对互联网货币业务进行管理的操作性规则，其基本出发点都是保障互联网货币发展符合本国经济社会发展要求，符合现阶段国家和社会整体根本利益。为了保障互联网货币的正常发展，政府机构通常只规定一些基本的互联网货币业务规则，对于操作性规则或留给互联网货币相关利益主体自行制定或交给市场，在必要时再适时制定相应的基本规范。

实施管理是指政府机构根据相关法律法规对互联网货币发行人、交易平台和相关金融机构、支付机构以及互联网货币使用者进行监管管理，包括但不限于核查确认各互联网货币相关机构是否依法设立，是否依法开展业务，有没有业务违规行为，相关互联网货币创新业务是否与现行法律法规相冲突，有没有逃税行为，是否存在互联网货币方面的外汇管理违法行为，等等。

保障权益包括保障互联网货币发行人的权益和保障互联网货币使用者的权益。前者作为企业法人，根据其法人性质，依法享受公司法、合伙企业法等法律赋予的相应权利，政府机构要依法保障其基于互联网货币业务的合法权益。后者以自然人为主体，也包括部分企业法人，保障其合法权益不仅攸关互联网金融业的持续健康发展，而且是社会经济健康发展的重要组成部分，所以要重点保护以自然人消费者为主体的互联网货币使用者的合法权益，包括但不限于安全权、财产权、知悉真情权、选择权、公平交易、获得赔偿权、获取知识权和被尊重权等基本权利。

维护秩序是指政府机构通过制定规则和实施行政管理来维护互联网货币的发行秩序和交易秩序，并通过维护互联网货币的发行和交易秩序来维护国家金融秩序、互联网货币服务行业的经营秩序，进而维护国家的社会经济秩序。互联网货币作为一个点，具有额度小、发生频繁、参与人员多、全时段等诸多特点，运行失序很容易造成较大影响并波及其他相关机构和业务，所以需要严格管理以维护有效的互联网货币运行秩序。

6.2 互联网货币的法律风险

我国互联网货币可能面临的各种政策和法律风险，主要包括"非法"风险、"安全"风险、"假币"风险、"失密"风险、"主体"风险、"贬值"风险、"洗钱"风险和"知情"风险等八类风险。

6.2.1 互联网货币的"非法"风险

绝大多数互联网货币从性质上看还是一种由互联网货币发行人创造的以其商业信用作保证的特殊商品。作为一种可能对金融秩序和国家宏观金融政策产生影响甚至造成冲击的特殊商品，我国政府部门对互联网货币逐步加大管理和规范力度。特别是依托互联网区块链技术产生的比特币，在一些国家已经认可了比特币的货币性质后，中国人民银行、工信部和银监会、证监会、保监会等金融监管部门与互联网监管部门仍然非常明确地界定比特币与其他互联网货币一样是一种特殊商品，加强防范互联网货币风险。

特殊商品就要实行特殊的管理。我国金融监管部门、互联网管理部门、网络游戏管理部门联合或分别针对比特币、游戏币等互联网货币实行了初级的管理措施，互联网货币发行人、第三方交易平台和使用者如果违反这些措施就会受到相应的行政处罚。另外需要注意的是，金融是管制相对严格的领域，传统的法律规章无明文规定不为过的理念在某些金融领域很难得到全部落实，金融行业管理部门、地方金融管理机构和其他互联网货币管理部门的部门规章或其他规范性文件可能就是该领域的主要管理规范，会成为互联网货币管理的重要执法依据，甚至直接决定某些互联网货币业务行为是否合法，某些互联网货币相关机构是否需要"停业整顿"、是否需要关闭网站等。

在此，还要特别注意国家有关部门对互联网货币的观点是否一致，这也关系到互联网货币的合法性及其适用问题。例如，我国文化、互联网和金融管理部门都不认可比特币等互联网货币的金融属性，更不认可其作为"货币"的法律地位，但税务机关还是明确把比特币收入作为财产性收入，要求对比特币转让所得按财产性所得进行纳税申报。

当然，对网络游戏等虚拟世界而言，互联网货币的重要性不亚于现实世界对人民币、美元等法定货币的依赖。而且随着我国社会经济的发展、人们生产生活水平的提高，对虚拟世界的精神文化消费要求越来越高，扶持发展网络游戏等精神文化消费也是大势所趋，互联网货币发展也是势在必行，国家和政府机构需要在社会经济发展、金融秩序稳定和网络游戏等虚拟世界文化消费之间寻找一个基本的平衡点，这是关乎互联网货币、互联网货币相关机构、互联网货币业务规则"合法"与否的基本考量因素，符合这些的基本因素自然更容易"合法"，否则即使没有禁止性的法律规定，也可能会面临被强制禁止的处罚。

6.2.2 互联网货币的"安全"风险

互联网安全一直是网络用户驱之不去的梦魇，连美国白宫、五角大楼等网站都曾经被黑客攻击，发行互联网货币的商业网站更不可能坚不可摧，即使安全度极高的比特币也无法做到百分之百安全，可以说安全问题是互联网货币永恒的课题。

互联网货币的安全风险涵盖互联网货币的发行、交易和使用全过程。互联网货币发行过程的安全风险主要表现为因为安全问题造成发生的互联网货币数量远远超过互联网货币发行人计划发生的数量，甚至超过发行人商业信用的担保能力，损害互联网货币的价值。互联网货币交易过程的风险主要表现为交易各方的财产信息或商业秘密被公开或被不法窃取，交易记录或交易操作发生人为错误或机器故障，造成互联网货币财产损失或交易纠纷。互联网货币使用过程的风险主要表现为交易平台被非法操控或被钓鱼网站冒用，交易记录或交易操作错误，导致互联网货币被盗窃或发生交易支付错误。

互联网货币的安全隐患主要来自三个方面：外部攻击、系统故障以及内部人员过错或破坏。外部攻击是互联网货币系统最常见的安全风险，黑客通过攻击互联网货币计算机、互联网站点可以直接盗取互联网货币，或者恶意破坏互联网货币系统。2011 年 6 月 19 日，当时世界最大的比特币交易商 Mt.Gox 因为安全漏洞导致比特币价格一度从 1 比特币兑 15 美元跌至 1 美分。2014 年 2 月，该网站由于遭到黑客入侵、比特币信息被窃取而破产倒闭。另一类常见的外部攻击是游戏"外挂"，主要通过不正当地使用游戏"外挂"程序，非正常地加速挣取"游戏币"，直接影响实际发行的互联网货币数量。互联网货币所依存的网络空间是由众多服务器、计算机和其他网络节点构成的相互联系的系统，这个系统由于众多的程序支持运行，一个关键节点或程序发生问题就可能导致整个系统故障，威胁到互联网货币的安全使用，甚至会引发整个互联网货币系统的瘫痪。互联网货币虽然是不被大多数国家认可的法定货币，但它代表一定的财富已是共识，有些互联网货币的价值已远远高于普通货币，1比特币曾经高达1 200美元，目前，基本稳定在300多美元的水平。这些互联网货币财富对人们有极大的吸引力，在规范化管理水平和内部管理制度、安全保障机制还不够健全的互联网货币系统，人性的弱点在高额的互联网货币财富面前很容易被击破，有些人还会铤而走险利用工具直接盗取互联网货币或通过转账合谋盗取互联网货币。

6.2.3 互联网货币的"假币"风险

世界各国的货币，不论是金属货币还是纸币，都潜在着被假冒、伪造的风险，现实中伪造、变造人民币案屡屡发生，用点钞纸、白纸甚至砖头假冒真钞的事也曾有发生。有形的货币可以被假冒、伪造，无形的互联网货币由于其开源性、隐匿性同样有可能被假冒、伪造，所以"保真性"风险也是互联网货币不可忽视的现实风险。

互联网货币的保真性风险主要有三类：一是互联网货币发行人欺诈发行造成的风险。除了比特币等采用特定技术开发的互联网货币有总量限制外，游戏币等大多数互联网货币并没有总量限制，这类互联网货币发行人有欺诈发行的动机，即实际发行远远超过其公布的互联网货币发行数量，人为制造"通货膨胀"，获得类似"铸币税"的不法收益。二是互联网货币交易平台的真真假假式的互联网货币假冒行为。其主要是通过其掌握的交易渠道在互联网货币交易中截留使用人的互联网货币，用平台伪造的互联网货币冒充真币进行交易，这直接损害互联网货币发行人和使用人的财产权益，并导致市场上互联网货币总量增加，损害被伪造互联网货币的信誉。如前述2014年破产倒闭的比特币交易商Mt.Gox造成比特币投资损失达3.87亿美元，该交易商在随后的一年内被证明利用比特币交易系统输入伪造数据，制作假账，从中获利100万美元。三是互联网货币被假冒风险是互联网货币使用者使用伪造的假冒互联网货币。这类风险的风险点比较多，但发生概率小，危害系数较低。在主观上分故意和过程两类，故意假冒互联网货币者需要高水平的计算机和互联网技术，甚至需要达成黑客级水平才有可能成功；过失假冒者通常是前述互联网货币交易平台伪造的受害者，无意中使用了伪造出来的互联网货币，主观恶性较小，危害相对较小。

6.2.4 互联网货币的"失密"风险

严格的保密制度是银行等金融机构的立行之本，我国一直有"财不外露"的传统文化，对金融机构的保密要求更高。《商业银行法》第二十九条规定"对个人储蓄存款，商业银行有权拒绝任何单位或者个人查询、冻结、扣划，但法律另有规定的除外"。第三十条规定"对单位存款，商业银行有权拒绝任何单位或者个人查询，但法律、行政法规另有规定的除外；有权拒绝任何单位或者个人冻结、扣划，但法律另有规定的除外"。

互联网货币因其无形的优势具有更好的保密性能，但同时互联网的开放性也给互联网货币发行单位、交易平台和互联网货币使用者带来了前述欺诈、伪造风险和由此而单独或伴随产生的失密风险。这方面的风险包括批量失密风险和个别失密风险：前者是指互联网货币发行人或交易平台的保存、记录的互联网货币信息、互联网货币交易信息和互联网货币持有人或使用人信息被互联网黑客、相关机构的不法员工违法或过失泄露，造成大范围的互联网货币信息失密，形成较大规模的互联网货币安全隐患；后者是指互联网货币持有人或使用人的个人交易记录或个人信息被互联网黑客盗窃或被相关机构员工过失泄露，对个人互联网货币安全形成直接威胁。

6.2.5 互联网货币的"主体"风险

商事主体作为企业法人都有正常的生命周期，也都可能存在解散、破产、并购重组等法律风险，这些都会给互联网货币系统和互联网货币业务带来重大风险。

解散是指互联网货币发行人或互联网货币交易平台因为完成公司章程或合伙协议规定的任务，或者达到公司章程或合伙协议规定的经营时间，不想、不能继续经营时依法清算债权债务，分配剩余财产后注销登记的行为。企业解散虽然已经依法清算了债权债务，但互联网货币所代表的债权高度分散，且相当部分是匿名状态，加上游戏币等互联网货币价值都比较小，无法直接通知到企业所发行的互联网货币的全部所有人，通过公告程序进行通知也难以保证所有相关的互联网货币所有人都知悉互联网货币发行人解散事宜并参加债权申报，其结果就是部分互联网货币所有人在发行人依法解散后无法继续使用互联网货币，面临币值清零的风险。

破产是指互联网货币发行人或互联网货币交易平台因为资不抵债而自主启动或被债权人提请启动的结束经营活动，依法清算债权债务，分配剩余财产后注销登记的行为。与企业解散程序相类似，互联网货币发行人或者互联网货币交易平台破产时需要通过全部互联网货币持有人，但同样难以全部通知到，这部分未通知到的互联网货币持有人在破产程序终结后也要面临币值归零的风险。另外，由于破产互联网货币发行人已经资不抵债，即使能够参加破产程序的互联网货币持有人，也会在破产重整程序或破产财产分配程序中接受按比例的破产财产分配，有时甚至是无法覆盖参加破产会议的差旅费等成本，所以在互联网货币发行人破产时，互联网货币持有人通常也会面临直接的货币贬值风险。

并购重组是指互联网货币发行人或互联网货币交易平台因经营需要，通过并购程序与其他企业实行重组，包括主动并购其他企业和被其他企业并购两种形式，每种形式又可分为合并式并购重组和吸收式并购重组。并购通常会产生"1+1>2"的效果，这对互联网货币持有人也会产生正向效应，但在互联网货币发行企业被吸收合并时，也可能存在经营战略上变动，导致互联网货币业务或互联网货币相关的业务不再是新公司的主要业务，从而影响互联网货币的价值。

6.2.6 互联网货币的"贬值"风险

互联网货币以发行企业的商业信用为基础，且基本被各国货币当局定性为特殊商品，并要求不得与法定货币挂钩，通常也不能与法定货币双向兑换。这种单向流动的制度安排，加上缺乏经法定货币锚的稳定作用，很容易产生市场操作，导致互联网货币价格过度波动，"贬值"成为互联网货币的重要风险之一。比如《EQ2》游戏币曾在一天内突发超过20%的通货膨胀率，这在现实世界中难以想象。

发行互联网货币的网络运营商由于受到的管制较少，也不受国家货币政策调控，可以不受限制地发行互联网货币。同时，由于互联网货币的发行成本极低，发行数量也不会对互联网货币发行人产生什么负面影响，所以大多数互联网货币发行人都有超量发行互联网货币的动机。互联网货币通常比实体货币的需求量更大，而且一些互联网货币发行人或交易平台为了吸引消费和使用互联网货币，会通过活动赠送、抽奖等手段加大互联网货币的发行量，这可能会导致互联网货币贬值，甚至诱发通货膨胀。如某宝网站就经常通过活动赠送某宝币，导致该互联网货币的价格中枢不断下移，直接损害了购买某宝币的消费者的财产权益。

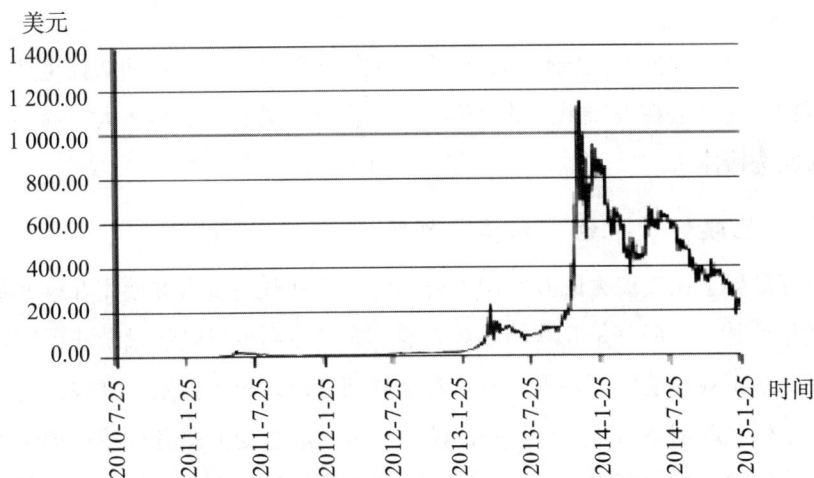

资料来源：徐丽丽，《浅析虚拟货币的职能与风险——以比特币为例》，载《技术经济与管理研究》，2016（1）。

图6-1 2010年7月~2015年1月比特币闭市价格

另外，由于互联网货币还处于发展初期，也没有得到普遍的价值认同，即使是部分可以与法定货币兑换的互联网货币，其价格（汇率）也多呈剧烈波动态势，持有互联网货币的贬值风险极大。仍以比特币为例，2009年比特币诞生之初，其价格低到1比特币3美分左右。2013年2月19日，比特币与美元的"汇率"还只是23美元，而到了4月10日已经疯涨到260美元，第二天又暴跌至140美元。

6.2.7 互联网货币的"洗钱"风险

互联网货币是商品，但这种特殊商品在一定区域和范围内可以替代货币执行价值尺度、流通手段和支付手段职能，同时与金融机构和货币相伴而生的洗钱风险也存在于互联网货币系统之中。而且由于互联网货币存在交易的无形性与匿名性、使用范围的广泛性、注资方式的多样性、获取现金的可能性、服务的分割性、交易的快捷性与不可撤销性、识别利用虚拟货币洗钱的难度大、交易模式的复杂性等特点，其洗钱风险相对较高。

我国互联网货币的洗钱风险也有自己的特点，这主要是因为我国互联网货币在性质上还是特殊商品。中国人民银行作为反洗钱主管机关，主要从防范金融风险的视角对比特币所代表的新型互联网进行管理，对其洗钱风险还没有纳入统一的反洗钱体系，也没有建立针对新型互联网货币的反洗钱机制。对于游戏币等传统的互联网货币，在只允许单向流动的管理模式下通常不可能发生洗钱的风险。实际情况是，由于部分互联网货币市场份额不断扩大，交易平台不断增加，其可接受程度已经超出互联网货币发行人所提供的商品和服务，而被其他商家所接受。互联网货币不仅可以部分地替代货币，而且还可以部分或局部地实现与人民币的双向兑换，为洗钱犯罪提供了基础环境和条件。

另外，我国目前的反洗钱机制还处于建设发展阶段，其监管和防控重点是金融机构与支付机构，对有潜在洗钱风险的典当行、拍卖行、贵金属交易、大宗商品交易还没有系统纳入反洗钱体系。

6.2.8 互联网货币的"知情"风险

我国有世界上比较庞大的互联网人群，但了解互联网货币并使用互联网货币的却只有少数，并且其中大部分是互联网游戏人群，而且他们也只是通过游戏币这样的互联网货币进行网络游戏和消费，并不完全了解互联网货币系统的性质。互联网货币是一种特殊商品，使用互联网货币是一种特殊的消费行为，应当受消费者权益保护法等相关法律的规范。从知情权的角度看，互联网货币发行人和交易平台应当保证互联网货币使用者的知情权，使其掌握互联网货币的基本知识，了解互联网货币使用的基本程序和操作要点，如果互联网货币发行人和交易平台未尽到必要的提示义务，则要承担消费者权益保护法上的违法义务，严重的甚至可能构成欺诈。

目前，社会大众的金融意识和金融理念还比较淡薄，金融投资水平相对较低，像股民把期权凭证当做股票购买这样的金融投资事件也屡见不鲜。互联网货币虽然是特殊的商品，不具有与货币相同的法律地位，但由于约定俗成的原因，比特币、Q币等互联网货币名称已经与美元、欧元和人民币一样成为名义上的"货币"，这容易使一些公众把互联网货币当成人民币，将一些非金融的互联网货币交易行为当做金融投资，包括接受互联网货币定价、交易等，可能会产生不必要的损失，与互联网货币发行人或交易平台产生纠纷。

6.3 互联网货币的风险防范

风险需要防范，而且最好是防患于未然。本节在分析互联网法律风险的内涵和特点的基础上，从政府、社会、企业和消费者四个层面分别提出了互联网货币的风险防范措施。

互联网货币风险不只是发行人、交易平台和使用人的事情，还涉及其他组织和个人，可以说关系到社会经济的多个层次、多个方面，需要本着制度先行、预防为主，加强管理、惩前毖后的原则全面做好互联网货币的风险防范工作。

6.3.1 政府层面：完善制度，加强监管

互联网货币系统是社会经济系统重要的新生力量，既蕴含着巨大的发展潜力，也潜伏着不可忽视的风险。需要首先在政府层面加强政策法规建设，构建系统的互联网货币管理制度，并全方位加强系统监管，包括但不限于主体监管和业务监管。

（一）建立健全互联网货币管理政策法律体系

国家对互联网货币的管理主要集中在游戏币等传统互联网货币方面，主要是文化部、工信部等相关部委的规范性文件。文件效力层次低，管理手段和措施也是探讨性的，对代表互联网货币发展方向的比特币等新型互联网货币目前还是以禁止为主的管理思路，无法适应互联网经济和互联网货币系统的发展要求。借鉴美国、欧盟等国家和组织对互联网货币的管理方法，我们应尽快建立健全互联网货币管理的政策法律体系：一是将互联网货币系统发展纳入国民经济和社会发展总体规划，考虑由人民银行、国家金融监管部门、互联网管理部门和文化部门共同研究制定互联网货币系统发展的框架性政策，将其作为我国互联网货币系统发展的指导性、纲领性文件；二是在修改《中国人民银行法》《商业银行法》《反洗钱法》《消费者权益保护法》和《人民币管理条例》等相关法律法规时，根据发展需要，适时增加有关互联网货币的条款，使其发展有法可依；三是由中国人民银行、国家金融监管部门、互联网管理部门和文化部门依职权联合或单独制定有关互联网货币发行与交易的管理和操作规范，使互联网货币发展有规可依、有章可循。

（二）加强对互联网货币"发行人"的发行监管

互联网货币的数量由发行人控制，互联网货币的信用由发行人决定，互联网货币的交易由发行人操盘，管好发行人是做好互联网货币管理的重中之重。我国有关部门也已

高度重视游戏币等传统互联网货币的发行人管理工作，采取了包括严格互联网货币发行人资格管理，严格控制互联网货币发行总量等比较切实有效的措施，但实际效果还差强人意。建议进一步采取综合性的互联网货币发行管理措施，针对互联网货币发行人资质问题，探讨实行资质审批或备案制度，在注册资本认缴制下既要了解其注册资本额，还要确认其实缴资本情况，同时要结合其经营情况进行信用评级和不良经营信息登记制度，对信用等级高、无不良记录的发行人可以优先安排发行互联网货币或适当调高互联网货币的发行总额等。

（三）以交易平台登记注册为基础加强互联网货币交易监管

我国目前对游戏币等传统互联网货币实行发行和交易由不同的主体分别经营的分段经营管理模式，对比特币等非我国企业发行的新型互联网货币也注意在交易阶段加强管理。这种管理模式的选择主要基于当前互联网货币的风险点集中在发行和集中交易环节，但由于目前对交易平台的管理是粗放式管理，取得资质的交易平台与没有资质但从事互联网货币交易的平台相比优势没有得到凸显，反而因为受到监管而限制了业务创新。

针对这种情况，建议采取分两步走的措施加强互联网交易监管：第一步是对所有的互联网货币交易平台实行注册制，未经注册的互联网货币交易平台不得从事互联网货币交易服务，否则应给予关闭网站、罚款等行政处罚，相关人员实行一定期限的互联网货币行业禁入规定。第二步是考虑由中国人民银行牵头，建立统一的互联网货币交易平台，将所有种类的互联网货币统一于该平台按市场原则进行交易；或者建立一个由人民银行主导的互联网交易平台集中监控系统，所有的互联网货币交易平台均与该集中监管系统实时连接，由专门人员或程序对各交易平台的互联网货币交易实时监管，发现问题后监管部门可以第一时间进行处理。

（四）建立健全互联网货币发展综合协调机制

互联网金融是现代金融的重要组成部分和发展方向，互联网货币是互联网金融的重要组成部分，特别是新型互联网货币已经表现出了旺盛的生命力，其对社会经济和金融的影响也开始显现。同时，互联网货币系统也潜伏着多种风险，加强风险监管和优势引导是政府机关与金融管理部门的重要职责。在加强互联网货币发行人监管和互联网货币交易平台监管的同时，还要注意防止相关部门各自为政和重复监管的问题。为此，要考虑建立健全互联网货币发展综合协调机制，或者构建一个由中国人民银行牵头，金融监管部门、互联网管理部门、文化管理部门和公安部门共同参与的互联网货币发展联席会议，将联席会议办公室设在中国人民银行，协调处理互联网货币发展中的重大问题，而不仅仅是监管问题。也可以考虑在国务院层面设立一个互联网货币发展领导小组，将领导小组办公室设在中国人民银行，上述联席会议各成员单位的主要负责人是领导小组成员，协调解决我国互联网货币发展中的重大问题。

（五）继续禁止互联网货币与法定货币的双向兑换

在当前互联网金融风险频发、互联网货币创新不断突破监管框架的形势下，我国在探索完善对互联网货币系统的监管措施、加大监管力度的同时，还要继续禁止互联网货币与法定货币的双向兑换。既禁止互联网货币与人民币的双向兑换，也禁止互联网货币与美元等外币的双向兑换；既禁止金融机构和支付机构参与互联网货币与法定货币的双向兑换，也禁止互联网货币发行人和交易平台参与互联网货币与法定货币的双向兑换；既禁止其他非金融机构参与互联网货币与法定货币的双向兑换，也禁止地下钱庄参与互联网货币与法定货币的双向兑换。通过全方位禁止互联网货币与人民币的双向兑换，互联网货币可坚持其作为一种特殊商品的商品属性，而不会成为可反向兑换法定货币的实际货币，从而将互联网货币的风险主要控制在发行人和交易平台方面，控制在互联网货币发行人限定的区域和范围，而不是由其他人甚至是由全社会来承担违规带来的互联网货币风险。

（六）加强互联网货币洗钱风险防控

在现行的反洗钱框架机制下，不法分子也会不断创新洗钱手段，国内外已发生的相关案例说明互联网货币系统很容易成为洗钱的主要渠道。为此，我们应在构建互联网货币监管框架体系的同时，考虑进行互联网货币洗钱风险防控：一是明确互联网货币交易平台的反洗钱报告义务，如有必要也应规定互联网货币发行人的反洗钱报告义务。二是将互联网货币交易平台和互联网货币发行人接入国家反洗钱监管部门的反洗钱信息系统，实现反洗钱报告义务人主动报告与反洗钱信息系统自动监控相互配合，及时发现可疑的洗钱线索。三是建立互联网货币系统交易信息定期保存制度，规定一个相对较长的保存时间，以便监管部门和反洗钱部门对互联网货币交易信息进行核查。

（七）健全互联网货币违法行为投诉举报渠道

互联网货币的发行和交易主要集中在互联网上，其交易频次高、单次交易金额少、全天候交易且交易时段主要集中在休息时间，仅靠监管机构难以实现对互联网货币违法行为的全面、有效监管，在监管体系中设计适当的投诉举报机制就显得非常重要。其中最重要的是健全互联网货币违法行为的投诉举报渠道：一是鼓励全社会人员都参与监管互联网货币违法行为，不仅要支持互联网货币违法行为受害者进行投诉举报，还要支持有正义感的其他知情人员对互联网货币违法行为进行投诉举报。二是拓宽互联网货币违法行为的举报渠道，包括但不限于网络举报、电话举报、信访举报等，并对实名举报采取特别的鼓励措施。

6.3.2 社会层面：多措并举，盯防结合

互联网货币风险问题不仅涉及发行人、交易平台、使用人员，还涉及金融机构、支付机构、其他相关企业和人员，它是一个系统的社会性问题。社会性问题的解决需要在

社会层面采取多种应对措施，盯防结合才能将风险防在前头、控在小处。

（一）在全社会开展互联网货币风险提示活动

社会公众对风险的认识是一个过程，其间离不开风险提示和普通教育。众所周知的股票投资就是个很好的例证，曾几何时，股民炒股赚了是自己的，赔了就去找政府，政府为了维护社会稳定只好安排证券公司偿还股民损失，政府再给证券公司买单。20 世纪末 21 世纪初这个局面才开始改变，目前，股票投资风险自负已为每个股民所接受，但这种风险自负的理念在互联网金融领域还没有得到体现，近两年发生的互联网金融公司老板卷钱跑路事件背后几乎都有一个投资人到政府部门讨债的公共事件。为此，建议借鉴资本市场风险揭示的经验，协调各种资源，采取综合措施，做好互联网货币风险提示工作，比如通过广播、电视、报纸等传统新闻媒体和互联网站宣传互联网货币系统的风险问题，引导社会公众了解互联网货币风险以及必要的风险防范措施。另外，可以探讨在互联网货币发行人、交易平台和使用者的行政审批或备案环节进行风险提示，将风险理念贯彻到整个互联网货币系统。

（二）全方位加强互联网货币违法行为的社会监督

通常有两类人最关注，也最愿意去监督各类违法行为：一类是违法行为的直接受害者；另一类是将来可能受到这些违法行为侵害的人。这同样适用于互联网货币违法行为，因此要加强对互联网货币违法行为的社会监督，就需要重点调动这两类人的积极性：一是拓宽渠道、完善手段，让互联网货币违法行为的受害人可以方便、及时地进行投诉、举报，或者申请调解，提起仲裁、诉讼等手段维护自己的合法权益。二是创造条件让知悉或了解互联网货币违法行为的人可以方便地举报或公布这些违法行为，加大违法者的违法成本，使他们不敢违法、不能违法、不愿违法。

（三）探索建立互联网货币违法行为举报奖励制度

由于互联网货币违法行为危害大、涉及面广，可以借鉴食品违法行为举报制度，建立健全相应的互联网货币违法行为举报奖励制度：一是建立互联网货币违法行为社会举报奖励制度，对查证属实的互联网货币违法行为给予一定的现金奖励。二是建立互联网货币发行人或交易平台工作人员对互联网货币违法行为的举报奖励制度，给予比社会举报更高的奖励，并采取有效措施保护举报人员不受打击报复。三是借鉴对公安机关的反假币奖励制度，探讨对某些类型的互联网货币违法案件进行适度奖励，激励公安人员积极打击互联网货币违法犯罪行为。

6.3.3　企业层面：遵规守矩，规范运营

互联网货币系统风险隐患大、风险点多，除了政府和社会层面要积极防控外，企业的责任更加重要。互联网货币系统是社会不稳定的一个风险源，通常会产生连锁反应，其风险一般要由国家和社会来承担。互联网货币发行人和交易平台大股东有的拿钱跑路，

有的已挥霍一空。从风险收益的角度看，应当从法律和制度层面上明确互联网货币发行人和交易平台等相关企业的第一责任，要求他们遵规守矩、规范经营，否则要追究企业和相关人员的法律责任。

（1）定规立矩，明确互联网货币风险的岗位责任。有责任才有压力，有规矩才知进退。以曾经屡禁不止的单位财务违法行为为例，过去只追究财务部门人员的责任，单位主要负责人为了自己方便或私利通常会要求财务部门提供不合法的方便，后来法律明确规定由单位主要负责人是财务违规的第一责任人，财务违法行自然也就令行禁止了。对于互联网货币系统的风险防控，也要明确企业明确责任，建立相关的风险防控责任制度：一是明确互联网货币发行人和交易平台的责任，发生违法行为要追究其法律责任；二是明确互联网货币系统相关企业或组织主要负责人的领导责任，包括法律责任和纪律责任；三是明确互联网货币系统相关企业或组织的直接责任，包括但不限于部门责任、岗位责任，做到责任到岗、责任到人。

（2）分层设防，明确互联网货币风险界线。没有信号灯和交通标线，道路交通就会混乱无序；没有明确的风险防控界线，互联网货币风险也就容易发生、放大。从企业管理的角度看，互联网货币发行人和交易平台等相关企业要根据所从事的互联网货币业务特点和经营情况，研究风险点、风险承受能力和法律法规的禁止性规范，进而设定基于风险防控的业务经营规则：对符合政策法规、企业发展规划的相关业务，可以设为绿色区域大力发展；对法律法规没有明确规定，符合企业发展规划的创新业务，可以设定为黄色区域谨慎发展；对法律法规明文禁止的业务，即使其存在着巨大的利润空间，也不能进入，已经进入的应立即停止相关业务，妥善解决好遗留问题后彻底退出。

（3）调动资源，平衡互联网货币系统的风险防控与盈利关系。对任何企业来说，防范风险就是创造利润，也可以说防范风险是企业生存的基础，创造利润是企业发展的条件。从这个角度看，风险防控的重要性丝毫不低于创造利润，对互联网货币发行人和交易平台来说，前者更为重要。基于此，互联网货币发行、交易平台和相关企业要注意平衡风险防控与经营利润之间的关系，在追求利润和投资回报的过程中，注意调动各方面资源服务于风险防控这一重要目标，如引进专门的风险防控管理人才和技术人才，加强风险防控制度管理和技术系统开发等。

6.3.4 消费者层面：安全第一，知防结合

现代市场经济条件下，绝大多数商品和服务都是买方市场，消费者拥有较大的话语权，但对互联网货币这个特殊的商品而言，消费者的话语权相对较小。一方面，金融投资真正开始走进社会大众的生活差不多是 20 世纪 80~90 年代，那时消费者的金融消费知识还很贫乏，互联网货币作为新兴的金融业务，普通消费者对其更是知之甚少；另一方面，金融是资金密集型行业，互联网货币业务更是借助计算机和互联网的便利把五湖四

海的人的资金整合到一个系统里来，这些资金通常都是小额资金，遇到风险，甚至形成损失消费者大多不会维权或不愿维权。为此，需要在消费者层面加强互联网货币风险防范，做到安全第一、知防结合。

（1）加强互联网货币知识教育，指导消费者接受互联网货币商品的风险收益安排。针对消费者对金融知识，特别是对互联网货币知识知之甚少的现状，应明确互联网货币系统风险教育是金融消费者权益保护的重要内容，指定相关部门具体负责并做好宣传工作，特别是要通过新闻媒体的公益广告等途径加大互联网货币投资和风险防范相关知识的宣传力度，使消费者知悉互联网货币产品，了解其风险所在。同时，在明确互联网货币发行人和交易平台企业及相关企业是第一风险责任人的基础上，要求其按照消费者权益保护法的要求，充分保障消费者的知情权，确保消费者是自愿、公平地接受互联网货币商品和相关服务的风险收益安排。

（2）健全社会监督方式，方便消费者依法维权。互联网货币商品和相关服务的购买者是互联网货币系统风险和损失的直接承受者，它们通常最有动力通过上访、举报和采取司法手段维权。为此，应采取多种措施建立和健全互联网货币系统风险的消费监督方式与维权途径，使消费者敢维权、能维权、会维权、多维权。

6.4 案例分析

本节从刑法、民商法和行政法的角度介绍了互联网货币的相关案例，读者既可以直观地了解互联网货币可能带来的风险种类，又可以对互联网货币的风险防范措施有更加深刻的认识。

6.4.1 "Q"币盗窃案 [①]

（一）案情简介

2006年3月23日，某市电信公司的工作人员发现电信充值业务量突然大幅度提高。第二天例行统计的结果更让他们吃惊，电信充值业务量高达16万元，正常情况下的业务量是5 000~10 000元。这种异常情况引起了公司的高度重视，他们连夜召开会议，组织查看监控，进行比对分析，发现突然增加的电信充值业务中有15.34万元属于Q币充值业务，而且那些充值的号码大部分并不存在，根本没有具体的户名，显然有一只"黑手"躲在暗处操控着这项充值业务。电信公司随即启动应急预案，马上停止了电信充值业务，并向公安机关紧急报案。

公安机关介入侦查后，发现通过电信查找一个"虚拟"的盗用号码基本不可能，办案民警只能根据那些Q币的流向在网上进行摸排调查。警方首先查到了两个在"淘宝

---

① 根据《法律与生活》杂志2007年5月上半月刊封面文章"'Q币大盗'的命运——首例虚拟财产盗窃案记录"（特约记者余东明）改写。

网"上以3.5折的价格大量兜售Q币的商家，并顺藤摸瓜初步掌握了四川瑞华信息技术有限公司进行盗打电话充值Q币的犯罪事实，在四川将两名犯罪嫌疑人胥某和陈某成功抓获。

胥某为四川瑞华信息技术有限公司负责人，陈某为该信息公司技术员工。2005年11月的一天，陈某在向胥某借钱时，提起自己有一个朋友在北京参加一个SP（服务提供商）会议后，了解到一个技术手段，可以利用VOIP，通过虚设本机号码盗打电信的充值平台电话进行Q币充值。

胥某的信息公司本身就有提供VOIP业务，认为这是一个很好的发财机会，决定使用其公司的便利条件进行该项技术的"实践"，并安排陈某全面负责该项技术的具体操作。经过一段时间的摸索和测试，胥某与陈某成功解决了技术难题，并选定"蒂景花园"作为办公地点，安排所有的设备和人员全部集中到此地。

在选择充值业务时，胥某与陈某除了Q币充值外，还测试过163网易一卡通、联众数码、新浪等充值业务，但他们发现这些操作在技术上相当烦琐，于是他们把更多的精力和人员放到了充值Q币业务上。根据两人的"分工"，胥某负责提供设备和资金，并上网收集需要往里面充值的QQ号码和寻找买家，陈某则全面负责技术维护，解决技术难题。

据胥某和陈某交代，当时他们招了一大批员工，让这些人通过虚设号码盗打电信充值电话，将Q币充入特定的QQ号，每个号码充60个Q币。获得Q币后，他们便在网上以3折的价格出售给下家，下家获得充值的QQ号后就在"淘宝商店"上卖给网民。至案发，胥某和陈某交代他们获得的实际收益已经超过70万元，使用充值的QQ号有上万个，盗打充值电信资费在200万元以上。警方已经查实的用于充值贩卖的QQ号有6 000多个，盗打的充值电话有丽水电信的15×××80、上海电信的17×××00，初步认定其盗打的电信资费为85万元，获得的实际收益金额在26万元左右。

这是全国首例通过虚设号码盗打充值电话的网络智能犯罪，同时"Q币"又属于虚拟财产，法律对有关针对虚拟财产的犯罪行为还没有具体规定，在否定了"破坏计算机信息系统罪"、诈骗罪等罪名后，警方以盗窃罪移交检察机关审查起诉，检察机关也以盗窃罪提起公诉。2007年3月27日，丽水市中级人民法院作出一审判决，公司负责人胥某因盗窃罪被判有期徒刑13年，员工陈某以犯有同样的罪行被判有期徒刑10年。

（二）案理简析

这个案件是首例见诸媒体的虚拟财产盗窃案，司法机关以盗窃罪对胥某和陈某定罪重罚具有标杆意义。

首先，这个案件可能涉及破坏计算机信息系统罪、诈骗罪和盗窃罪三个罪名。本案罪犯的目的是窃取Q币，并通过售卖Q币获利，所以破坏计算机信息系统的行为，盗打电话的行为都是犯罪手段，相关证据形成的证据链也能证明胥某他们"将实际产生的话费转嫁到被盗打地区的固定电话上，主观上具有非法占有目的，客观上侵犯了公私财产的所有权，此案具备盗窃罪的构成要件。"

其次，在这个案件以前，盗打声讯台、盗打居民电话的案件也多有发生，构成刑事案件的多以破坏计算机信息系统罪定罪处罚，后果严重的处五年以下有期徒刑或者拘役，量刑相对较轻。本案犯罪分子盗打电话的目的是获得 Q 币，Q 币虽然是虚拟财产，但可以私下转让获利，这也是犯罪分子的目的所在，按盗窃定罪处罚可以说是罪刑相当，重要的是开了盗窃虚拟财产同样构成盗窃罪犯的先河，落实了保护虚拟财产的司法理念。

最后，该案也提醒互联网货币系统相关单位和人员注意保护互联网货币等虚拟财产，如果因为管理不当造成虚拟财产损失的，要承担相应的法律责任。后来的《刑法修正案九》对此作了进一步规定"明知他人利用信息网络实施犯罪，为其犯罪提供互联网接入、服务器托管、网络存储、通信传输等技术支持，或者提供广告推广、支付结算等帮助，情节严重的，处三年以下有期徒刑或者拘役，并处或者单处罚金。"

6.4.2 涉及游戏银子的民间借贷纠纷案 [①]

（一）案情简介

2008 年 11 月 10 日，黄孙谷、金爱芬（系母子关系）以资金周转为由，要求向林勇借款 3 万元，并与林勇签订保证借款协议书一份，约定借款金额 3 万元，期限为 2008 年 11 月 10 日至 2009 年 1 月 9 日，未约定利息，但逾期违约金按借款额每天 5% 计算。金爱芬提供其所有的集体土地使用权证为上述借款抵押担保，并由诸伟凯、冯赵晓（两人均系黄孙谷的朋友）作为该笔借款的担保人。签订协议当天，陈茜（系林勇表弟）代林勇向黄孙谷支付借款 21 200 元。另据林勇称，借款协议签署后次日，他就按黄孙谷的指示向游戏银子（虚拟货币）出售商转账 8 800 元，合计已按借款协议约定支付黄孙谷 3 万元。

借款到期后，黄孙谷、金爱芬均未按约还款，林勇经多次催讨未果，遂起诉请求法院判令其偿还借款 3 万元及利息损失 1 335.6 元（从 2009 年 1 月 10 日起按每日0.21‰计算至2009年8月10日止）。

法院审理过程中，被告黄孙谷到庭参加诉讼，被告金爱芬第一次开庭到庭参加诉讼，第二次经法院合法传唤无正当理由拒不到庭参加诉讼。原告林勇申请证人陈茜、诸伟凯、冯赵晓出庭作证，以证明原告经陈茜向被告支付 3 万元的过程。证人陈茜的证言内容为：2008 年 11 月 10 日，因被告黄孙谷向原告林勇借钱，原告林勇委托陈茜向被告黄孙谷支付现金 21 200 元；次日，又按被告黄孙谷指示，向游戏银子（虚拟货币）出售商转账 8 800 元，合计支付被告黄孙谷 3 万元。证人诸伟凯、冯赵晓的证言内容为：原、被告在

---

① 摘引自北大法宝的"林勇诉黄孙谷等民间借贷纠纷案"。

签订协议当天由陈茜向被告黄孙谷支付现金2万多元，并听说陈茜事后再按被告黄孙谷指示另外支付了8 800元。

被告黄孙谷在法定答辩期间没有提交答辩状，在庭审中口头答辩称：本案实际出借人不是原告林勇，而是原告的表弟陈茜；我要求借款3万元，但实际上只拿到6 000元。

法院经审理认为：两被告向原告借款事实清楚，原告已按约向被告提供部分借款，被告应按约偿还，逾期履行造成原告损失，应承担相应的赔偿责任。现被告黄孙谷辩称实际出借人系陈茜，由于陈茜是受原告林勇委托向被告支付款项，该行为并不影响林勇的债权人地位，故原告林勇的主体资格适合。原告诉称要求被告黄孙谷偿还借款3万元，因根据原告提供的证据只能证实被告黄孙谷实际上只收到21 200元，对于余款8 800元，由于被告黄孙谷不予承认，且原告又不能举证证明已经向被告支付，故本院不予支持。被告黄孙谷认为只收到现金6 000元，被告金爱芬认为借款情况不清楚，均没有其他证据印证，故本院不予采信。原告主张的利息损失应以借款21 200元为基数，从2009年1月10日起按每日0.21‰一计算至2009年8月10日止，利息损失为935元。据此，依照《中华人民共和国合同法》和《中华人民共和国民事诉讼法》规定，判决如下：

1. 被告黄孙谷、金爱芬应于本判决生效之日起10日内偿还原告林勇借款本金21 200元，并赔偿利息损失935元；

2. 驳回原告林勇的其他诉讼请求。

（二）案理简析

本案诉讼金额较小，案件事实比较简单，法官的判决合理合法，但原告林勇诉求的8 800元虚拟货币没有得到法院支持是需要我们重点关注的一个问题。我们知道，民事案件通行的原则是谁主张谁举证，该案原告仅有其表弟林茜出庭证明其根据林勇委托，次日又按被告黄孙谷指示，向游戏银子（虚拟货币）出售商转账8 800元，但没有相关的证据佐证，形成不完整的证据链，所以最终没有得到法院的支持。

如前所述，通过计算机系统和互联网络进行货币发行和交易的互联网货币的基本特征之一是其无形性，虽然任何事件都不可能不留下痕迹，但互联网货币的转移痕迹通常需要专业人士借助专业设备才能发现，而且有时还需要互联网货币发行和交易平台的专业协助，否则可能无法证明。另外，由于互联网货币系统没有任何有形的记录，如果互联网货币交易所依附的计算机或互联网站发生物理故障，就可能导致互相联网货币本身或互联网货币交易彻底消失，权利人会陷入举证无门的境地。为此，互联网货币系统权利人要增强权利意识，学会保存相关记录或其他证据。

6.4.3 比特币风险提示案

（一）案情简介

为保护社会公众的财产权益，保障人民币的法定货币地位，防范洗钱风险，维护金融稳定，中国人民银行、工业和信息化部、中国银行业监督管理委员会、中国证券监督管理委员会、中国保险监督管理委员会于2013年12月3日联合印发了《关于防范比特币风险的通知》（银发〔2013〕289号，以下简称《通知》）。

《通知》明确了比特币的性质，认为比特币不是由货币当局发行，不具有法偿性与强制性等货币属性，并不是真正意义的货币。从性质上看，比特币是一种特定的虚拟商品，不具有与货币等同的法律地位，不能且不应作为货币在市场上流通使用。但是，比特币交易作为一种互联网上的商品买卖行为，普通民众在自担风险的前提下拥有参与的自由。

《通知》要求，现阶段各金融机构和支付机构不得以比特币为产品或服务定价，不得买卖或作为中央对手买卖比特币，不得承保与比特币相关的保险业务或将比特币纳入保险责任范围，不得直接或间接为客户提供其他与比特币相关的服务，包括：为客户提供比特币登记、交易、清算、结算等服务；接受比特币或以比特币作为支付结算工具；开展比特币与人民币及外币的兑换服务；开展比特币的储存、托管、抵押等业务；发行与比特币相关的金融产品；将比特币作为信托、基金等投资的投资标的等。

《通知》规定，作为比特币主要交易平台的比特币互联网站，应当根据《中华人民共和国电信条例》和《互联网信息服务管理办法》的规定，依法在电信管理机构备案。同时，针对比特币具有较高的洗钱风险和被犯罪分子利用的风险，《通知》要求相关机构按照《中华人民共和国反洗钱法》的要求，切实履行客户身份识别、可疑交易报告等法定反洗钱义务，切实防范与比特币相关的洗钱风险。

为了避免因比特币等虚拟商品借"虚拟货币"之名过度炒作，损害公众利益和人民币的法定货币地位，《通知》要求金融机构、支付机构在日常工作中应当正确使用货币概念，注重加强对社会公众货币知识的教育，将正确认识货币、正确看待虚拟商品和虚拟货币、理性投资、合理控制投资风险、维护自身财产安全等观念纳入金融知识普及活动的内容，引导公众树立正确的货币观念和投资理念。

今后，中国人民银行将基于自身职责，继续密切关注比特币的动向和相关风险。

（二）案理简析

这不是我们通常理解的案例，但却是在我国互联网货币发展史上具有重要意义的一个规范性文件，之所以把它单独列示出来：一是为了强调其重要性，让互联网货币系统相关单位和人员认真学习文件条款规定，并深刻领会其中的精神。二是想让大家知道，金融行业是我国监管最为严格的行业之一，互联网货币系统绕不开严格的金融监管。

金融也是一个创新性极强的行业，差不多每一次经济危机背后都有金融危机或者都和金融危机融合在一起，每一次金融危机或者金融突发事件都会引起金融监管改革。在法治理念还有待加强的环境下，金融创新需要考虑可能面临的监管措施，因为有时候后来出台的监控措施也可能会溯及既往。

另外，互联网货币不仅是金融系统的自我创新，还涉及互联网和计算机技术的创新，以及文化发展和商业模式创新等问题，由此会与工业和信息化行业管理部门、文化管理部门、治安管理部门、工商管理部门等部门产生监管与指导关系，所以互联网货币系统相关单位和人员除了要关注中国人民银行、国家外汇管理部门和金融管理部门的相关政策法规，还要关注上述工业和信息化行业管理部门、文化管理部门等政府相关部门涉及互联网货币系统的相关政策文件，做好应知尽知，防患于未然。

【本章小结】

1. 互联网货币是一种新的货币形式，有着不同于信用纸币和基于银行体系的电子货币或数字货币的特有内涵。

2. 互联网货币作为特殊的商品，也有着不同于法定货币的特有法律关系，主要包括但不限于互联网货币与主权货币的法律关系，互联网货币与其发行人和使用者的法律关系，互联网货币间的法律关系，等等。

3. 互联网货币的风险种类很多，而且不同的国家和地区对互联网货币的管制规则和管理水平直接影响着互联网货币的风险程度。我国中央银行以及金融、文化和信息等管理部门对互联网货币的管理规则重点阐释我国互联网货币可能面临的八种政策和法律风险，即"非法"风险、"安全"风险、"假币"风险、"失密"风险、"主体"风险、"贬值"风险、"洗钱"风险和"知情"风险。

4. 防范互联网货币风险非常重要，其中又分为政府、社会、企业和消费者四个层面，并从法规制度、外部监督、内部管理等多个角度提出了行之有效的操作性互联网货币防范措施。

【复习思考题】

1. 简要说明互联网货币和电子货币的异同。

2. 你认为互联网货币会取代纸币吗？简单说明理由。

3. 我国互联网货币面临哪些法律风险？最主要的风险是哪类法律风险？

4. 你认为互联网货币发行人应如何防范互联网货币法律风险？

5. 金融管理部门在防范互联网货币法律风险时需要其他政府部门的哪些支持？

第7章 大数据金融的法律问题与风险防范

任务目标

1. 了解大数据金融的概念
2. 掌握大数据金融的法律关系
3. 掌握大数据金融的法律风险
4. 理解大数据金融的法律风险防范

7.1 大数据金融的法律关系

7.1.1 大数据和大数据金融的概念

（一）大数据的概念

根据国务院于 2015 年 8 月印发的《促进大数据发展行动纲要》，大数据是以容量大、类型多、存取速度快、应用价值高为主要特征的数据集合，正快速发展为对数量巨大、来源分散、格式多样的数据进行采集、存储和关联分析，从中发现新知识、创造新价值、提升新能力的新一代信息技术和服务业态。

国际数据公司定义了大数据的四大特征：海量的数据规模、快速的数据流转和动态的数据体系、多样的数据类型及巨大的数据价值。仅从海量的数据规模来看，全球 IP 流量达到 1EB 所需的时间，在 2001 年需要一年，在 2013 年仅需一天，到 2016 年则仅需半天。全球新产生的数据年增 40%，全球信息总量每两年就可翻番。

根据 2012 年互联网络数据中心发布的《数字宇宙 2020》报告，2011 年全球数据总量已达到 1.87ZB（1ZB=10 万亿亿字节），如果把这些数据刻成 DVD，排起来的长度相当于从地球到月亮之间一个来回的距离，并且数据以每两年翻一番的速度飞快增长。预计到 2020 年，全球数据总量将达到 35ZB ~ 40ZB，10 年间将增长 20 倍以上。

"大数据"的本质是基于互联网基础上的信息化应用，其真正的"魔力"在于信息化与工业化的融合，使工业制造的生产效率得到大规模提升。

在大数据时代，每个人都是数据的贡献者。我们的各种行为如点击网页、使用手机、刷卡消费、观看电视、坐地铁出行、驾驶汽车，都会生成数据并被记录下来，我们的性别、职业、喜好、消费能力等信息，都会被商家挖掘出来以分析商机。同样，在大数据时代，金融机构逐步实现数据集中化以及业务电子化、数据化，大数据技术在金融业中的应用进一步推动了金融服务模式的创新，产生了金融数据收集、存储、使用的相关工作和企业。当金融机构掌握的大数据信息具备信息技术服务之外的金融服务功能时，就产生了大数据金融。

（二）大数据金融的概念

金融业积累的大数据就是金融大数据。根据银行金融和证券金融本身的不同，这些数据也分成银行金融大数据和证券金融大数据。数据积累过程中产生了数据采集、存储、使用的相关工作和企业，这样就完成了金融大数据的产业链，但其总体依然是信息技术产业链。金融大数据的基础是个人金融信息。2011 年 1 月 21 日，中国人民银行在《关于银行业金融机构做好个人金融信息保护工作的通知》中对"个人金融信息"的界定如下，"本通知所称个人金融信息，是指银行业金融机构在开展业务时，或通过接入中国人民银行征信系统、支付系统以及其他系统获取、加工和保存的以下个人信息：（一）个人身份信息；（二）个人财产信息；（三）个人账户信息；（四）个人信用信息；（五）个人金融交易信息；（六）衍生信息；（七）在与个人建立业务关系过程中获取、保存的其他个人信息。"

随着信息技术的全面发展，金融大数据产业具备提供信息技术服务之外的金融服务能力时，就产生了大数据金融。大数据金融是脱颖于金融大数据的新服务，是技术服务催生出来的金融服务。

大数据金融是指集合海量非结构化数据，通过对其进行实时分析，可以为互联网金融机构提供客户全方位信息，通过分析和挖掘客户的交易与消费信息掌握客户的消费习惯，并准确预测客户行为，使金融机构和金融服务平台在营销与风控方面有的放矢的金融服务。

大数据金融模式广泛应用于电商平台，以对平台用户和供应商进行贷款融资，从中获得贷款利息以及流畅的供应链所带来的企业收益。随着大数据金融的完善，企业将更加注重用户个人的体验，进行个性化金融产品的设计。未来，大数据金融企业之间的竞争将存在于对数据的采集范围、数据真伪性的鉴别以及数据分析和个性化服务等方面。

基于大数据的金融服务主要是指拥有海量数据的电子商务企业开展的金融服务。大数据的关键是从大量数据中快速获取有用信息的能力，或者是从大数据资产中快速变现的能力，因此，大数据的信息处理往往以云计算为基础。

目前，大数据金融服务平台的运营模式可以分为以阿里小额信贷为代表的平台金融模式和以京东、苏宁为代表的供应链金融模式。平台金融模式依赖于自身交易平台众多商户经营活动中的大数据，平台方可以利用这些大数据进行数据挖掘，从而为平台上的商户提供快速信用评价、授信服务。供应链金融模式依托于某一个实力雄厚的核心企业，以自有资金或者联合金融机构对整个供应链条的参与者提供金融支持和服务，满足产业链的协调发展。传统的供应链金融只针对某个特定的产业链条，其运作相对简单；而大数据背景下的供应链金融涵盖面非常广泛，而且依赖于精确的"理性"数据。

7.1.2 大数据金融法律关系分析

在大数据时代，数据是可利用的无形资产，在数据库中占重要地位的个人信息也逐步发展成为重要的社会资源。在大数据金融中，信息的主体主要是金融客户等信息的所有者，信息的收集者则包括搜索引擎、电商网站、社交网站等互联网机构，从事互联网金融业务的互联网金融机构以及各级政府部门等信用服务机构，而信息的使用者主要是金融机构，包括互联网金融机构。上述三方主体之间基于对大数据信息的收集与使用建立了相应的金融服务关系。

（一）大数据金融信息收集时的法律关系分析

信息收集是指通过各种方式获取所需要的信息。信息收集是信息得以利用的第一步，也是关键的一步。在个人信息保护法领域，信息收集不仅仅限于通过媒介记录和手工操作记录进行，在现实生活中，特别是在大数据时代，大量的个人信息是以电脑、平台等自动化的方式实施收集的。当大数据金融信息收集者通过各种手段，包括合法的或者不合法的手段收集金融客户等主体的信息时，两个主体之间便形成了金融信息收集的法律关系。

（二）大数据金融信息使用时的法律关系分析

在大数据金融中，大数据金融信息的使用者主要是金融机构，信息被使用的主体主要是金融客户等信息的所有者。当大数据金融信息的使用者基于各种原因，为了达到各种目的而使用金融客户的信息时，两个主体之间便形成了大数据金融信息使用的法律关系。

7.2 大数据金融的法律风险

大数据金融服务平台，涉及数据的采集、处理以及应用。从数据的采集、处理以及应用中，在互联网相关企业，尤其是电商企业在为客户提供金融服务的过程中，积累了大量的客户个人信息，而其中所隐含的商业价值逐渐被人们发现和利用。

在大数据时代，数据作为可利用的无形资产，在数据库中占重要地位的个人信息也逐步发展成为重要的社会资源，个人信息的收集、处理与利用渗透在各个生活领域。但是，在我们享受深度挖掘个人信息带来的一系列生活便利的同时，也不得不面对滥用个人信息带来的严重社会后果，即个人信息被非法秘密收集、深度挖掘、二次利用，个人隐私被泄露、个人人格遭受侵害，威胁基本人权。因此，大数据金融模式的法律风险更加值得关注。

目前，大数据金融模式的法律风险主要来自于大数据金融信息的收集和使用两个方面。

7.2.1 大数据金融信息收集时的法律风险

随着移动互联网和云计算的快速发展，大数据时代下的大数据与云计算就像一枚硬币的正反面，相互共存，密不可分。计算机、智能手机、游戏主机、平板电脑等都有可能成为数据记录的端口。在日常生活中，用户上网的每一次点击都会在云端服务器上留下痕迹，注册社交账号输入的个人信息、发表转发微博或朋友圈的信息、网络购物的偏好及过往交易信息等，都会被互联网运营商或商业机构获取并加以利用。这些信息的收集也许是在用户本人知情并同意的情况下，但更多时候用户们对此一无所知甚至被强制收集信息。

大数据金融信息收集时的法律风险主要是收集大数据金融信息的搜索引擎、电商网站、社交网站等互联网机构，从事互联网金融业务的互联网金融机构以及各级政府部门等信用服务机构通过各种途径收集获取金融客户的信息时，所收集获取信息数据的方式方法的合法性以及这些信息数据是否侵犯了他人的知识产权、隐私权、信息权等权利的法律风险。

（一）大数据金融模式下网络平台信息收集的法律风险

在互联网时代，网络平台作为商业主体活动的场所和用户行为的主要发生地，无时无刻不在互联网上收集着用户的各类数据。目前，网络平台大致可以分为三类：搜索引擎、电商网站和社交网站。

搜索引擎是指根据一定的策略，运用特定的计算机程序从互联网上收集信息，在对信息进行组织和处理后为用户提供检索服务，将用户检索相关的信息展示给用户的系统。搜索引擎包括全文索引、目录索引、元搜索引擎、垂直搜索引擎、集合式搜索引擎、门户搜索引擎与免费链接列表等。在发展早期，搜索引擎多是作为技术提供商为其他网站提供搜索服务，网站付钱给搜索引擎。后来，随着 2001 年互联网泡沫的破灭，其大多转向采用竞价排名方式。搜索引擎的主流商务模式（百度的竞价排名、Google 的 AdWords）是在搜索结果页面放置广告，通过用户的点击向广告主收费。这些商业实践为个体用户带来了方便和实惠，同时也收集和沉淀了大量、广泛的个人用户搜索行为数据，其中包括用户的在线行为轨迹信息、地理位置信息、求职信息、兴趣信息等个人信息。提供搜索引擎服务的互联网机构在未经授权的情况下，对个人信息进行收集整理，可以轻松地取得金融客户的个人金融信息，但是该收集行为已经侵犯了部分金融客户的个人权利。

电商网站是企业、机构或者个人在互联网上建立的一个站点，是企业、机构或者个人开展电子商务的基础设施和信息平台，是实施电子商务的交互窗口，其目的是宣传企业形象、发布产品信息、宣传经济法规、提供商业服务等。随着网络化趋势的演变，电子商务的出现标志着"数字化生活"时代的来临。作为一种新兴的消费模式，网络购物本身具有强大的生命力和广阔的发展空间，并日益为广大消费者所认可和接受。与传统购物模式相比，网络购物在时间、地域以及商品选择等方面都具有很大优势。网购用户只需要登录相关网站，就可以随时随地享受购物的乐趣。当网络消费者群体作为商家拥有的"数据化"顾客的商业资源出现时，电子商务活动对个人信息资源的需求与价值发掘的目的经营才真正体现出现代商业的真谛。作为电子商务中的个人信息，中国互联网信息中心（CNNIC）对其的表述为：包括用户的姓名、身份证号码、通信地址、联系电话、电子邮件地址等。许多网站收集的个人资料还包括用户的昵称，更详细一些的还有性别、年龄、住址、出生日期甚至工作单位等。一般情况下，这些个人信息收集的根本目的是识别。个人信息资料除了个人识别资料以外，还包括一些用户的背景资料，一般包括个人职业、受教育情况、收入状况、婚姻家庭状况、工作单位规模、宗教信仰等。用户在上网时，服务器还会自动产生一些记录，包括使用时间、上网时间、浏览及点选的次数等内容。尽可能收集、捕捉每一位到访客的所有个人信息，成为所有电子商务企业、网站以及电子集市运营商的头等大事。对用户需求、兴趣、爱好的了解是企业信息服务具备针对性的关键，而对用户网络信息需求的分析、获取和管理是保证电子商务实施的基础。对用户需求的获取，目前主要有两大方法：一是通过人—机交互模式，由用户主动提供个人信息。在电子商务环境下，人们浏览、咨询或购物时，通常都会要求填写一系列的表单，比如在网站注册时或者网站购物时都会被要求填写姓名、性别、年龄、邮箱、手机号码、住址等个人信息。这些表单中涉及了很多个人隐私。虽然多数网站对此都会有相应的隐私声明，但是用户无法得知网站收集信息的真实目的，更不能对自己的信息利用情况进行监督。商家为了拓展其业务而进行个人数据收集固然有一定的合理性，但是其所收集的个人数据的安全并不能完全得到保障。二是通过对用户访问记录的挖掘，获取用户的需求、兴趣和爱好等。由于现在的浏览器能够让用户限制或禁用 cookies，商家开始使用其他方法来跟踪用户的活动，以收集个人信息。并且，越来越多的人使用移动设备进行网络活动，而大多数的移动设备通常不允许应用程序利用 cookies。所以，商家开始以"人性化服务""私人定制"为噱头，使用户主动提供个人信息，以换取更人性化的服务，这样一来，商家在不同的终端都可以跟踪用户的活动，用户再也无法匿名浏览了。这种情况下，用户并没有主动提供个人信息，而是网站利用信息技术在用户不知情的情况下收集个人信息。网站还可以通过隐藏的导航电子软件收集被访问网站的信息，包括哪些网站被访问，哪些信息被下载，哪种类型的浏览器被使用以及用户所登录过的网站的网址。通过网站所记录的这些信息，电商网站能够知晓用户的需求、兴趣和爱好等。此时的个人信息包括客户的个人金融信息，已完全处于失控的状态。

社交网站即 SNS 网站，是指用户基于共同的兴趣、爱好、活动，在网络平台上构建的一种社会关系网络，这种网络服务以"实名交友"为基础，融入了"买卖奴隶""争车位"等娱乐内容，让交流变成了熟人之间的娱乐，使游戏变成了朋友之间的沟通。社交网站收集个人信息的方式与电商网站类似，也分为两种：一是用户主动提供个人信息；二是网站利用信息技术在用户不知情的情况下收集个人信息。社交网络风生水起，人们在社交网络上发布心情、分享照片，在微博和聊天软件里和朋友进行互动，而我们通过电脑、手机等电子设备在网上进行的每一个操作都被服务器记录了下来。与传统互联网时代不同，大数据环境下数据的关联性更强，虽然运营商在共享和分析客户个人数据时进行了匿名处理，但是随着数据来源的增多和数据量的增加，那些看起来互不相干、相互分离的数据能够通过一定的关联物匹配起来，从而使预先的匿名化无效。而且，在当今大数据时代，个人在社交网站上的信息很容易被访问、收集和传播，通过对不同社交网络中的个人信息进行整合分析，很容易建立包括目标人履历、喜好、朋友圈以及信仰等信息在内的信息体系，从而造成我们对个人信息控制权的减弱。

（二）大数据金融模式下互联网金融机构信息收集的法律风险

大数据金融模式下的互联网金融从诞生之日起就面临着法律风险。虽然国家已经出台了一些与互联网金融相关的法规，但是针对不同互联网金融模式的法规还是一片空白。互联网金融机构为了确保交易双方身份的真实性，往往要收集、储存大量的个人信息，同时，法律也明确要求客户在办理业务或进行交易时应当向商业银行提交相关个人信息。但是，出于方便业务办理和维护自身利益的考虑，在业务操作和流程设计过程中，商业银行往往存在过度收集客户个人信息的情况。例如，在客户申请办理信用卡时，商业银行往往要求客户提交包括"父母身份信息"等与办理相关业务完全无必然联系的信息。显然，商业银行过度收集客户个人信息是对客户个人信息权益的严重侵犯。此外，为了获取潜在客户资料以开拓、发展业务，更有不少互联网金融机构习惯通过 QQ 等网络平台向房产、金融、保险、汽车 4S 点等渠道获取个人信息。互联网金融机构在降低交易成本的同时，也带来了金融客户信息安全的道德风险，个人资料泄露等事件时有发生。如果互联网金融机构没有做好金融客户个人信息的保密措施，网站平台的保密技术被破解，将极易导致金融客户的个人信息被泄露。此外，由于互联网金融的业务主体无法现场确认各方的合法身份，交易信息均通过互联网进行传输，无法进行传统的盖章和签字，相关文件存在被非法盗取、篡改的法律风险。如果业务主体上传的信息为虚假信息或错误信息，那么互联网金融机构就无法对信用评估对象做出客观公正的评估，信用风险就会随之产生，其经营活动也将产生极大的法律风险。

7.2.2 大数据金融信息使用时的法律风险

（一）大数据金融信息使用者对大数据信息甄别的法律风险

继云计算、物联网之后，大数据已成为时代最前沿的话题。"数据里面有黄金"，美国奥巴马政府甚至将大数据定义为"未来的新石油"，这都让大数据充满了诱人的魅力。但是在大数据背景下，信息呈现海量和多样的特点，如果不仔细甄别，数据也有欺骗性。

大数据金融信息甄别的法律风险主要表现在未甄别发现伪造或刻意制造的金融信息数据，而错误的信息数据往往会导致错误的结论。若信息数据应用场景明确，就可能有人刻意制造信息数据、营造某种假象，诱导信息使用者得出对其有利的结论。由于虚假信息往往隐藏于大量信息中，信息使用者无法鉴别真伪，从而可能做出错误的判断。由于当前互联网金融中虚假信息的产生和传播变得越来越容易，其所产生的影响不容低估，仅仅依靠信息安全技术手段鉴别所有来源的真实性是不可能的。另外，大数据金融信息甄别的法律风险还表现在数据信息在传播中由于人工干预的数据采集过程可能导致数据失真与偏差，最终影响信息使用者的分析结果。此外，信息数据失真还有可能是因为在传播过程中现实情况发生了变化，早期采集的信息数据已经不能反映真实情况。

（二）金融客户个人信息被泄露的法律风险

一方面，随着现代信息技术和互联网技术的快速发展，商业银行普遍采用了大量的电子信息服务系统，在提高工作效率的同时，也提升了服务质量，满足了客户的各种现代金融需求。但是，商业银行在个人金融信息保护方面并没有有效的组织管理制度和完善的管理系统，各业务部门一般各自为政，信息系统中的个人信息互相隔离。例如，多数银行掌握的个人金融信息分散在存款、结算、银行卡、电子银行等银行业务中，各业务又分属于不同的部门统筹管理，这使得个人金融信息保护工作更加困难。

另一方面，由于金融机构包含的业务种类繁多，且对业务的追赶速度和要求远高于安全需求，网络服务安全漏洞数量快速增长，导致客户个人金融信息不当泄露或者受到黑客的不法窃取。在开放的网络化社会，大数据的数据量大且相互关联，对于攻击者而言，以相对低的成本可以获得"滚雪球"的收益。从近年来在互联网上发生的用户账号信息失窃等连锁反应可以看出，大数据更容易吸引黑客，而且一旦遭受攻击，失窃的数据量也是巨大的。违法犯罪分子可以利用商业银行的计算机系统漏洞，通过植入恶意病毒或制作虚假银行网站地址、侵入商业银行数据库下载客户个人金融信息等形式，盗取客户信息。这不仅能够窃取银行客户的个人身份信息，更会直接威胁到客户的个人财产。若由于系统漏洞导致客户个人金融信息泄露，商业银行在可防范的范围内会因为没有尽到保密义务而承担相应的法律责任。

此外，在利益面前，一些掌握大量个人信息的金融信息使用者如内部工作人员批量盗卖金融客户个人信息数据，也是导致客户信息数据泄露的重要途径。由于银行客户的个人金融信息包含大量的财产信息、信用信息等，具有人身性和财产性的双重属性，其具有商业价值和经济价值，是其他金融机构和企业单位高价收买的金融财富。商业银行基于其特殊的地位，掌握着大量的个人金融信息，为了追求牟利或达到其他不法目的，商业银行的部分员工常常利用掌握个人金融信息的优势非法出卖、泄露个人金融信息给其他金融机构，使该部分客户成为其他金融机构或企业营销的对象，收买了客户个人金融信息的机构会不停地向客户营销产品，严重影响了客户的生活安宁。

（三）使用存在错误的大数据金融信息的法律风险

目前，不论是搜索引擎、电商网站、社交网站等互联网平台，还是政府部门等信用服务机构，在收集大数据金融信息时都会面对海量的数据，即便收集者对大数据金融信息进行甄别，仍然避免不了大数据金融信息存在误差甚至错误的情况。在这种情况下，大数据金融信息的使用者便需要承担使用错误的大数据金融信息所产生的相应的法律风险。

（四）金融业中委托与关联等行为的法律风险

现代金融业具有范围广延性和经营混合性等特征。因为范围广，金融活动参与者在从业过程中尤其是当涉及金融客户个人信息等问题时，往往需要与其他社会组织建立委托代理关系，比如银行委托征信公司调查潜在客户过去特定时段的负债情况。由于经营业务混合，金融业从业组织在涉及客户个人信息处理等问题时，可能在内部各部门之间实施某种自由操作行为，例如，跨国银行在没有事先告知客户的情况下将其个人信息跨国境传输。以上两种行为在使金融组织有效提高自身活动能力及范围并充分发挥其比较优势，从而降低自身运营成本并提高服务效率的同时，给金融客户个人信息保护带来了障碍。其原因在于，一方面，委托行为增加了金融客户个人信息被处理与流通的环节，从而增加了信息被泄露与误用的风险，导致金融客户的权益被侵害；另一方面，关联行为基于其隐秘性，金融客户信息主体对其信息被处理与传输的事由可能根本不知情，从而使金融客户对其个人信息的决定权无法有效行使。

7.3 大数据金融的法律风险防范

7.3.1 大数据金融法律风险防范的基本原则

目前，我国个人信息保护法还未正式出台，更无专门的法律对个人金融信息的收集、使用、披露等行为进行规范，只是在刑法、民法通则等法律中对个人信息保护做了一些规定，立法呈零星分散状态。而且，我国现行的关于个人信息保护的法律法规都过于原则化，实际操作性不强，并存在规制范围狭窄、公民举证困难等不足。

从深层次上讲，以上缺陷的原因在于我国现行法律价值取向上的缺失。法律是协调利益冲突的工具，探讨如何在大数据金融领域中用立法的形式保护个人金融信息安全，应当首先探寻在这一领域中存在哪些相互冲突的利益，并明确应当如何进行协调，从而达到多种利益主体的共存与共赢。在大数据金融领域普遍存在着两方面的利益：①金融系统内部的利益，如金融组织的合法权益和维护金融系统稳定的利益；②金融客户的利益，如金融客户个人信息不受侵犯的利益。二者作为金融安全的两个方面，虽然相互依存，但有时也发生冲突。例如，金融组织为实现经营的效率化与集约化，有效提高自身活动能力并充分发挥其优势，通常在经营活动中实施委托以及关联等行为，其中不可避免地牵涉到客户的个人金融信息。而基于这些行为的隐秘性与高频性，不可能所有的行为都事先征得客户许可甚至向其告知，这就使客户对其个人金融信息的排他支配权受到不当干涉。

上述现象可以被归结为自由与秩序以及效率与公平之间的矛盾。而按照立法的价值理论，立法者在维护社会个体自由的同时应当对它加以社会秩序的限制，在追求个体效率的同时应当兼顾公平，从而实现社会整体最大化。在金融活动中，既应当充分保护金融客户在个人金融信息方面享有的权益，同时为了维护金融秩序以及保护金融组织的合法利益，也应当对客户权益予以限制。即应当保障金融客户对其个人金融信息享有一系列权利，同时在一定条件下也要赋予金融机构等强制处理这些信息的权利。

7.3.2 大数据金融法律风险防范措施

目前，在我国有关个人信息保护的零散的法律规定中，过分强调金融监管机构与金融机构等主体收集与使用个人信息的自由，而忽略了金融客户对其个人信息所享有的权益。互联网金融时代，在确保金融秩序及金融安全的前提下，金融客户的个体权益应当得到切实的保护。

（一）合理界定大数据金融信息收集主体的范围

根据信息自决原则，金融客户有权知悉收集个人信息的组织的相关情况。因此，应当在法律条文中设专章或专节规定收集金融客户个人金融信息的国家机关与社会组织的范围。考虑到我国金融领域的实际情况，关于大数据金融信息收集主体，可以作如下规定：第一，赋予金融监管机构、相关行政与司法机关以及金融机构收集个人信息的权利；第二，其他社会组织在符合法律规定的条件下，可以收集客户的个人信息。同时，为了维护金融客户的权益，还要规定这些组织收集金融客户个人信息应该具备的条件。合法成立的社会组织应当持营业执照向相关部门提出申请，该部门在审查通过后向该组织颁发有权收集个人信息的执照并进行登记，之后该组织才能开展收集个人信息尤其是个人金融信息的活动。否则，该组织将被视为主体资格不合法，从而所实施的收集与处理行为不具有法律效力，同时要承担相应的法律责任。

同时，上述主体并非在任何情况下都有权收集金融客户的个人信息。根据比例原则，对权利进行限制应当建立在保护某种更重要利益的基础之上。欧美立法对此均有体现，例如，2006年11月通过的《欧盟有关客户信用、责任和及时支付的适用于由私人实体管理的信息系统的行为和专业实践准则》第二条规定"信用信息系统中的个人资料仅能由经理和参与者为了保护信用和限制相关风险的目的来处理，特别是评估资料主体的金融状况和信誉或他们的责任和及时情况。其他任何目的都是不符合要求的，特别是有关市场调查和／或促销，广告和／或直销产品或服务。"在我国，原则上只有在基于维护金融领域的公共利益（如反洗钱以及查处其他重大金融犯罪）以及金融机构重大利益时，金融客户的个人金融信息才能被强制收集与处理。

（二）明确大数据金融信息收集主体的义务

为了保障金融客户权利的实现，应当让金融机构等大数据金融信息收集主体承担一定的义务。个人金融信息收集主体的义务是指大数据金融信息收集主体在收集与使用个人金融信息时应当为或不为一定行为的约束。其主要内容包括以下三项：第一，尊重金融客户的个人信息的决定权，对于收集或者储存的个人信息以可行的手段与方式保密，非经法定事由不得强制收集、使用或者披露金融客户的个人信息。第二，当金融客户就个人信息被收集与使用的状况进行查询，以及在特定事由产生时请求对个人信息更新、更正或删除时，应当予以配合。第三，在保存时限届至后，应该主动删除客户的个人金融信息。需要说明的是，对于个人信息的更新、更正或者删除，既应当有信息管理者主动为之，也可以由金融客户申请实现。当金融客户申请时，应当对信息过时、错误以及保存时限届至等事实进行举证，对于申请应当进行审查，对于合理的申请应当准予，否则应当驳回并说明理由。如果收集主体没有正当理由不实施上述行为，金融客户可以通过起诉、申请仲裁等司法途径来解决。

（三）完善对金融客户信息权益的保护

对金融客户的信息权益加以充分保障，从而改变现行法律在价值取向方面的失重状态，主要应该通过规定金融客户对其个人信息享有的权利来实现。金融客户的权利是指在个人金融信息被收集与使用时，金融客户具有为或不为一定行为的自由。一般而言，金融客户可以通过以下方式行使其权利：第一，决定其个人信息是否以及以何种方式被金融组织与金融监管机构等主体收集和处理。第二，保持其个人信息的隐秘状态。第三，对于其个人信息被收集和处理的事由、方式和时限等，有权向信息收集与信息管理者查询。第四，对于过时、错误的个人信息，有权请求信息管理者更新、更正或者删除。第五，当个人信息被处理的事由消失或者时限届至时，有权请求信息管理者对信息予以删除。然而，客户的权利也不是绝对的。原则上，在维护金融领域的公共利益以及金融组织的重大利益时，客户的权利将受到限制。限制的主要方式包括其个人信息被强制收集与使用、限制或者禁止客户查询、超过保存时限使用其个人信息等。

（四）强化大数据金融信息收集主体的民事责任制度

金融客户的个人金融信息权利得以享有的最有效保障是金融信息收集主体在违反义务时的责任承担制度。当金融信息收集主体违反相关义务时，金融客户的个人信息有可能遭受侵害，为了有效预防以上情形发生并充分弥补对金融客户由此造成的损失，应当强化金融信息收集主体违反相关义务时的民事责任制度。

首先，明确责任的承担者。根据民法一般原理，民事责任承担的主体是违反民事义务的一方，而违反义务的前提是民事法律关系的存在。在大数据金融信息收集主体当中，国务院反洗钱行政主管部门、证券监督管理委员会以及其他相关部门属于国家机关，其与金融客户之间显然不存在民事法律关系。因此，针对它们的违法行为，金融客户不能主张其承担民事责任，而只能依照国家赔偿法的有关规定请求损害赔偿。而金融机构以及其他符合法定条件的社会组织往往与金融客户建立了金融关系及类似的交易关系，这些关系的建立通常需要双方意思表示一致，因此它们属于民事法律关系之一的合同关系，从而金融机构与其他组织可以成为民事责任的承担者。

其次，构成要件。金融机构等信息收集主体与金融客户之间存在合同关系，前者非法收集与使用客户个人金融信息的行为，就本质而言属于违反合同义务的违约行为。根据合同法一般原理，原则上违约责任的构成只要客观上有违约行为就可认定，无须行为人过错以及损害后果存在。因此，只要金融机构组织实施了非法收集、使用、泄露客户个人金融信息等违法行为，金融客户即可以主张其承担违约责任。同时，按照个人信息权的一般原理，金融客户也可以以金融机构以及其他组织侵犯其个人信息权为由请求其承担侵权责任，但此时金融客户需要证明后者的行为符合侵犯个人信息权的要件。

最后，承担方式。根据《合同法》第一百零七条的规定，违约责任的承担方式包括继续履行、采取补救措施以及赔偿损失等。在金融机构等信息收集主体因非法收集与使用金融客户个人信息而违约时，以上方式有其特殊的表现形式。具体而言，当这些组织因实施超出维护公共利益之目的而收集与使用个人金融信息或者将这些信息违法泄露的行为尚未引起损害结果时，金融客户可以请求这些组织继续履行保密义务；在上述行为已经导致损害发生时，金融客户可以请求这些组织采取消除影响、恢复名誉或赔礼道歉等方式承担民事责任。

【本章小结】

1. 大数据金融是指集合海量非结构化数据，通过对其进行实时分析，可以为互联网金融机构提供客户全方位信息，通过分析和挖掘客户的交易与消费信息掌握客户的消费习惯，并准确预测客户行为，使金融机构和金融服务平台在营销和风控方面有的放矢的金融服务。

2. 在大数据金融中，信息的主体主要是金融客户等信息的所有者，信息的收集者则包括搜索引擎、电商网站、社交网站等互联网机构，从事互联网金融业务的互联网金融机构以及各级政府部门等信用服务机构，而信息的使用者主要是金融机构，包括互联网金融机构。上述三方主体之间基于对大数据信息的收集与使用建立了相应的金融服务关系。

3. 目前，大数据金融模式的法律风险主要来自于大数据金融信息的收集和使用两个方面。

4. 大数据金融信息收集时的法律风险主要是收集大数据金融信息的搜索引擎、电商网站、社交网站等互联网机构，从事互联网金融业务的互联网金融机构以及各级政府部门等信用服务机构通过各种途径收集获取金融客户的信息时，所收集获取信息数据的方式方法的合法性以及这些信息数据是否侵犯了他人的知识产权、隐私权、信息权等权利的法律风险。

5. 大数据金融信息使用时的法律风险包括：①大数据金融信息使用者对大数据信息甄别的法律风险；②金融客户个人信息被泄露的法律风险；③使用存在错误的大数据金融信息的法律风险；④金融业中委托与关联等行为的法律风险。

6. 大数据金融法律风险防范措施包括：①合理界定大数据金融信息收集主体的范围；②明确大数据金融信息收集主体的义务；③完善对金融客户信息权益的保护；④强化大数据金融信息收集主体的民事责任制度。

【复习思考题】

1. 大数据金融的概念是什么？

2. 简要分析大数据金融的法律关系。

3. 大数据金融的法律风险有哪些？

4. 大数据金融的法律风险防范措施有哪些？

第8章 信息化金融机构的法律风险与监管

> **任务目标**
>
> 1. 了解信息化金融机构的四种形式
> 2. 掌握互联网银行的法律风险与监管
> 3. 掌握互联网保险的法律风险与监管
> 4. 掌握互联网证券的法律风险与监管
> 5. 掌握互联网信托的法律风险与监管

用技术打破信息壁垒,以数据追踪信用记录,互联网金融给传统金融业带来了平等、便利化的服务理念。互联网金融本质上是通过互联网开展金融业务,是对传统金融在交易技术、交易渠道、交易方式和服务主体等方面的创新。但互联网金融的功能仍然是资金融通、支付清算、风险管理等,并未超出传统金融的功能范围,因此,规制传统金融的法律规范同样适用于互联网金融。就法律关系而言,互联网金融企业与客户之间仍然属于特定领域的民事法律关系,与传统金融企业与客户之间的法律关系并无不同。例如,互联网银行对客户提供存贷、结算等业务时,互联网银行与客户之间的法律关系本质上和传统商业银行与客户的关系一样,是一种债权人与债务人之间的契约关系,它们既是存贷双方当事人,也是金融商品、金融服务提供者和消费者。

8.1 互联网银行

8.1.1 互联网银行概述

互联网银行是指借助现代数字通信、互联网、移动通信及物联网技术,通过云计算、大数据等方式在线实现为客户提供存款、贷款、支付、结算、汇转、电子票证、电子信用、账户管理、货币互换、P2P 金融、投资理财、金融信息等全方位无缝、快捷、安全和高效的互联网金融服务机构。互联网银行的出现是银行业自身不断推陈出新的结果,也是科技进步、生产力决定生产关系的必然趋势。1995 年 10 月,全球首家网络银行——美国安全第一网络银行开业,这是经美国联邦银行管理机构批准的纯网络银行。我国首家互联网银行——微众银行于 2014 年 12 月获得监管部门批准开业,2015 年 1 月放出第一笔贷款。另一家互联网银行——浙江网商银行于 2015 年 3 月完成基于金融云的系统开发,进入开业准备阶段,并于 2015 年 6 月正式开业。

自 20 世纪末以来，数字化经济的发展给传统银行业带来了极大的挑战，催生了互联网银行。互联网银行以个性化和自主性的服务方式发展，极大地丰富了当前银行业的产品和服务，方便了客户，也降低了银行的运作成本。

互联网银行的表达方式丰富多样，包括"Internet Banking""Virtual Banking""Electronic Banking""Online Banking"等。巴塞尔银行监督管理委员会认为互联网银行又称为"网络银行"或"电子银行"，具体是指通过电子化渠道提供小额银行产品和服务、零售银行服务、电子支付服务以及其他批发银行服务等。美国著名的网络银行评价网站 Gomez 则认为，一个机构如果具有类似网上个人信贷、网上支票业务、网上互动业务、网上货币数据传输、网上支票异地结算五种业务中的一种，就可以被称作网络银行。

在信息技术的熏陶下，作为新兴时代必然的产物，互联网银行以一个全新的姿态站在现代化经济体制中，并且凭借多种自身拥有的特征显著区别于传统商业银行。互联网银行主要有以下几个特征。

（1）虚拟性。与传统商业银行相比，虚拟性是互联网银行最突出的一个特征，主要表现为经营地点的虚拟性、经营业务的虚拟性和经营过程的虚拟性：互联网银行依托虚拟化的网址、手机 APP 客户端、二维码等进行业务办理，而不像传统商业银行依靠固定的人员和资金支撑众多营业网点的运行；互联网银行经营的业务也没有固定的实物形态，其大多是以数字货币、电子营销、网络服务的方式进行业务运营；互联网银行依靠数字技术处理各种业务，进行机构管理方面的协调和运作，实现完全数字化的经营过程和运营模式。

（2）创新性。互联网银行从建立初期就明确要求应依靠科技创新，打造真正适合客户的产品和服务。它从产品、管理和技术三方面进行创新，并将三者有机地融为一体。互联网银行对旧银行体制进行改革，使银行不仅在经营管理方式和理念上具有创新性，而且不断从客户需求的角度进行创新，满足客户对银行产品和服务方式的动态需求。

（3）互动性。互联网银行与客户之间可以实现网络在线实时沟通，客户可以在任何时间、任何地点通过互联网得到银行的金融服务。

（4）低成本、高效便捷。互联网银行主要利用公共网络资源，不需设置物理的分支机构和营业网点，这不仅可以节省店面租金、装修费用和硬件设备费用，而且可以大大降低人员成本；另外，互联网银行以大数据和云计算为基础，对客户数据进行存储和分析，综合评判客户信誉，减少银行的不良贷款率，降低损失和风险；互联网银行还可以通过云端上传与下载数据，减少资料与信息的收集、传输、管理成本。

8.1.2 互联网银行的法律风险

相对于传统商业银行，互联网银行具有诸多优势，但也面临着诸多风险。互联网银行面临的主要法律风险如下。

（一）互联网银行的信息安全风险

互联网的普及性使得互联网银行对安全控制、客户验证技术、数据保护、审计流程以及消费者私人信息保护等技术的要求变高。具体来说，包括应提高通过电子手段向客户披露、传递业务信息的标准，增强电子信息保存的安全性，填补客户隐私权的保护漏洞，建立洗钱、欺诈等非法活动的电子跟踪、报告制度，确定已加密金融信息的解密权限与范围等。

（二）互联网银行的交易风险

互联网银行以互联网为依托，其网上银行业务目前普遍处于粗放式管理阶段，在组织保障、内部审计和管理绩效考评机制以及审计监管等方面仍存在诸多问题，易引发内部操作风险。一是缺乏对互联网金融机构网上业务的系统性管理。由于缺乏专门的部门对网银操作风险加以协调和统筹管理，易出现多头管理或管理的真空地带，埋下操作风险隐患。二是内控相对滞后。目前，包括银行机构在内的互联网金融机构大多将网上银行的重点战略任务放在业务拓展上，以抢占市场份额为出发点，注重产品开发和运用，但在风险防范和内部控制上却较为滞后。三是服务提供商风险。由于我国服务提供商水平参差不齐、系统保障投入不够、安全意识淡薄及缺少相应的服务和安全技能培训，网上银行交易中存在诸多安全漏洞。

（三）互联网银行的监管缺位风险

随着我国网上银行业务的快速发展，互联网银行因监管缺位暴露出来的问题日益突出，主要表现在以下几个方面：一是网上银行市场准入监管缺位。目前，现有银行机构开展网上银行业务不需进行审批，但设立独立的网上银行法人机构则要进行严格审批，批准后单独发放营业执照。批设网上银行时，尤其应该重视对安全机制和风险控制的审查。申请者必须提交由独立专家提供的安全评估报告，提交详细的风险识别、判定、监控和处理计划及措施。二是网上银行的市场运作过程监管缺位。主要表现在对于网上银行的业务范围、资本充足性、流动性、资产质量、市场风险等方面都没有相关的法律规定。三是对网上银行的日常监管缺位。对网上银行，除实施传统银行业务所必需的检查外，没有进行交易系统安全性、客户资料保密与隐私权保护、电子记录准确性和完整性等方面的专门检查。另外，在网络经济中，舞弊和犯罪活动将变得更加隐蔽。同时，由于投资者能把自己的有价证券更广泛地分散到各地，风险也随之多样化。

（四）互联网银行的境外业务风险

国内外制度和市场特征的不同在法律制度上对银行提出了挑战，主要表现为跨境业务申请和受理的管辖权问题、服务合约在境内外的合法性问题、业务交易信息的境内外认可度和有效性问题、语言选择的合法性问题等。

【案例】

2007 年年初，在某家服务提供商工作的熟悉网络程序的段某、卫某和李某三人为谋钱财，利用操作漏洞，使用计算机将"网银木马"和"灰鸽子 2006VIP"计算机病毒植入深圳 800 信息网的程序内，窃取部分进入过网站的网络用户的账号、交易密码等重要信息，并将这些用户银行账户内的资金转入自己的银行卡中。最后，由卫某负责将转入银行卡内的资金从银行的自动取款机中取出。2008 年 3 月，三人均被判刑，涉案金额达到 22.88 万元。

8.1.3 互联网银行的监管

应充分借鉴发达国家关于互联网银行业务的立法和监管经验，结合我国实际情况，加强立法和有效监管机制的构建。

（一）健全互联网银行监管法律体系

近年来，我国出台了较多的互联网相关法律、法规、部门规章、规范性文件，这些法律法规的实施规范了我国互联网银行业务的发展，改善了其缺乏监管的现状，特别是《电子支付法》认可了网银数字证书的法律效力，而在 2012 年全国人大修订的《中华人民共和国刑事诉讼法》中，将视听资料和电子数据规定为证据的一种，这些都为电子支付的发展扫清了障碍，也为互联网银行的健康发展提供了法律上的支持。然而，目前我国互联网银行监管的相关法律法规尚处在初步发展阶段，仍然缺乏多层次、全方位的互联网银行法律体系。但可以先从个别法规入手，制定单行法规。随着立法成果的积累和互联网银行自身的发展，在时机成熟之时再建立互联网银行相关法律，用以对互联网银行进行全面规定。

（二）完善监管体制

目前，我国互联网银行的监管机构是中国银监会。我国互联网银行正处于快速扩张的发展期，面对激烈的国际竞争，我国目前采取分业监管加议事协调的模式：一方面，对于银监会、证监会、保监会各自的监管事项，原则上由机构依职权自行监管；另一方面，设立了由上述三个机构共同参与成立的金融监管协调部际联席会议制度，专门解决机构之间的监管盲区问题，对监管信息及时进行共享，避免重复监管。

（三）建立互联网银行信息披露制度

互联网银行业是涉及公共利益的行业，建立强有力的信息披露制度是保护互联网银行消费者最有力的武器。信息披露制度应包括银行概况及主营业务信息、基本财务信息、重大关联交易信息、审计意见、股东及董事人员信息等基本信息内容。应逐步探索自愿

148

性信息披露与强制性信息披露的有机结合，使两者实现资本市场目标过程中的均衡。但同时要审慎确立披露范围，否则损害了银行的合法权益，同样不利于建立公平有序的金融市场。互联网银行信息强制披露制度主要包括以下规则：一是互联网银行应当将真实的网址和联系方式告知客户。二是互联网银行应当以合理的方式告知互联网银行业务的内容、价格、操作流程以及信息。在对互联网银行业务实施收费之前应当明码标价，对互联网银行业务价格进行变更时应告知消费者。三是互联网银行应采取合理、周知、易得的方式进行信息披露，并保证信息的真实性、及时性和完整性。四是互联网银行监管部门应及时在相关媒体上向社会公布互联网银行的违规行为。互联网银行信息强制披露制度的建立，一方面使得互联网银行的投资者和消费者能及时了解互联网银行信息，防止别有用心的人采取夸大的手段传播信息造成不正当竞争；另一方面也可在一定程度上惩罚违规银行，起到一定的警示作用。

（四）加强对跨国互联网银行的监管

在目前法律制度尚不完善甚至缺位的情况下，我国应当实施与金融、外汇政策相适应的跨国互联网银行业务，对开展跨国业务的互联网银行进行严格的技术风险和业务风险评估，防止不法分子利用互联网银行进行洗钱、逃税等犯罪活动。我国内地地区可以借鉴中国香港金融管理局对本地和外地注册的互联网银行作出不同规定的做法，积极地学习巴塞尔委员会关于跨境电子银行监管的精神与原则，构建科学合理的互联网银行风险体系。

8.2 互联网保险

8.2.1 互联网保险概述

互联网保险业务是指保险机构依托互联网和移动通信技术，通过自营网络平台、第三方网络平台等订立保险合同、提供保险服务的业务。对比传统线下保险，互联网保险的参与方式更为广泛，除了原有的保险公司、代理人以外，第三方平台、专业中介代理平台都将发挥重要的作用，而且互联网渠道的数据积累可以正向反馈给保险公司，进而对保险产品的设计、保险的商业模式都产生重要影响。

根据保险与互联网融合的程度不同，互联网保险可以分为保险联网和互联网保险两个阶段：保险联网是保险与互联网融合的初级阶段，这一阶段主要是销售渠道的联网、业务流程的联网和产品的联网；互联网保险则是保险与互联网融合的高级阶段，这一阶段主要是利用大数据、云计算等互联网技术开发定制产品，提供个性化产品服务，实现全业务流程的互联网化，极少甚至不需要核保人员、理赔人员等人工介入。

互联网保险的创新涉及保险产业链的各个环节，是一场门类、产品和渠道的全方位深刻革命。首先，保险市场不再局限于传统的财产和人身险，新险种不断出现；其次，产品设计环节的参与者从传统的保险公司拓展到下游渠道；最后，销售环节的参与者更加广泛，代理人话语权被削弱，推动渠道成本下降。

互联网保险不是互联网与传统保险简单结合的线下产品网上销售，而是传统保险与互联网技术、互联网精神的结合。未来的发展趋势将体现在产品与服务创新、大数据创新和模式创新等方面，具体内容如下。

第一，产品与服务创新。随着互联网保险时代的到来，保险公司对个性化数据的获取成为可能，大量的数据支撑使得个性化产品成为可能，大数据使过去无法满足的保险需求成为可能，这些都能够促进新兴保险产品的出现和体验式服务的发展。

第二，移动互联网的普及优化保险流程管理。移动互联网保险是将互联网保险服务从 PC 端转移到移动端。其特点是简单、高性价比和私人定制，利用互联网获取客户资源和大数据，通过数据进行需求挖掘和产品设计，实现自动核保、自动理赔、精准营销、精准定价和风险管理，随时随地为客户提供便捷的服务。

第三，资源整合，模式创新。融合经济正在逐步成为一个主流经济形态，电子商务是传统零售业与互联网融合的产物，今后教育、医疗、建筑、家居等传统行业都将与互联网融合，形成新的商业模式，衍生出大量新的市场需求。由于保险业的特殊性及广泛性，将不断出现新的跨业融合，实现保险模式的不断创新。

8.2.2 互联网保险的法律风险

目前，我国互联网保险业务模式多样，主要涉及保险消费者、保险公司、保险专业中介机构、第三方支付机构、第三方网络平台这五个参与主体。各主体间多以合同、协议的方式构建法律关系。因为主体的复杂性和商业模式的多样性，其法律关系又呈现出多重性和交叉性。2015 年 7 月，中国保监会出台了《互联网保险业务监管暂行办法》（以下简称《暂行办法》），自 2015 年 10 月起实施。《暂行办法》对互联网保险业务的经营管理进行了规定。但是，互联网保险的发展速度与法律制度相对滞后之间的矛盾，保险模式的复杂性与法律规定的局限性、金融监管的严格性与互联网的开放性之间的固有冲突仍然存在，并成为互联网保险法律风险的主要诱因。

（一）信息安全风险

保险消费者信息安全和网销保单的真实性尤其值得关注。互联网保险的优势之一是以低成本获得保险消费者真实、完整的信息资料，为研发新产品和管理客户关系提供便利，但如果内控不严，保险公司或其内部职工有可能利用其掌握的大量客户信息资料在市场上进行信息交易，导致客户信息泄露，对互联网保险造成严重的消极影响。同时，保险产品的销售服务和理赔服务在时间和空间上分离，这就为利用假保单进行网络欺诈提供了可行性。

（二）销售行为规范不足

相对于电销保险的录音，互联网保险销售过程虚拟化程度高，传统销售管控模式不完全适应网络销售模式下防范风险的新要求。如果保险公司销售管控流程不完善、销售过程记录体系不健全、责任确定不清晰，一旦出现法律纠纷，无法提交有效的证据，保险公司将会处于不利的地位。

（三）保险合同效力问题

合同的本质是当事人之间的合意，是当事人通过协商达成意思一致的结果。但在互联网保险中，保险人为了重复使用而预先以电子数据信息形式确定保险合同内容，投保人则通过互联网点击来接受条款内容以确立保险合同关系。这种合同订立形式缺乏传统保险销售中的交流过程，容易在投保人主体适合性和合同内容等方面出现问题。

保险合同是附和性和约定性并存的合同，但其约定性一般不涉及保险主条款且内容有限，这就决定了保险合同条款的专业性。我国保险业起步较晚，保险相关知识渗透率较低，导致多数客户对保险专业知识缺乏了解。由于没有明确的监管指引，为了规避风险，目前的互联网保险条款仍采用传统个性的模式进行操作，从而导致很多网络客户在没有代理人指导的情况下，无法清楚地了解保险条款的含义，影响了客户对保险的接纳程度，并且当发生事故或者其他事项时，部分非保险公司的责任也会被投诉至保险公司，比如互联网保险客户退保时产生的费用，客户不愿意承担，这就会导致纠纷和投诉。

（四）隐私权保护问题

大数据对保险业的重要意义在于对海量数据的分析与洞察，挖掘有价值的信息，从而在保险定价、防止保险欺诈等方面发挥作用，推动整个保险业的创新。但是，互联网的开放性与隐私保护之间存在天然的矛盾。互联网保险业务活动中对隐私权的威胁主要来自两个方面：第一，客户信息来源的正当性。目前，客户信息来源的正当性是各金融行业都无法回避的问题，保险行业对客户开发的迫切性和行业竞争的激烈性使得这个问题更加突出。第二，网络信息安全的保护问题。网络攻击、病毒传播、网络犯罪、不良信息泛滥等情况严重威胁着网络信息的安全。在开展互联网保险业务过程中，如果保险公司或网销平台缺乏有效的信息安全保护机制，极有可能给企业埋下安全隐患，造成商业秘密、个人隐私受到不法侵害，甚至影响保险公司的正常经营。

（五）监管政策滞后

新事物的发展往往是市场先行于制度，同时制度在市场发展过程中逐步完善。互联网保险一经推广即呈现爆发式增长，问题也接踵而至。互联网保险发展期间，市场监管一直沿用传统渠道监管原则和措施，然而互联网构建的打破时间与空间的交易平台赋予了保险销售新的定义与特性，同时也引发了新的问题，导致现有监管措施在实施中滞后于互联网保险的发展，并在部分领域出现监管暂时空缺的问题。

【案例】

美国保险电子商务站点 InsWeb 创立于 1995 年 2 月，其主要盈利模式是为消费者提供多家合作保险公司的产品报价，帮助消费者做出购买决定，从中收取费用；为代理人提供消费者个人信息和投保意向，并向代理人收取费用。公司曾在美国纳斯达克市场上市，是全球最大的保险电子商务站点，并且在业界有着非常高的声誉，被福布斯称为网上最优秀的站点。这个站点涵盖了汽车、房屋、医疗、人寿甚至宠物保险在内的非常广泛的保险业务。

但是保险产品大多较为复杂，往往需要代理人面对面地讲解，单纯通过网络难以迅速了解产品的性质，这导致绝大多数保险产品无法依靠互联网销售。因此，公司主要销售的还是相对简单的车险和意外险，而仅靠这个规模是难以维持生计的，长期亏损终于导致了股价的一路狂跌，2011 年 InsWeb 被美国的著名个人理财网站 Bankrate 收购。被收购前最后一次公布报表的前三季度收入仅为 3 900 万美元左右，与美国万亿美元左右的保费相比几乎可以忽略不计。

8.2.3 互联网保险的监管

随着信息技术的快速发展与广泛普及，互联网及移动互联网已成为保险机构销售和服务的新兴渠道。近年来，我国互联网保险呈现加速发展的态势，为保险业注入了活力，但也存在销售行为触及监管边界、服务体系滞后和风险管控不足等问题。为规范互联网保险经营行为，促进互联网保险健康规范发展，保护保险消费者的合法权益，中国保监会于 2015 年 7 月 22 日颁布的《暂行办法》明确中国保监会是互联网保险的监管机构。根据《暂行办法》，互联网保险的监管主要包括以下几个方面。

（一）确立市场准入标准

互联网保险的经营环境对经营主体提出了更高的要求，因此制定互联网保险市场准入标准时应突出安全性和便捷性。同时，随着互联网保险模式的多样化，第三方网络平台进入网络市场，网络平台经营互联网保险业务的销售、承保、理赔、退保、投诉处理及客户服务等保险业务的，应取得保险业务经营资格。

（二）经营区域限制

基于互联网方便、快捷、跨地域的特点，《暂行办法》有条件地放开了部分险种的经营区域限制，例如，人身意外伤害保险、定期寿险和普通型终身寿险；投保人或被保险人为个人的家庭财产保险、责任保险、信用保险和保证保险；能够独立、完整地通过互联网实现销售、承保和理赔全流程服务的财产保险业务等。除《暂行办法》列明的险种外，其他险种不得跨地域经营。同时，保险公司必须向消费者列明没有设立分支机构的地区，以保证消费者的知情权。针对不能保证异地经营售后理赔服务，导致出现较多投诉的保险机构，监管部门将及时采取措施停止其他相关险种的经营。

（三）强化信息安全

互联网信息安全风险高，保险机构应加强信息安全管理，确保网络保险交易数据及信息的安全。监管机构应对不严格履行信息披露和安全管理职责的保险机构进行惩戒。例如，对因内部管理不力造成销售误导、信息丢失或泄露等严重事故的保险机构，保险监管机构可以及时责令其停止相关产品的销售，以确保保险机构切实履行信息披露和安全管理义务，更好地保护消费者利益。

（四）加强第三方网络平台的监管

在互联网保险业务发展过程中，部分第三方网络平台对保险业务不熟悉，合规风控意识薄弱，出现了违规承诺收益、产品信息披露不合规等违法违规现象。因此，《暂行办法》明确了第三方平台的业务范围，强化了其参与互联网保险业务的行为约束：一是明确职责定位。第三方网络平台可以为保险机构开展互联网业务提供辅助支持。若第三方网络平台参与互联网业务的销售、承保、理赔等关键环节，则必须取得相应的保险业务经营资格。二是强化合规管控，明确第三方网络平台的业务规则。保险机构应加强对第三方网络平台等合作单位的管控，切实履行将保险监管要求告知第三方网络平台的义务。三是实施监督管理。第三方网络平台有配合保险监管部门日常监管和现场检查的义务，若有违反，保险监管部门可以责令保险机构终止与其合作。

（五）构建信息披露制度

互联网保险业务主要是通过消费者自主交易的方式完成，与传统交易方式相比，缺乏面对面的交流沟通。因此，《暂行办法》对经营主体履行信息披露和告知义务的内容与方式做出了较为详尽、具体和明确的要求。

第一，要求在相关网络平台的显著位置列明一系列必要信息，如承保公司和客户投诉渠道等。保险机构不能刻意隐瞒上述信息，也不能用各种手段诱导消费者忽略这些信息，要能够让消费者注意并非常方便地找到这些信息，确保消费者能够做出客观、理性的判断。

第二，要求在保险产品的销售页面上列明充分的提示或警示信息，防止销售误导。例如，要求经营主体突出提示和说明免除保险公司责任的条款，并以适当的方式突出提示理赔要求、保险合同中的犹豫期、费用扣除、退保损失、保险单现金价值等重点内容；要求经营主体向消费者提示其经营区域以及由消费者对重要保险条款进行确认等关键内容，最大限度地保障消费者的知情权和自主选择权。

第三，以上信息必须由保险公司统一制作、授权发布，一旦出现问题，保险公司需要承担责任。

8.3　互联网证券

8.3.1　互联网证券概述

互联网证券是对传统证券业务的创新，是在全球电子化浪潮下借助互联网等信息技术手段，为用户提供相关商业服务的全新的金融服务形式。互联网证券所能提供的投资理财服务包括有偿证券投资咨询（国内外经济信息、政府政策、证券行情），网上投资顾问，股票网上发行、买卖与推广等。

证券行业从发展初期就伴随着先进信息技术的应用。证券交易所的集中交易、集中登记托管结算系统都体现了证券行业对先进信息技术的应用：一方面，证券市场的品种创新和交易结算方式的变革，为网上证券建设提出了新的需求；另一方面，网上证券建设又为证券市场的发展创新提供了技术和管理方面的支持，两者在相互依存、相互促进的过程中得到了快速发展。在证券交易、营销和客户服务中广泛应用互联网技术，能起到降低成本、提高效率、提升客户满意度的效果。

随着网上证券业务的不断推广，证券市场将逐渐从"有形"的市场过渡到"无形"的市场，现在的证券交易营业大厅将会逐渐失去其原有的功能，远程终端交易、网上交易将会成为未来证券交易的主流方式；证券公司的市场营销将不再依赖于营销人员的四面出击，而将集中更多的精力用于网络营销；通过大数据支撑，证券公司可以为客户提供投资咨询、代人理财等金融服务，发展企业并购重组、推荐上市、境内外直接融资等有关的投资银行业务，努力建立和拓展庞大的客户群体将成为其主营目标。

目前，证券行业已经广泛使用互联网和移动终端为客户提供网上交易、手机证券、投资顾问、金融产品销售等服务。非现场开户政策推出以来，招商证券等证券公司已积极开展见证开户和网上开户业务，使客户通过互联网即可完成开户。海通证券积极探索网络直销经纪业务，试图将传统证券经纪业务搬到网上进行线上直销。此外，一些证券公司也进入电子商务领域，国泰君安证券、华泰证券、华创证券等证券公司已相继建立网上商城，销售的产品包括交易软件、投资咨询、投资顾问套餐、研究报告等一系列增值服务。

8.3.2　互联网证券的法律风险

互联网证券面临的法律风险主要有以下几种。

（一）投资者保护风险

电子媒介给个体投资者与市场专业人士提供了实时的交易数据和金融信息。在互联网为投资者提供方便信息的同时，人们也可能将其用于非法目的，利用各种信息操纵市场或者误导投资者。互联网扩大了个人和机构传播信息的范围，不法分子可以从中获取更大的收益，而且互联网低成本及匿名性的特点，也使操作、欺诈、误导投资者行为的企图的实施成本降低，以及互联网的交互性使投资者之间的互动变得轻而易举，因此不法分子就可以利用互联网这一廉价的工具来操纵市场信息，获取不法利益。例如，电子公告板市场在降低交易费用方面具有很大的潜力，对于缺乏相应流通市场的新兴公司来说，具有重要的作用。然而利用电子公告板也会产生一系列的问题，例如，虽然投资者可以节约佣金费用和避免做市商交易所产生的价差成本，但是也需付出股权转让和交易结算的成本，这些成本有可能超过传统的交易费用。而且中介机构没有参与，投资者可能面临流动性风险、信用风险和交易风险等。由于并不受成熟交易市场规则的限制，对于交易确认、股票交割还缺乏适当的规则，这使得投资者会面临较大的风险。如何有效地保护投资者利益是互联网证券面临的挑战之一。

（二）金融混业经营所形成的风险

混业经营已经成为全球金融发展的趋势，现在的金融企业可以向消费者提供银行、证券投资、保险等全方位的金融产品，互联网技术的发展进一步促进了金融服务企业利用统一渠道向消费者交叉销售这些产品，加速了混业经营的进程。混业经营不但可以降低产品的销售成本，而且可以利用规模经济和范围经济，同时也可以节约消费者消费金融产品的成本。而目前我国的金融监管体系是以分业经营为基础的分类监管模式，即证券、银行、保险分类监管。在混业经营已经成为世界金融发展趋势的情况下，如果不对监管模式进行相应的调整，只会加大进行混业经营企业遵守不同监管部门监管规则的成本，多部门的分类监管也可能使企业边缘业务产生监管漏洞，从而难以有效地控制金融系统的风险。

（三）管辖权不明确

通过网络连接，投资者可以跨越国境，在各国的网络券商或投资理财网站搜索有价证券的相关信息，还可在不同国家的网络券商处下单。不过，由于各国证券法律法规不同，再加上网络交易可以跨越国境的特点，各国证券管理机构将面临科技发展所衍生的新问题的挑战，同时网络券商可能会受到其他国家证券主管机构的管辖，从而带来不可预期的法律风险。事实上，利用网络锁传送的信息可以被任何有网络联机装置的投资人接触并取得。因此，利用网络进行的有价证券募集、发行、买卖的行为，在任何国家都必须符合其相关的证券法律法规。此外，由于网络的普及，不论是在发行市场还是在交易市场中，利用网络来募集、发行或买卖有价证券已成为一种普遍现象。究竟哪一个国家有权对跨国网络交易行为加以管辖，成为一个棘手的问题。

（四）交易系统的安全性与充分承载量不相适应

网络交易的便捷导致交易量迅速增长，但是网络券商在系统容量与交易安全方面却没有配合成长，以致在市场大幅波动之时发生了多起系统宕机事件，而无法联机、塞单或无法立即执行交易等问题更是层出不穷，这也是投资人申诉的主要原因之一。我国的《证券法》只是笼统地规定了证券公司要有合格的经营场所和业务设施。中国证券业协会发布的《证券公司证券营业部信息技术指引》也未对网络券商的交易系统所应具备的充分承载性加以规范。我国网络券商均采用"格式条款"的方式在风险预告书或开户合同中将系统宕机、塞单等问题转由客户负担。例如，许多网络券商编制的《证券交易委托代理协议书》中往往会有这样的规定：因乙方（网络券商）不可预测或无法控制的系统故障、设备故障、通信故障、停电等突发事故，给甲方（投资人）造成的损失，乙方不承担任何赔偿责任；因地震、台风、水灾、战争及其他不可抗力因素导致的甲方损失，乙方不承担任何赔偿责任。

8.3.3 互联网证券的监管

在互联网技术发展日新月异的时代，对证券市场进行适当的监管是必要的，但要具有相当的灵活性。

（一）对券商的监管

（1）建立严格的资格认证制度。为确保网上交易的安全性，监管部门在券商申请开展网上交易业务时，应进行严格审批。审查的重点内容包括：券商的网上交易平台是否能保证网络安全、通信安全和应用安全；券商是否建立了规范的内部业务与信息系统管理制度。

（2）建立网上交易的定期报告与随时报告相结合的制度。为了全面掌握证券公司开展网上交易的情况，监管部门有必要要求券商就其网上交易的开展情况（交易量、投资者开户情况、发展速度）、系统平台的技术性能、管理制度、人员情况及在开展网上交易过程中遇到的问题定期向中国证监会报告，或将这些内容纳入证监会对证券公司的年检范围。当券商技术系统进行重大升级、业务管理制度做出重大修订或主要技术人员与主要管理人员发生重大变化时，应随时向中国证监会报告。

（3）建立有效的责任分担制度。当交易系统出现故障导致交易指令无法执行时，通常会引起利益纠纷，此时责任如何分担就成为非常现实的问题。网络经纪商应该保证系统的容量足够应付交易量突然放大的情况，并应准备应急系统，当互联网系统出现问题时，用应急系统来代替。

（4）要求券商做好客户档案管理工作。强化这一工作的目的是随时掌握客户的交易，防范网上交易的风险。券商对客户的信息应进行高度保密，不能对有相关业务联系的非本公司的第三方或其他人透露公司客户的任何信息，并应建立专门的规章制度以约束相关的工作人员。

（5）网络经纪商应在网站上对网上交易存在的风险进行充分的披露，对在互联网系统出现问题时客户应当如何操作进行充分的说明，包括应该对相关内容的输入、处理，结算的方法进行一般说明；应该对系统出现问题时的相应处理方法及投资者可以选择的交易方式进行说明。

（二）对网站的监管

（1）对披露证券信息的网站实行许可制度。券商的网站如作为网上交易的接口，审批时原则上可与对其网上交易业务的资格审批同时决定是否给予许可证；对非券商网站，应视其技术水平决定是否予以入口许可证；对不作为网上交易入口的网站，应视其点击率、网站内容的专业化程度决定是否允许其披露证券信息。证监会应公开被授予许可证的网站的名单，并向广大网民说明，从未取得许可证的网站获得信息，被误导并据此入市而遭受损失的，后果自负；网站也必须在醒目位置向网民说明，从未取得许可证的网站获得信息，被误导并据此入市而遭受损失的，后果自付；网站也必须在醒目位置向网民说明其是否具有披露证券信息的许可证。

（2）加强对网站内容的管理。要求网站必须披露《网上证券委托暂行管理办法》规定的内容"证券公司应在入口网站和客户终端软件上进行风险揭示，揭示的风险至少应包括因在互联网上传输原因，交易指令可能会出现中断、停顿、延迟、数据错误等情况；机构或投资者的身份可能被仿冒；行情信息及其他证券信息可能出现错误或误导；证券监管机关认为需要披露的其他风险。证券公司在开展网上委托业务的同时，如向客户提供证券交易的行情信息，应标识行情的发布时间或滞后时间；如向客户提供证券信息，应说明信息来源，并应提示投资者对行情信息及证券信息等进行核实"。

（三）对上市公司的监管

对上市公司的监管主要包括三个方面：第一，要求上市公司建立自己的网站或租用经证监会认可的可披露证券信息的网站作为公司披露的窗口，网站网址在公司公布年报或中报时予以公告。当市场传播与自己公司实际情况不符的信息时，在已知情况下，公司有义务在自己的网站上或指定的网站上予以澄清、更正。第二，允许甚至鼓励上市公司在网上召开股东大会，使中小投资者有机会行使自己的权利，监管层对其合法性进行监督。第三，部分上市公司在自己网站的主页上为投资者提供自家股票行情，这种现象可在一定条件内予以认可，但上市公司不得从事涉及交易的一切活动，不得以直接、间接形式或其他任何名义收取交易手续费。

（四）对跨国交易行为的监管

由于目前人民币在资本项目下尚不能自由兑换，资金尚不能自由出入，尚不存在真正意义上的跨国贸易。但存在我国居民在国内开户，出境后在互联网上下单的情况，这仅仅是一般意义的网上委托行为，无需特别的监管。如果我国的证券市场对外开放，允许境外投资者投资于我国的证券市场，就存在真正意义上的跨国交易行为。监管层有必要未雨绸缪，及早制定相关监管办法。此外，监管机构有必要制定相关规定，明确在任何情况下监管部门都将对互联网上的跨国界证券发行活动实施管辖权。

【案例】

根据证监会官方微博 2015 年 9 月 2 日消息，证监会对杭州恒生网络技术服务有限责任公司（以下简称恒生公司）、上海铭创软件技术有限公司（以下简称铭创公司）、浙江核新同花顺网络信息股份有限公司（以下简称同花顺公司）分别涉嫌非法经营证券业务案调查、审理完毕。上述三案已进入告知听证程序。

经查，恒生公司、铭创公司、同花顺公司开发具有开立证券交易子账户、接受证券交易委托、查询证券交易信息、进行证券和资金的交易结算清算等多种证券业务属性功能的系统。通过该系统，投资者不履行实名开户程序即可进行证券交易。恒生公司、铭创公司、同花顺公司在明知客户经营方式的情况下，仍向不具有经营证券业务资质的客户销售系统、提供相关服务，并获取非法收益，严重扰乱证券市场秩序。

恒生公司、铭创公司、同花顺公司的上述行为违反了《证券法》第一百二十二条的规定，构成《证券法》第一百九十七条所述非法经营证券业务的行为。根据当事人违法行为的事实、性质、情节与社会危害程度，依据《证券法》第一百九十七条的规定，证监会拟决定对恒生公司、铭创公司、同花顺公司及其相关责任人员依法作出如下行政处罚：没收恒生公司违法所得 132 852 384.06 元，并处 398 557 152.18 元罚款；对恒生公司董事长刘曙峰、总经理官晓岚给予警告，并分别处以 30 万元罚款。没收铭创公司违法所得 15 987 891.93 元，并处以 47 963 675.79 元罚款；对铭创公司董事长刘照波、总经理谢承刚给予警告，并分别处以 20 万元罚款。没收同花顺公司违法所得 2 176 997.22 元，并处以 6 530 991.66 元罚款；对同花顺公司副总经理朱志峰、产品经理郭红波给予警告，并分别处以 10 万元、5 万元罚款。

8.4 互联网信托

8.4.1 互联网信托概述

互联网信托是一个比较难以界定的概念。作为互联网金融的一种业态，互联网信托处于起步阶段，其产品形式、交易架构、发展方向与产品特点等还不确定。但是，从本质上来说，互联网信托服务与传统信托服务并无区别，即委托人基于对受托人的信任，将其财产权委托给受托人进行管理或者处置，获取固定投资收益回报，最终达到资产增值的目的。二者的不同之处在于，互联网信托是基于互联网信托平台开展服务的，即投资人基于对互联网金融平台线下征信服务的信任，对通过平台审核的借款项目进行出资，在一定期限内获取收益回报。在安全性方面，互联网信托平台和传统信托服务较为相似，也是需要采取类似于信托项目风控的方式，在线下严格把关借款项目的质量及风险程度的，同时也需要根据借款企业信用度，要求其提供质押、抵押或担保资料，最后才能将企业的资料和借款需求发布在网络平台上进行竞标。

目前，我国互联网信托平台只针对中小微企业提供融资服务。从目前中国企业融资额需求来看，多数小微企业的资金缺口较小，并且接受高于法定基准贷款利率的融资成本。因此，互联网信托平台可以面对比传统信托范围更广大的大众闲置资金。《信托公司集合资金信托计划管理办法》对信托产品的合格投资者设定了颇高的投资门槛，因而传统信托的资金门槛较高，一般在百万级以上，并且投资期限也在几年以上，而大众闲置资金则有投资门槛低、期限短的特点，其分配和调整也相对更加灵活。同时，互联网信托的透明化程度也是传统信托所不具备的。在互联网信托平台上，对借款企业与投资个人要求实名认证，对借款企业的基本资料要求公开，并且每一个项目的进行过程完全透明。

近年来出现了一些类似于"信托 100""梧桐理财网"的信托投资网络平台，不少投资机构通过设立 TOT（信托中的信托）和 FOT（信托中的基金）募集小额资金，降低了信托行业的投资门槛，这类通过募集小额资金提供信托投资服务的金融产品满足了中低收入对资金收益的追求。但是，如果不对其内部风险加以重视，在发生兑付风险时投资者便难以挽回损失，因此法律规制和行政监管的加强非常有必要。

【案例】

2014 年 9 月 22 日，中信信托 21 日携手百度金融、中影股份及德恒律所在北京联合推出"百发有戏"电影大众消费互联网服务平台，探索"消费众筹＋电影＋信托"的全新互联网金融商业模式。我国首单消费金融互联网信托正式落地。该款信托产品通过聚焦电影文化产业的"消费＋金融"双重属性，将人气电影《黄金时代》及其周边产品的消费权益纳入信托范围，消费者通过参与"百发有戏"平台的预售或团购获得电影票、影院卡等实物、服务或媒体内容形式的消费权益。作为全国第一单互联网消费信托，百度消费权益信托为财产权信托。在"百发有戏"平台之中，消费者获得相关消费权益后，将消费权益注入百度消费权益信托项目，由中信信托对消费权益进行集中管理。中信信托作为独立的第三方，将发挥信托财产的独立性和破产隔离方面的独特功能，为消费众筹项目增信，同时进行监督管理，确保资金专项运用，间接实现了对上端消费权益的保障性监控。

8.4.2 互联网信托的法律风险

"信托 100"、雪山贷之所以没有被市场认可，很大一部分原因在于其产品交易架构存在法律风险。互联网信托的实质还是信托，互联网技术能做的是优化信托产品。所以，在法律风险上，互联网信托仍需注意所有信托都面临的法律风险。融合了互联网技术后，信托在其营销、流转能力得到提高的同时，所面临的法律风险也因此而扩大。

（一）互联网信托投资的信息披露有待完善

在一些互联网信托投资平台中，网站平台一般并不会向投资者披露项目的经营信息、所投资公司的财务状况和投资者的现金流向等相关信息，因此投资者无法了解其投资的信托计划的收益承诺是否可以继续兑现，同时也无法确认自己的现金流向是否确实进入了网站声称的信托计划之中。投资者无法获得真实有效的信息，面临着预期收益无法实现的风险。

（二）互联网信托创新应遵循现行法

有些互联网信托网站只是有担保的个人借贷，且其声称的信托收益权质押模式本身也处于无法可依的境地，现实中不具有法律上的可行性，而即便是第三人代持，网站平台也未说明该第三人是否符合《信托公司集合资金信托计划管理办法》规定的合格投资者资格，一旦信托计划发生兑付风险或相关合同被法律认定无效，不仅网站平台可能面临严重的法律责任，投资者的利益也难以得到保障。

（三）网络信托投资平台不得变相吸收公众存款

在一些互联网信托投资平台中，投资者不得直接投资信托产品，而是由网络信托投资平台代替其与信托公司签订信托合约，因此投资者的资金必须通过网络平台汇入特定的资金账户，再进入信托公司的账户。问题是，网络平台并不具备银行合法吸收公众存款的能力，其行为较符合《最高人民法院关于审理非法集资刑事案件具体应用法律若干问题的解释》规定"非法吸收公众存款或者变相吸收公众存款"的认定标准，有可能触碰互联网金融不得非法吸收公众存款这条法律红线。

（四）公开发售的法律风险

《信托公司集合资金信托计划管理办法》第八条规定，信托公司不得进行公开营销宣传。根据通常的意义，公开营销宣传是指向不特定客户发送产品信息。在这一点上，互联网信托应当把握好限度。互联网金融平台相对于传统信托的优势在于能够以一定的成本聚集和发布关于产品与需求的信息，从而在一定程度上消除信息不对称情况。如果不能公开营销宣传，互联网金融平台将失去其优势，但仍不应因此而突破法律的底线。目前的互联网信托平台中，很多直接将信托产品放在网上进行展示，展示内容包括项目名称、期限、收益率、项目公司等详细情况，有些甚至接受预约，这些做法已经涉嫌违规。对此，互联网信托平台应当探索新的营销策略。比如在经营过程中会积累客户的交易数据等信息，互联网信托平台可以在对客户信息进行分层、筛选基础上，识别出平台交易中的高净值客户。

需要注意的是，不同类型的互联网信托模式[①]，因产品创新角度不同、交易结构不同，

---

① 按照企业产品和商业模式的设计不同，互联网信托可以划分为收益权转让模式、信托小额信贷模式、金融资产增信模式和消费信托模式等。

其面临的法律风险会有一定的差异性。

8.4.3　互联网信托的监管

互联网信托的监管机构是银监会。可以从以下几个方面对互联网信托加强监管。

（一）强化信息披露

监管机构应该强化互联网信托投资平台的信息披露义务，包括向投资者披露借款人的相关信用情况及后续披露、代持金融资产第三人的详细信息和信用情况等，保证投资者可以监督其资金流向，减少潜在的资金偿付风险。因此，在信托投资创新的过程中，必须建立严格且完善的信息披露制度，才能实现投资者对其资金流向的监督，更好地保护投资者权益。

（二）互联网信托投资创新应遵循现有规定

互联网信托投资创新应在现行法律法规框架内进行。互联网信托计划高收益、低风险的特征吸引了越来越多投资者的目光，然而通常信托计划所要求的 100 万元投资门槛却在很大程度上阻碍了投资者的选择。根据《信托公司集合资金信托计划管理办法》规定，合格投资者还包括"个人收入在最近三年内每年收入超过 20 万元人民币或者夫妻双方合计收入在最近三年内每年收入超过 30 万元人民币，且能提供相关收入证明的自然人，"这为达不到 100 万元投资门槛的投资者提供了机会。然而对于仍不能满足该项收入要求的投资者而言，从信托设立的原则和宗旨出发，仍然不得以直接或间接代理的方式参与信托投资。

（三）完善法规体系

健全的法律法规是互联网信托健康发展的根本保证。快速发展的互联网金融对社会和经济的影响越来越大，现有的法律法规是否适用、需要怎样修订完善以及是否需要出台新的法律法规等，都是需要慎重考虑的问题。在互联网信托领域，也出现了一些新形式的创新信托计划，其中有的是违反现行法，有的则是现行法滞后于时代发展，因此需要不断完善法律法规体系。这是保障互联网信托健康发展的制度基础。

（四）打造信用环境

应制定互联网信托方面的法律法规，以保证互联网信托在合法的轨道上健康发展。完善的征信体系是互联网信托乃至互联网金融可持续发展的重要保障。在互联网金融背景下，需要基于互联网来完善现有征信体系。中国人民银行征信系统目前只收录了约24%的人群的信用记录，并且数据还不够全面。互联网累计了大量具有信用价值的个人数据，这些数据对于不能接入人行征信系统的互联网金融企业来说非常重要，对于传统金融机构来说也具有重要的参考价值。因此，需大力发展互联网征信，将互联网数据纳入征信范围，以提高征信服务的质量，从而促进互联网金融的发展。

【本章小结】

1. 用技术打破信息壁垒，以数据追踪信用记录，互联网金融给传统金融业带来了平等、便利化的服务理念。互联网金融本质上是通过互联网开展金融业务，是对传统金融在交易技术、交易渠道、交易方式和服务主体等方面的创新。

2. 互联网银行又称为"网络银行"或"电子银行"，即通过电子化渠道提供小额银行产品销售、提供零售银行服务、提供电子支付渠道以及其他批发性银行服务等。互联网银行面临的法律风险主要包括信息安全风险、交易风险、监管缺位风险和境外业务风险。

3. 目前，我国互联网保险业务模式多样，主要涉及保险消费者、保险公司、保险专业中介机构、第三方支付机构、第三方网络平台这五个参与主体。互联网保险面临的法律风险主要包括信息安全风险、销售行为规范不足、保险合同效力问题、隐私权保护问题和监管政策滞后。

4. 互联网证券面临的法律风险主要包括投资者保护风险、金融混业经营所形成的风险、管辖权不明确及交易系统的安全性与充分承载量不相适应。

5. 互联网信托面临的主要法律风险包括互联网信托投资的信息披露有待完善、互联网信托创新应遵循现行法、网络信托投资平台不得变相吸收公众存款、公开发售的法律风险等。需要注意的是，不同类型的互联网信托模式，因产品创新角度不同、交易结构不同，其面临的法律风险会有一定的差异性。

【复习思考题】

1. 互联网银行的业务特点及其法律风险有哪些？

2. 互联网保险的法律风险有哪些？

3. 互联网信托的业务模式及其法律风险有哪些？

4. 信息化金融机构面临的法律风险有哪些共同点？

第9章　移动互联网金融的法律问题与风险防范

> **任务目标**
>
> 1. 了解移动互联网金融模式
> 2. 掌握移动互联网金融的法律关系
> 3. 掌握移动互联网金融面临的法律风险与防范措施
> 4. 能对移动互联网金融案例进行分析

【导入案例】

移动互联网金融服务新时代来临

近年来，国内互联网金融机构纷纷推出新颖别致的移动客户端应用APP。许多金融消费者都在互联网金融机构的 APP 上获得了金融服务的体验，大都感到从开户、登记到转账、投资理财等交易都十分方便、快捷、顺畅，这预示着移动互联网金融服务新时代悄然来到人们身边。

8 月 18 日，蚂蚁金融服务集团正式推出蚂蚁聚宝——一款全新的移动服务 APP。就在此前两天，8 月 15 日，作为国内首家互联网银行，深圳前海微众银行首款独立客户端——微众银行 APP 正式上线。在 8 月 12 日和 13 日，记者参加了 91 金融和融 360、平安金科分别推出的全新版移动服务客户端 APP 发布会，体验了各家新版 APP 的方便、快捷服务。

一时间，国内互联网金融机构纷纷推出新颖别致的移动客户端应用 APP，向广大客户推出移动互联网金融服务，这或许意味着抢占移动互联网金融服务平台成为当下互联网金融机构创新金融发展战略的制高点。

事实上，近两年飞速发展的互联网或移动互联网金融创新潮流，已让互联网或移动互联网金融的"弄潮儿"们感受到其巨大的"潮汐力"。各类互联网金融机构在移动互联网金融领域的战略布局、竞争合作和开拓创新，必将会在一定时期内促进我国移动互联网金融体系的快速发展壮大，为我国金融体系的转型升级和增强核心竞争力提供强大的新动力。

9.1 移动互联网金融的法律关系

9.1.1 移动互联网金融概述

移动互联网金融是传统金融行业与移动互联网相结合的新兴领域。区别于传统金融服务模式，移动互联网金融以智能手机、平板电脑为代表的各类移动设备为媒介，为移动互联网用户提供诸如移动支付、移动理财、移动融资借贷、移动金融交易平台等新型金融服务模式。

从2014年开始，互联网金融逐步转移到移动互联网金融阶段。无论何时、身处何地，只要拿着手机或平板电脑，有网络信号，申请贷款、购买保险、证券投资、网上购物都可以完成。与传统金融服务业相比，移动互联网金融业务具备透明度更强、参与度更高、协作性更好、中间成本更低、操作更便捷等一系列特征。

9.1.2 移动互联网金融模式

成熟的移动互联网金融模式主要包括：移动支付、移动银行、移动理财、移动电子商务等。

（一）移动支付

1. 移动支付概述

移动支付是指交易双方使用移动设备转移货币价值以清偿获得某种商品或服务的债务的行为。中国支付清算协会公布的《中国支付清算行业运行报告（2016）简要介绍》中显示，2015年移动支付业务快速增长。其中，银行业金融机构共发生移动支付业务138.37亿笔，金额108.22万亿元，同比分别增长205.86%和379.06%；非银行支付机构共发生移动支付业务398.61亿笔，金额21.96万亿元，同比分别增长160.00%和166.50%。

以非银行支付机构为例，2015年移动支付的发展特点表现如下。

（1）移动化加速。2015年互联网支付的交易金额与移动支付的交易金额之比为53∶47，移动支付业务比重较2014年提升14个基点。

（2）远程支付占主导地位。2015年远程支付的交易金额与近场支付的交易金额之比为99.72∶0.28，远程支付占移动支付的主导地位。2015年近场支付也得到了长足发展，近场特约商户数同比上升978.11%。

（3）高频小额性。2015年移动支付日均业务量1.09亿笔，但每笔业务平均金额为550.91元，呈现高频小额性的特点。

2015年，中国支付清算协会组织支付宝、财付通及联动优势等会员单位使用统一的网络问卷向个人客户进行问卷调查，有效样本数量达到40 300份。问卷调查结果显示，2015年，80.4%的被调查用户每周至少使用一次移动支付，移动支付已逐步被大众接受；借记卡被用户选择使用最多，69.4%的被调查用户使用借记卡进行移动支付；安全性是用户最看重的因素，73.4%的被调查用户最看重移动支付的安全性。

2. 移动支付的分类

（1）小微额度支付与大额支付。按照支付的金额，可将移动支付划分为小微额度支付和大额支付。小微额度支付对单次支付和一定时期内总支付数额有一定限制。当支付数额超出该限制后，将无法继续完成支付过程。小微额度支付通常应用于支付话费或者交付彩铃业务费用，因为其对支付效率的要求较高，有时在安全性方面做出相应妥协，所以小微额度支付与大额支付在安全技术方面的处理不同。大额支付对于单次支付数额和总支付额没有限制或上限数额较高，通常能够满足用户的各类支付需求，常被应用于商品或服务交易等消费。二者的最大区别在于移动运营商可独立开展小额支付业务，但大额支付要通过金融机构或其他获得相关金融类牌照的机构进行交易鉴权。

（2）近场支付与远程支付。按照支付距离，可将移动支付划分为近场支付和远程支付。近场支付是指用户在购买商品或享受服务的同时，即时通过移动设备向服务提供商进行支付，支付的处理也在近场进行。其通过使用手机射频、红外、蓝牙等通道，实现与自动售货机以及 POS 机的本地通信。远程支付是指通过发布即时支付指令或借助其他支付手段进行的支付方式，其支付地点与商户的地理位置不同。

（3）按照产业链主导者的不同，可将移动支付分为移动运营商控制的移动支付、移动运营商主导的移动支付、银行主导的移动支付和第三方支付机构主导的移动支付。

①移动运营商控制的移动支付模式。移动运营商希望能够在移动支付领域占据绝对的主导地位，此种模式可确保移动运营商是支付流程中唯一的服务提供者，甚至完全排斥了其他主体的参与。但其弊端非常明显：只适用于小微额度支付。当支付数额过大时，涉及支付牌照的申领、金融监管等问题，除非移动运营商获得相关资质，否则无法进入支付服务领域。由于用户的话费账户与用于移动支付的账户界限不清，运营商绝对控制型移动支付模式支付额度小，业务范围也受到限制，加之结算周期过程等问题，此种支付方式确有不适之处。

②移动运营商主导的移动支付模式。在这种模式下，移动运营商通过与银行、第三方支付机构合作，共同构建移动支付产业链。与移动运营商控制的支付模式相比，移动运营商主导的支付模式将支付形式由小微额度支付扩展到大额支付领域，将更多客户纳入到服务覆盖范围之内。早期的移动支付基于 SIM 卡技术，由于移动运营商控制着 SIM 卡的管理，其在移动支付中处于主导地位。但随着技术的发展，金融机构和第三方支付机构参与移动支付已成为可能。

③银行主导的移动支付模式。银行在支付领域具有丰富的经验，账户管理水平也获得了广泛的认可。但由于其创新的动力与热情不高，进军移动支付的动作略显迟缓，直至余额宝及 P2P 理财兴起之后，银行才提升竞争意识，积极抢占移动支付市场。不过，商业银行与央行有利益一致的地方，可能会拥有政策优势。在金融机构主导的移动支付模式下，银行与移动运营商开展合作，用户通过金融机构的账户付款，由移动运营商提供通道服务，银行提供支付与结算服务。

银行主导移动支付的优势很多：首先，账户的安全性得到保障，且身为金融机构的银行很可能会借此机会整合信用卡业务与移动支付业务，将优势进一步巩固。其次，由银行主导移动支付能够分工细化、各取所长。在银行主导下，移动运营商只提供通道服务，可在自身擅长的领域内积极实现技术的创新与产品优化；而银行只需关注支付和结算服务，并利用原有经验探索安全支付平台的搭建。各方均可在熟悉的领域内开展业务，规避因跨界而带来的法律风险、商业风险。最后，由银行主导移动支付业务，还有利于征信体系的建设。现实中，利用移动支付套现、诈骗的案件屡见不鲜，因个人与银行账号绑定，银行可轻易查到账户对应的自然人，除了有利于证据的收集外，相关数据可直接与公民的个人信息挂钩，在公民诚信记录上留下痕迹。但银行主导下的移动支付模式同样受到人们的质疑。央行既是标准、政策的制定者，又是移动支付业务的受益者，在市场上存在其他有力竞争者的前提下，央行是否会在政策上向银行倾斜也未可知。

④第三方支付机构主导的移动支付模式。事实上，移动运营商、第三方支付机构探索移动支付业务要早于银行，探索的热情也高于银行。经过多年的运行，几大第三方支付机构的安全性已经有目共睹，单从支付的角度而言，通过第三方支付机构进行支付与通过银行进行支付似乎没有区别，更何况第三方支付更为便捷。欧洲移动支付主要以第三方支付机构为主导。在第三方支付主导的移动支付模式下，移动运营商提供通道服务；银行提供结算服务，同时管理账户；第三方支付机构搭建支付平台，主导移动支付业务。但此种业务模式对第三方支付机构资源整合能力的要求很高，要求第三方支付平台必须拥有广泛的客户基础。在我国，支付宝依托淘宝平台收获了大批忠实的用户，发布了支付宝钱包；财付通倚靠微信社交平台提供的客户资源，拓展微信支付业务——这二者是我国第三方支付主导移动支付产业的代表。第三方支付机构主导下，移动支付领域更容易激发金融创新，相较于银行只需守成就可以坐收利润，第三方支付机构只有通过创新才能巩固自身地位。

3. 移动支付的基本流程

支付的前提是用户与商户之间存在交易关系。作为交易的发起人，用户通过移动终端向商户发送购买请求。用户响应后，将收费请求发送给支付平台，根据移动支付的模式不同，接收到收费请求的主体也不相同。平台收到请求后，会把相关信息发送给认证机构鉴别真伪。如果未通过认证，交易自动取消，由平台向用户与商户发送反馈信息。通过认证的，支付平台将系统自动生成的订单发送给消费者确认。订单中包含消费的时间、内容、数额，系统为该次交易匹配了唯一的订单号，用户可凭订单号随时进行查询。消费者核对信息确认无误后，向支付平台发出授权信息，委托其将用户账号内与订单显示数额等额的资金划入商户账号。商户得到资金划付成功的提示后，向用户交付商品或进行服务；用户也会收到支付成功的提示信息，日后可作为其履行合同的凭证。

4. 移动支付的方式

（1）通过客户端软件完成支付。

该种支付方式是用手机等移动终端下载客户端软件进行支付。每一家银行都有自己的银行客户端，用手机下载并安装客户端即可进行移动支付。银行支付只能通过银联支付，支付环节相对复杂，转账实时到账，利息相对较低。支付宝、微信支付、财付通、京东钱包等也是常用的客户端软件，这些软件支付环节相对简单，但不能做到像银行客户端那样转账实时到账，但给予用户较高的利息。另外，许多O2O软件也有支付功能，如苏宁、国美、1号店等。

（2）通过扫描二维码进行支付。

条码支付是指支付服务提供方应用条码技术，向客户提供的通过手机等移动终端实现收付款人之间货币资金转移的行为，包括付款扫码和收款扫码。付款扫码是指付款人通过移动终端读取收款人展示的条码完成支付的行为。收款扫码是指收款人通过读取付款人移动终端展示的条码完成收款的行为。

（3）NFC近场支付。

NFC（Near Field Communication，近距离无线通信），是一种非接触式高频无线通信方式。NFC近场支付即在终端设备上（如POS机、手机刷卡器等）刷手机完成支付。使用NFC支付需要有两个先决条件：第一，用户的手机必须具有NFC功能；第二，用户需要办理NFC专用SIM卡。例如，浦发银行在2013年5月与中国移动率先推出NFC手机支付，于2014年年初又联合中国移动、申通地铁完成了浦发NFC手机支付客户"刷手机"即可乘坐上海地铁，并可通过手机APP实现资金充值、换卡等操作。苹果公司于2014年在iPhone 6中搭载NFC功能。

（4）通过短信回复进行支付。

手机短信支付是手机支付的最早应用，将用户手机SIM卡与用户本人的银行卡账号建立一一对应的关系，用户通过发送短信的方式在系统短信指令的引导下完成交易支付请求，操作简单，可以随时随地进行交易。手机短信支付服务强调了移动缴费和消费。

（5）拨打电话支付。

拨打电话支付即拨打指定的支付热线，按语音提示输入信息，完成交易。通过增加安全加密功能，普通手机会变成多功能、自助式的金融终端，可以随时进行自助银行服务，信用卡还款，网上刷卡购物，缴纳水、电、煤气等公共事业费，预订酒店、机票、火车票等。

（6）手机网页支付。

手机网页支付即通过手机访问购物网站，选择合适的支付方式完成交易。

（二）其他移动互联网金融服务

1. 移动银行

移动银行也称手机银行，是商业银行利用移动通信网络及终端为用户办理相关银行业务的形式。移动银行实现了网络银行与移动通信技术的结合，丰富了银行的服务层次，移动设备可随身携带的特性使银行可以最大限度地与用户接触、为用户提供金融服务。随着商业银行纷纷试水移动银行，银行业务的提供方式也更加多样化。中国建设银行网络金融部副总经理于满于 2015 年 12 月 3 日在中国金融认证中心（CFCA）举办的第十一届中国电子银行年会上指出，移动银行是整个移动金融生态的核心，基本金融服务像证券、基金等都应该依托移动银行来实现。

2. 移动理财

移动理财是指金融机构或其他理财类平台通过发布移动端应用程序或其他方式，令用户在移动端也可享受与 PC 端相同的理财服务形式。移动端理财与 PC 端理财没有本质区别，只是登录方式略有差异。在 P2P 业务如火如荼的当下，很多 P2P 公司、众筹公司借此机会抢占移动端用户，打造多层次理财平台。

移动理财平台的模式主要有两种：①由服务提供方直接发布 APP，打造专属理财空间。平安陆金所采取的即是此种方式。这种方式的优势在于可以让消费者在移动端最大限度地接触本平台产品，但相对而言，由于手机存储空间有限，如果用户不满意该产品的应用设计，很可能将其"打入冷宫"或者直接删除。②与移动运营商合作，共同推出理财产品。例如，浦发银行选择与中国移动进行合作，由中国移动积分商城每周向用户推荐一款移动"客户专属理财产品"。用户可以用移动积分兑换理财产品，也可以用移动积分商城提供的方式自助认购"客户专属理财产品"。这种业务方式宣传的力度较大，但需要给移动运营商一定分成，适合金融机构或规模较大的理财平台。

3. 移动电子商务

移动电子商务就是利用手机、PDA 等无线终端进行的 B2B、B2C、C2C 或 O2O 的电子商务。它将互联网、移动通信技术、短距离通信技术及其他信息处理技术完美结合在一起，使人们可以在任何时间、任何地点进行各种商贸活动，实现随时随地、线上线下的购物与交易、在线电子支付以及各种交易活动、商务活动、金融活动和相关的综合服务活动等。

2016 年 1 月，国内移动电商用户规模为 4.12 亿，相比2015年的3.27亿增长了约26%。2015 年 11 月，受"双十一"促销拉动，中国移动电商用户规模一度突破 5 亿，达到了5.05 亿。[①]

9.1.3 移动互联网金融的法律关系

法律关系是指在法律规范调整社会关系的过程中所形成的人们之间的权利和义务关系。法律关系是一种社会关系，具有合法性，它包括主体、客体、内容三方面的因素。法律关系的主体是法律关系的参加者，即在法律关系中一定权利的享有者和一定义务的承担者，包括自然人和法人等。法律关系的客体是指法律关系主体享有的权利和承担的

---

① 李开复：移动电商将在 2016 年迎来大爆发。

义务所共同指向的对象，包括物、行为和智力成果等。法律关系的内容包括法律关系主体享有的权利和承担的义务两个方面。法律关系是具体的、特定的，是普遍适用的法律规则在调整人们具体行为时形成的具体的社会关系。

（一）移动支付的法律关系

1. 移动支付的主体

移动支付的主体是移动支付的参加者，包括用户、商户、银行业金融机构或非银行支付机构、支付服务提供方、移动运营商、硬件服务商和电子认证服务机构等。

（1）用户。

用户是移动终端的持有者，也是移动支付关系中的最终付款方。

（2）商户。

商户是移动支付关系中的最终收款方。商户只有安装了特定的阅读设备，才能识别用户的芯片。

（3）银行或非银行支付机构。

银行或非银行支付机构是支付、结算服务的提供者，根据用户的指令，进行资金的支付、交易的结算。

（4）支付服务提供方。

支付服务提供方是支付平台的搭建者。

（5）移动运营商。

移动运营商是通道服务的提供者，为用户提供移动网络服务和其他数据服务。

（6）硬件服务商。

硬件服务商是硬件和技术的提供者。无论是芯片的生产、SIM 卡的改造、POS 机的制造，还是手机信息安全的保障，都离不开硬件服务商的支持。

（7）电子认证服务机构。

电子认证服务机构是验证交易主体、交易订单真实性的第三方。第三方电子认证机构并不单一为某一方服务，而是为交易双方负责。

2. 移动支付的客体

移动支付的客体是主体享有权利和承担义务共同指向的对象，包括货币、支付行为等。

3. 移动支付的内容

移动支付的内容是主体享有的权利和承担的义务，具体内容如下。

（1）用户与商户之间的权利和义务。

用户与商户之间存在买卖合同或服务合同，是基于商品买卖或服务提供而产生的债权债务关系。与普通买卖合同或服务合同当事人的权利和义务相同，用户享有接受合格商品或者服务的权利，承担足额、实际付款的义务；商户享有收款的权利，承担提供合格商品或者服务的义务。与传统支付方式不同，用户决定采用移动支付方式付款，商户系统支持移动操作，接受用户的移动付款方式。买方是支付指令的发出者，商户是等额资金的最终流向。移动支付方式不影响买卖双方之间权利和义务的承担，解决的其实是资金由用户流向商户的途径问题。

（2）用户与付款行、非银行支付机构之间的权利和义务。

用户与付款行、非银行支付机构之间存在一系列金融服务合同。

用户与付款行之间存在金融服务合同。该合同自用户在银行开设账户时订立，或在银行进行后续业务拓展时订立，是银行向用户提供服务的依据。依据移动支付合同，用户有权要求银行在接收到特定指令时，于指定时间内将指定数额的资金划入指定账户。银行通常会设计免责条款，比如银行通常会与用户约定"若用户因银行系统差错、故障、错账或其他原因获得不当得利，同意银行从其账户中扣划相关不当得利涉及款项或暂停其电子银行服务"。

用户与非银行支付机构之间存在金融服务合同。该合同自支付机构为用户开立支付账户时订立，是支付机构向用户提供服务的依据。支付机构为用户提供货币资金转移服务，根据用户发出的指令，在经电子认证服务机构验证信息后，将资金从用户账户中划出，当满足特定条件（如用户确认收货）后，用户发出指令，委托支付机构将资金汇入商家账户；或者经过一定时期后，由支付机构自行完成款项的划转。

根据2016年7月起施行的《非银行支付机构网络支付业务管理办法》的规定，支付机构可以为用户开立Ⅰ类、Ⅱ类或者Ⅲ类支付账户。其中，Ⅰ类支付账户，账户余额仅可用于消费和转账，余额付款交易自账户开立起累计不超过1 000元（包括支付账户向客户本人同名银行账户转账）。Ⅱ类支付账户，账户余额仅可用于消费和转账，其所有支付账户的余额付款交易年累计不超过10万元（不包括支付账户向客户本人同名银行账户转账）。Ⅲ类支付账户，账户余额可以用于消费、转账以及购买投资理财等金融类产品，其所有支付账户的余额付款交易年累计不超过20万元（不包括支付账户向客户本人同名银行账户转账）。

（3）用户与移动运营商之间的权利和义务。

用户与移动运营商之间存在移动通信服务合同。该合同是在用户享受移动通信服务初期就签订的。用户通过与移动运营商签订入网协议，约定网上开户服务事宜。剥离了移动运营商提供的服务，手机只是一个空壳，无法完成其基本的通信职能。根据协议，移动运营商在现有技术条件下的移动电话网络覆盖范围内，为用户有偿提供移动通信服务。在移动支付中，移动运营商为用户和其他各方提供"通道"服务，类似于交易的介质，其有义务在通道为各方传达指令。

依据性质，移动运营商提供的通信服务合同为格式合同。格式合同是当事人为了重复使用而预先拟定，并在订立合同时未与对方协商的条款。用户要么全部接受合同条款的内容，要么选择放弃服务，不存在协商的余地。但这并不意味着移动运营商可以随意制定条款、罔顾用户利益。根据《合同法》规定，提供格式条款一方免除其责任、加重对方责任、排除对方主要权利的，该条款无效。

（4）商户与收款行之间的法律关系。

收款行与商户之间存在金融服务合同，其具体内容不再赘述。

（5）付款行与收款行之间的法律关系。

在移动支付中，用户与商户分别在不同银行开设账户的现象十分普遍，即使在同一家银行开设账户，异地支付的现象也很普遍。当付款行与收款行同属一家银行但属于不同支行时，二者基于银行内部管理规定处理资金划付事宜。当付款行与收款行分属不同银行时，二者基于合作协议处理资金划付事宜。

（6）电子认证机构与其他各方之间的权利和义务。

金融机构应当采取技术手段确认使用服务的用户的真实、有效身份，这就需要第三方电子认证服务机构来验证交易主体、交易订单的真实性。用户与电子认证机构之间存在认证合同，证书持有人应当依据合同向电子认证机构提供真实、完整、有效的信息，并有权获得认证机构发放的电子认证证书；电子认证机构应当制作、发放认证证书，向证书持有人提供认证证书管理服务。电子认证机构与证书依赖人之间不存在合同关系，但由于认证机构提供的是信用服务，若认证机构因为故意或重大过失为证书持有人出具了虚假证书，则应当向基于对该证书的信赖而采取进一步行为的证书依赖人承担侵权责任。

（二）其他移动金融服务的法律关系

上文已经提及，其他金融服务只是金融业务由 PC 端向移动端的迁移，与传统 PC 端业务的法律关系类似。

9.2　移动互联网金融的法律风险

法律风险是指基于法律规定或合同约定，由于法律关系主体的外部法律环境发生变化或法律关系主体的作为及不作为，而对移动互联网企业和用户产生负面法律责任或后果的可能性。法律风险包括民事法律风险、行政法律风险和刑事法律风险，本章只阐述民事法律风险和刑事法律风险。

9.2.1　民事法律风险

（一）侵犯用户支付安全的法律风险

在移动支付中，安全性是用户最看重的因素。移动支付业务因依托公共网络作为信息传输通道，不可避免地面临网络病毒、信息窃取、信息篡改、网络钓鱼、网络异常中断等各种安全隐患，也面临欺诈、套现、洗钱等业务风险。如果支付机构不遵守相关规定，给客户的资金安全带来风险，支付机构要承担法律责任。例如，对网络支付业务的潜在风险没有尽到必要的风险提示义务，违反对客户使用支付账户余额付款进行实名验证的规定，违反对客户使用支付账户余额付款的交易使用限额管理的规定，客户在执行支付指令无法对收付款客户名称和账号、交易金额等交易信息进行确认等。

（二）侵犯个人隐私的法律风险

隐私权是我国公民享有的一项重要的人格权，2009年颁布的《侵权责任法》中第一次明确了隐私权的法律地位，将隐私利益上升为一项权利。但在互联网环境中，公民的隐私权却时常受到侵害。例如，掌握用户资料的主体通过分析用户的消费习惯以手机短信的形式发送广告、推介商品，或未经允许将用户资料提供给其他机构或个人。

一般认为，互联网环境下的隐私权包括以下几方面的内容：①用户对于个人信息被收集的知情权。用户有权知悉网站收集用户个人信息的行为，包括信息收集的范围、方式和程度。②对网站能否公开用户信息的决定权。除非法律另有规定，网站公开用户信息必须获得用户的授权或同意，用户有权拒绝网站公开其个人隐私的行为。③对公开的隐私信息的监督权。监督的内容包括网站公布的信息是否超过授权范围，如果网站与用户约定了特定的公开目的，那么用户授权网站公开的隐私信息只能用于该特定目的，否则将构成对用户隐私权的侵犯。

（三）侵犯商业秘密的法律风险

商业秘密是指不为公众所知悉，能为权利人带来经济利益，具有实用性并经权利人采取保密措施的技术信息和经营信息。移动运营商或支付服务商手中掌握了大量的用户消费信息。通过分析消费信息，可清晰解读出一家企业用户的年龄分布、性别分布、地理位置、消费金额甚至联系方式等重要数据。掌握了同行业竞争对手的数据，可轻松获取其客户信息，有针对性地打击对手或推广自己的业务。《非金融机构支付服务管理办法》规定：支付机构应当按规定妥善保管客户身份基本信息、支付业务信息、会计档案等资料。支付机构有义务保护客户的身份信息，不得未经允许、不恰当地对其加以利用。如果支付机构违反以上规定，给企业造成损失，要承担相应的赔偿责任。

（四）延迟支付、错误支付的法律风险

在移动支付法律关系中，银行或第三方支付机构应当按照用户的指令进行支付，但指令通过移动互联网传输时，可能会因服务器故障发生延迟、错误的现象。延迟，是指移动指令虽然准确无误地传达给支付平台或支付平台准确地发布划款指令，但因为网络或服务器的原因，导致指令没有在规定时间内被实现。错误，是指由于网络或服务器的原因，实际执行的指令与发布的指令不相符。延迟支付、错误支付会导致用户在履行与商户之间的买卖合同或服务合同时出现问题，由此会产生法律责任承担的问题。《合同法》规定"当事人一方因第三人的原因造成违约的，应当向对方承担违约责任。

当事人一方和第三人之间的纠纷，依照法律规定或者按照约定解决。"由此，用户应就履行瑕疵问题向商户承担责任。

9.2.2　刑事法律风险

（一）非法提供公民个人信息罪

《刑法》第二百五十三条规定"国家机关或者金融、电信、交通、教育、医疗等单位的工作人员，违反国家规定，将本单位在履行职责或者提供服务过程中获得的公民个人信息，出售或者非法提供给他人，情节严重的，处三年以下有期徒刑或者拘役，并处或者单处罚金"。

移动支付机构作为电信（类金融）服务机构，在经营过程中会获取大量个人信息，如果工作人员故意将其出售或非法提供给他人，情节严重的，用人单位及负责人很可能涉嫌"侵犯公民个人信息罪"。

（二）侵犯商业秘密罪

《刑法》第二百一十九条规定"有下列侵犯商业秘密行为之一，给商业秘密的权利人造成重大损失的，处三年以下有期徒刑或者拘役，并处或者单处罚金；造成特别严重者其他后果的，处三年以上七年以下有期徒刑，并处罚金：（一）以盗窃、利诱、胁迫或手段获不正当手段获取权利人的商业秘密的；（二）披露、使用或者允许他人使用以前项求，披取的权利人的商业秘密的；（三）违反约定或者违反权利人有关保守商业秘密的要露、使用或者允许他人使用其所掌握的商业秘密的。"

《最高人民检察院、公安部关于公安机关管辖的刑事案件立案追诉标准的规定（二）》第七十三条规定"［侵犯商业秘密案（刑法第二百一十九条）］侵犯商业秘密，涉嫌下列情形之一的，应予立案追诉：（一）给商业秘密权利人造成损失数额在五十万元以上的；（二）因侵犯商业秘密违法所得数额在五十万元以上的；（三）致使商业秘密权利人破产的；（四）其他给商业秘密权利人造成重大损失的情形。"

实践中，企业内部员工泄露、倒卖商业信息的情况屡屡发生，给商业秘密持有企业造成损失达到追责程度的，行为主体则涉嫌"侵犯商业秘密罪"。移动运营商和移动支付机构应当加强对其员工的法律教育，避免类似案件的发生。

（三）非法经营罪

随着移动支付的普及，利用移动支付终端设备套现的问题也出现在公共视野，互联网论坛中甚至出现了"移动支付套现攻略"等热帖。根据《关于办理妨害信用卡管理刑事案件具体应用法律若干问题的解释》第七条第一款规定"违反国家规定，使用销售点终端机具（POS机）等方法，以虚构交易、虚开价格、现金退货等方式向信用卡持卡人直接支付现金，情节严重的，应当依据刑法第二百二十五条的规定，以非法经营罪定罪处罚。"但这里要区分两种行为：一是以利用移动支付终端设备套现为常业；二是有主营业务，但偶尔从事套现行为。对于前者，由于社会危害性大，宜根据实际情况认定为非法经营罪；但后者是否构成非法经营罪，要根据具体情况具体分析，不能一概而论。

9.3 移动互联网金融的风险防范

移动互联网金融给人们的生活带来极大便利的同时，也带来了很多风险。对移动互联网金融风险进行有效的防范，对促进移动互联网金融健康发展具有重要意义。

（一）遵守风险管理和客户权益保护的监管规定

客户在网络支付业务中可能面临资金被盗、信息泄露等风险隐患，在维权过程中也往往处于相对弱势的地位。2015年12月28日通过、2016年7月1日起施行的《非银行支付机构网络支付业务管理办法》对移动支付中的风险管理措施和客户权益保护措施做出了明确的监管规定。

为加强风险防范，《非银行支付机构网络支付业务管理办法》从风险管理角度对支付机构提出了以下明确要求。

一是综合客户类型、客户身份核实方式、交易行为特征、资信状况等因素，建立客户风险评级管理制度和机制，并动态调整客户风险评级及相关风险控制措施。

二是建立交易风险管理制度和交易监测系统，对疑似风险和非法交易及时采取调查核实、延迟结算、终止服务等必要控制措施。

三是向客户充分提示网络支付业务潜在风险，及时揭示不法分子新型作案手段，对客户进行必要的安全教育，在高风险业务操作前、操作中向客户进行风险警示。

四是以"最小化"原则采集、使用、存储和传输客户信息，采取有效措施防范信息泄露风险。

五是提高交易验证方式的安全级别，所采用的数字证书、电子签名、一次性密码、生理特征等验证要素应符合相关法律法规和技术安全要求。

六是网络支付相关系统设施和技术，应当持续符合国家、金融行业标准和相关信息安全管理要求。

七是确保网络支付业务系统及其备份系统的安全和规范，制订突发事件应急预案，保障系统安全性和业务连续性。

为保障客户合法权益，《非银行支付机构网络支付业务管理办法》结合支付机构目前在客户权益保护方面存在的不足，明确了以下监管要求。

一是知情权方面。要求支付机构以显著方式提示客户注意服务协议中与其有重大利害关系的事项，采取有效方式确认客户充分知晓并清晰理解相关权利、义务和责任；并要求支付机构增加信息透明度，定期公开披露风险事件、客户投诉等信息，加强客户和舆论监督。

二是选择权方面。要求支付机构充分尊重客户的真实意愿，由客户自主选择提供网络支付服务的机构、资金收付方式等，不得以诱导、强迫等方式侵害客户自主选择权；支付机构变更协议条款、提高服务收费标准或者新设收费项目，应以客户知悉且自愿接受相关调整为前提。

三是信息安全方面。要求支付机构制定客户信息保护措施和风险控制机制，确保自身及特约商户均不存储客户敏感信息，并依法承担因信息泄露造成的损失和责任。

四是资金安全方面。要求支付机构及时处理客户提出的差错争议和投诉，并建立健全风险准备金和客户损失赔付机制，对不能有效证明因客户原因导致的资金损失及时先行赔付；要求支付机构对安全性较低的支付账户余额付款交易设置单日累计限额，并对采用不足两类要素进行验证的交易无条件全额承担客户风险损失赔付责任。

（二）合理把握创新的界限和力度，避免突破底线

移动互联网金融创新必须坚持金融服务实体经济的本质要求，合理把握创新的界限和力度。移动互联网金融创新必须以市场为导向，以提高金融服务能力和效率、更好地服务实体经济为根本目的，不能脱离金融监管、脱离服务实体经济抽象地谈金融创新。移动支付应始终坚持为电子商务发展服务和为社会提供小额、快捷、便民的小微支付服务的宗旨；企业应当关注政策，聘请法律顾问对产品进行论证，确保业务的推行不突破底线，否则可能面临业务被叫停的法律风险。

（三）明确移动支付监管各方的监管责任

移动支付主要涉及央行、电信部门等监管机构。明确移动支付监管各方的监管责任，避免重复监管、交叉监管尤为重要。2015 年 7 月，中国人民银行、工业和信息化部、公安部、财政部、工商总局、法制办、银监会、证监会、保监会、国家互联网信息办公室联合发布的《关于促进互联网金融健康发展的指导意见》中明确指出，互联网支付业务由人民银行负责监管，工业和信息化部负责对互联网金融业务涉及的电信业务进行监管，国家互联网信息办公室负责对金融信息服务、互联网信息内容等业务进行监管；人民银行、银监会、证监会、保监会会同有关行政执法部门，根据职责分工依法开展互联网金融领域消费者和投资者权益保护工作；人民银行、银监会、证监会、保监会、工业和信息化部、公安部、国家互联网信息办公室分别负责对相关从业机构的网络与信息安全保障进行监管，并制定相关监管细则和技术安全标准。

（四）充分发挥行业自律组织的作用

要充分发挥行业自律机制在规范从业机构市场行为和保护行业合法权益等方面的积极作用。2015 年 12 月，经国务院批准，民政部通知中国互联网金融协会准予成立。协会旨在通过自律管理和会员服务，规范从业机构市场行为，保护行业合法权益，推动从业机构更好地服务社会经济发展，引导行业规范健康运行。中国互联网金融协会的职

责主要包括规范会员的经营行为，制定并组织会员签订、履行行业自律公约，建立争议、投诉处理机制，组织开展行业情况调查，制定行业标准、业务规范等。

另外，支付机构应当加入中国支付清算协会，接受行业自律组织管理。中国支付清算协会负责制定网络支付业务行业自律规范，建立自律审查机制，建立信用承诺制度，要求支付机构以标准格式向社会公开承诺依法合规开展网络支付业务，保障客户信息安全和资金安全，维护客户合法权益，如违法违规自愿接受约束和处罚。

（五）建立信息共享机制

应当加强移动运营商、金融机构、第三方支付机构与公安部门、工商、工信部的合作。各方及时沟通、协商，制定统一的行业标准，并可将不涉及商业秘密诸如信用记录一类的信息共享。同时，各方应当与公安机关建立联系，将最新的与移动金融相关的案例通报给用户，以及时采取措施、防范风险。

（六）优化合同文本

优化合同文本，即明确划分各方的权利、义务、责任。无论通过移动端还是 PC 端签订合同，虽然会形成同一种法律关系，但由于技术的不同，移动端可能产生额外的、由引入新技术而引发的商业风险。当发生这种商业风险时，应当确定由哪一方承担这种风险。例如，因为移动通信终端等原因导致业务手续无法正常完成时，由哪一方承担责任。

（七）完善打击洗钱犯罪的法律法规

移动互联网交易的安全性至关重要，而我国目前刑法分则明文规定的金融犯罪却屈指可数。首先必须细分金融犯罪，防止漏网之鱼；其次，要加大对金融犯罪的惩处力度，防止职业金融犯的产生；最后，在配套行政法规出台前，可以对现有的刑法内容进行更新，同时保持适当的谦抑性。

【本章小结】

1. 移动互联网金融以智能手机、平板电脑为代表的各类移动设备为媒介，为移动互联网用户提供诸如移动支付、移动理财、移动融资借贷、移动金融交易平台等新型金融服务模式。成熟的移动互联网金融模式主要包括移动支付、移动银行、移动理财、移动电子商务等。

2. 移动互联网金融的法律关系包括主体、客体、内容三方面的因素。移动支付的主体是移动支付的参加者，包括用户、商户、银行业金融机构或非银行支付机构、支付服务提供方、移动运营商、硬件服务商和电子认证服务机构等。移动支付的客体是主体享有权利和承担义务共同指向的对象，包括货币、支付行为等。移动支付的内容是主体享有的权利和承担的义务。

3.移动互联网金融的法律风险包括民事法律风险和刑事法律风险。其中，民事法律风险包括侵犯用户支付安全的法律风险，侵犯个人隐私的法律风险，侵犯商业秘密的法律风险，延迟支付、错误支付的法律风险等；刑事法律风险包括非法提供公民个人信息罪、侵犯商业秘密罪、非法经营罪等。

4.移动互联网金融的风险防范措施包括：遵守风险管理和客户权益保护的监管规定；合理把握创新的界限和力度，避免突破底线；明确移动支付监管各方的监管责任；充分发挥行业自律组织的作用；建立信息共享机制；优化合同文本；完善打击洗钱犯罪的法律法规等。

【复习思考题】

1.移动互联网金融的模式有哪些？

2.移动互联网金融法律关系的主体、客体和具体内容有哪些？

3.移动互联网金融面临的法律风险有哪些？

4.如何防范移动互联网金融的法律风险？

5.如何识别微信诈骗风险？

第 10 章　互联网金融超市的法律问题与风险防范

> **任务目标**
> 1. 了解互联网金融超市的概念
> 2. 了解互联网金融超市的产生与发展过程
> 3. 掌握互联网金融超市的主要业务模式及其内在法律关系
> 4. 掌握互联网金融超市的刑事、民事和行政法律风险
> 5. 掌握互联网金融超市的风险防范措施

10.1　互联网金融超市概述

在经过爆发式发展之后，互联网金融行业逐渐回归理性。除了 P2P 网络借贷、第三方支付和众筹融资等互联网金融行业的领头羊外，出于业务转型与创新的需要，提供第三方金融服务平台的互联网金融超市也逐渐在市场上活跃起来。

10.1.1　互联网金融超市的概念

传统意义上的互联网金融超市是指互联网金融平台将金融机构的各种产品和服务进行有机整合，并通过与保险、证券、评估、抵押登记、公证等多种社会机构和部门协作，在互联网上向企业或者个人客户提供的一种涵盖众多金融产品与增值服务的一体化经营方式。随着第三方金融服务平台的日渐成熟，现有的互联网金融超市不仅仅以传统金融机构为服务提供方，还包括非金融机构。因此，广义上的互联网金融超市是指以互联网为媒介，为客户提供综合化、一体化金融理财产品的服务模式。本章以广义的互联网金融超市为基础展开讨论。

10.1.2　互联网金融超市的形成与发展

我国互联网金融超市的形成与发展经历了金融超市的萌芽、传统金融互联网化、互联网金融超市化等阶段。

（一）金融超市的萌芽

不同于国外传统金融的混业经营，我国金融长久以来一直是分业经营模式。随着金融市场竞争的不断加剧，分业经营模式的弊端逐渐凸显，市场呼唤混合经营的金融主体。

我国的金融超市最初是作为一个提升消费者体验的概念提出的。我国的金融超市起

源于银行，银行通过对其经营的金融产品以及为客户提供的金融服务的整合，同时与保险、证券公司等其他传统金融机构进行业务合作，从而为客户提供包含多种金融产品与服务的多元化、一体化的运作模式。而随着各类金融业务合作的加深，银行、保险、证券等传统金融机构开始涉足资本市场或金融衍生品市场，为客户提供更加多元化的金融产品和增值服务。

（二）传统金融互联网化

互联网技术起源于 20 世纪 70 年代前后的美国，发展近 20 年后开始广泛的商业化应用。以互联网为代表的现代信息技术，特别是移动支付、大数据、云计算、社交网络、搜索引擎等，对传统金融服务产生了颠覆性影响。对于银行、保险、证券、基金等传统金融机构而言，高昂的销售成本是推动其变革的直接因素，而互联网最大的优势恰恰在于边际成本几乎为零的渠道。

随着互联网技术的不断发展，金融服务对物理交易场所的依赖程度越来越低，逐渐向互联网、移动互联网迁移。作为金融服务接受者的客户，更倾向于通过网站或移动终端设备完成金融交易和服务。互联网金融起源于银行、保险、证券、基金等传统金融机构将线下业务转移到线上的互联网化过程。各大商业银行纷纷推出在线银行等网上交易模式；传统证券业务也随着互联网技术的快速进步和普及，发展到网上开户、网上交易、网上资金清算等；我国部分保险公司也逐渐开展线上服务，通过互联网提供保险产品的选购和保费支付服务。

互联网金融的出现倒逼传统金融改革与创新，同时也催生了互联网技术公司与传统金融机构的合作，一些互联网企业参与金融市场活动。互联网技术公司借助丰富的互联网运营经验，利用客户资源、大数据资源和云服务等优势，促进了金融业务支付方式、投融资渠道和投融资方法的创新。

（三）互联网金融超市化

近几年来，随着互联网金融的迅猛发展以及社会财富的不断增加，投融资的需求被不断激活与释放。为满足客户的投融资需求，金融服务提供者开始探索新的经营模式，从以业务供给为主的商业模式逐渐转向满足客户需求、以用户体验为主的商业模式。

2013 年以来，我国互联网巨头百度、阿里巴巴、腾讯、京东等纷纷布局互联网金融，并通过自身所具备的品牌口碑、用户基础、大数据、金融和互联网资源等优势，逐渐发展成互联网金融超市。

目前，我国互联网金融超市还处于萌芽期，但随着阿里巴巴、腾讯和百度等互联网巨头的入驻，互联网金融超市已经逐渐形成一定的竞争态势。本章以具有代表性的互联网金融超市为研究对象，通过分析不同模式互联网金融超市的法律关系和存在的法律风险，提出相应的防范措施。

10.2 互联网金融超市的业务模式及法律关系分析

10.2.1 "百度"模式

（一）模式简介

"百度"模式，即金融超市搭建理财产品的信息搜索平台，为各类理财产品提供信息展示服务，主要是指为投资者提供金融信息导航、搜索比价、金融机构排名、理财产品推荐等服务。投资者在平台上浏览理财产品信息，或根据平台推荐的理财产品进行选择，选定后系统将直接跳转到销售该理财产品的金融机构的网页。此种业务模式类似于"百度"搜索引擎，故称为"百度"模式。

目前，有的金融超市仅提供简单的信息展示，如"百度财富""51理财（理财导航平台）""好贷网（专业贷款搜索平台）"等平台；而有的金融超市在信息展示的基础上，还接受客户的贷款申请材料、办理初步审核等，如"融360（金融搜索平台）"。

（二）特征

（1）"百度"模式的互联网金融超市仅提供金融信息展示服务，不提供理财产品的购买服务。此类互联网金融超市只是金融信息的集合，包括理财产品信息、金融行情与资讯、理财知识、法律法规及相关新闻，有的还包括简单的理财咨询。投资者在"百度"模式的互联网金融超市中获取的服务仅是信息检索、理财产品推荐等，当其点击某种理财产品（数据链接）时，页面会自动跳转至该理财产品或商标对应的其他金融机构的网页。

（2）"百度"模式的互联网金融超市是金融信息的汇集平台。其理财产品的信息量非常丰富，涉及领域众多，包括贷款、股票、基金、期货、银行、保险、贵金属、彩票、理财（P2P产品等）、信用卡等领域。此种模式使得投资者的理财选择多样化，可以在平台上实现对不同理财产品的比价、挑选及组合。

（3）"百度"模式的互联网金融超市为各金融机构展示相关金融信息，其盈利来源主要为流量分成，即广告收入。金融企业在"百度"模式的互联网金融超市推广和宣传金融信息与理财产品，需支付广告费用，有些金融机构还需根据金融超市引流的情况支付相应的提成。而对于金融机构来说，将理财产品通过其他平台导流销售的模式成本更低，面临的法律风险也更小。

"百度"模式的互联网金融超市在给投资者提供便利的金融信息检索服务和多样化的理财选择的同时，还使得投资者能够对海量的金融信息进行挑选对比，从而形成理性的判断，选择合理收益，降低理财风险。对于金融企业而言，"百度"模式的互联网金融超市提供了新型的宣传和推广方式，减少了金融企业的销售成本，较之第三方代销模式降低了法律风险。

但是"百度"模式的互联网金融超市也存在着一些弊端，比如平台上的信息真实性难以证明，平台上的企业、产品质量参差不齐，推送的广告或存在虚假、夸大宣传的情况等，这无疑会影响投资者的判断。特别是当某一互联网金融超市的知名度、信誉度较高时，投资者往往会因为信赖该平台而认为该平台上的信息都是真实有保障的，从而容易被虚假信息误导，最终遭受财产损失。

（三）典型案例："51 理财"

51 理财打造的是金融信息导航平台，是典型的"百度"型互联网金融超市。51 理财通过与众多的金融机构合作，在其平台上展示金融机构的相关信息。51 理财的平台包括 P2P、贵金属、股票、基金、期货、银行、保险、彩票、理财资讯九大金融理财板块，每一板块均展示了不同机构的名称或商标。投资者若点击其中一个企业名称，网页页面将会自动跳转到该企业的理财网站。

51 理财的功能主要包括：

（1）提供金融信息导航服务，在平台上展示金融机构的相关信息。

（2）提供理财知识、理财新闻、理财攻略等金融资讯与行情服务。

（3）根据客户的投资理财需求推荐不同投资组合模型。

（4）对理财产品和金融机构进行排名、评级，供投资者借鉴选择。

通过其功能不难看出，51 理财平台涵盖了大量的金融机构和金融信息，为投资者提供了多样化的理财选择，投资者可以自由选择、合进行投资理财。51 理财平台还包含了理财知识、理财新闻、理财攻略等板块，为投资者提供资讯服务，进行理财知识普及和风险提示。

2016 年 8 月 24 日，银监会发布了《网络借贷信息中介机构业务活动管理暂行办法》（下称《暂行办法》）。《暂行办法》的出台完善了 P2P 监管体制，P2P 也从灰色监管地带走向阳光化。但此次《暂行办法》对 P2P 的严格规定也将进一步加速行业洗牌，大部分违规和实力弱的平台将被淘汰，剩下的 P2P 更多的是谋求转型。像 51 理财这类"百度"模式则给那些没有相关金融牌照但平台用户量较大的 P2P 平台提供了一个转型方向。

（四）法律关系分析

1.业务模式框架图

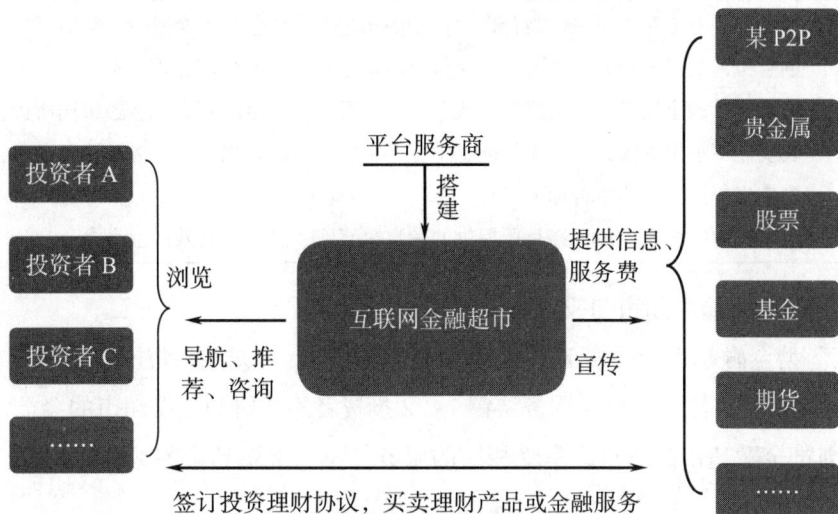

图10-1 业务模式框架图

2.法律关系

（1）平台运营商搭建互联网金融超市平台，制定平台交易规则。

（2）平台与金融机构签订合作协议，平台通过自身渠道资源展示金融机构平台Logo、产品信息数据链接的方式宣传、推广金融机构及其产品。

（3）投资者进入平台：①注册会员，与平台签订服务协议，随后进行产品搜索，选定产品后通过产品链接进入金融机构的网站进行购买；②不注册会员，以"游客"身份浏览网站，与注册会员享受相同／不同的服务。

3.权利义务关系

（1）"百度"型金融超市与金融机构。

平台运营商与金融机构签订合作协议，此合作协议通常为无名的有偿或无偿合同。表10-1所示为"百度"型金融超市与金融机构在该类合作协议中的权利义务关系。

表10-1 "百度"型金融超市与金融机构的权利义务关系

<table>
<tr><th colspan="2">"百度"型金融超市</th><th colspan="2">金融机构</th></tr>
<tr><td rowspan="2">义务</td><td>为金融机构提供信息展示服务，介绍和宣传金融机构及其相关金融产品信息</td><td rowspan="2">权利</td><td rowspan="2">享有金融超市提供的信息展示服务，根据付费的价格高低享有相应的排位顺序</td></tr>
<tr><td>对金融机构提供的材料进行必要的审核</td></tr>
<tr><td rowspan="2">权利</td><td rowspan="2">接收服务的对价，主要为推广费用</td><td rowspan="2">义务</td><td>根据合作协议约定，按期足额向金融超市支付服务费用</td></tr>
<tr><td>根据协议约定和金融超市的管理规则，提供机构和理财产品相关信息与材料</td></tr>
</table>

"百度"型金融超市	金融机构
备注	（1）"百度"型金融超市在这类合作协议中的角色为金融信息中介平台，类似于广告发布者的身份，其提供的服务主要是金融信息展示服务，也包含部分理财资讯 （2）金融超市的审核义务，主要是形式审核。"百度"型金融超市对金融机构所提供信息的真实性不承担责任，但是作为信息中介平台应当负有合理审查义务和注意义务，金融超市应当制定合理的审查标准 （3）金融机构向金融超市承诺其所提供的信息是真实、合法、有效的信息

（2）"百度"型金融超市与投资者。

"百度"型金融超市为投资者提供服务有两种情形：①投资者注册为金融超市的会员，与金融超市签订注册协议（服务协议）。②投资者不注册为金融超市的会员，以"游客"身份浏览金融超市的信息，享受相应的服务，不与金融超市签订任何协议。其具体内容如表10-2所示。

表10-2 "百度"型金融超市与投资者的关系

项目	签订注册协议，成为会员	不签订注册协议，非会员
是否接受金融超市的管理	需遵守平台的管理规则	对投资者影响不大
获得金融超市提供的服务	（1）浏览金融超市平台上展示的理财产品、金融机构或金融信息 （2）获取理财知识、理财新闻、理财攻略等资讯 （3）获取投资组合模型推荐等 （某些金融超市的注册会员可以享受比非注册会员更多的服务）	
产生法律关系的时间	投资者在接受《注册／服务协议》成为金融超市注册会员之时，产生相应的法律关系：金融超市为投资者提供服务；投资者接受金融超市的管理	无相应的特定法律关系
金融超市的提示义务	（1）金融超市对金融机构提供的信息完成审查后，在对其进行宣传、推广时，应当提示投资者金融超市对该信息的真实性不承担责任，投资者需谨慎判断与决策 （2）提示投资者相关的投资风险，及时更新理财资讯 （3）制定信息披露规则，履行信息披露义务	

（3）投资者与金融机构。

投资者在互联网金融超市平台选中需购买的理财产品，点击进入第三方金融机构的网页之后，与金融超市的关系结束。投资者和金融机构在金融机构的网站上实现理财产品的交易，金融超市对此阶段投资者和金融机构的交易行为（投资理财行为）不承担责任。

除了上述的付费推广模式外，"百度"型金融超市还有另外一种形式，即由金融超市自动收集相关金融机构、金融产品的信息，并在超市网站上对其进行展示，金融机构对此可能并不知情，也不向金融超市支付任何费用。这种形式下，金融超市承担的审查义务要低于前述付费推广模式，与金融机构之间不存在服务与被服务的法律关系。

10.2.2 "京东"模式

（一）模式简介

"京东"模式，即在金融超市中销售超市自有的或第三方金融机构发行的理财产品。此类超市多是大型的金融机构或互联网企业为销售自家旗下（或关联公司）的理财产品而设立的综合性互联网金融超市。此模式的代表有京东金融、陆金所、苏宁金融。

（二）特征

（1）"京东"模式的互联网金融超市为投资者提供综合性的金融理财服务。此模式的金融超市往往依托平台企业或集团公司的实力，为投资者提供包括目前国内各金融领域的理财产品的金融信息服务、交易购买服务，囊括银行、信托、基金、保险众多领域。在P2P行业的监管政策日益趋紧的大背景下，P2P企业仅能从事单一的借贷信息撮合业务，此模式金融超市的综合性优势更加明显。

（2）"京东"模式的互联网金融超市的服务合作对象多为大型的金融集团企业。此类综合型金融超市起初多是大型的金融集团企业为出售自家旗下金融公司的理财产品及金融服务而设立的，如中国银行网上银行、中国平安金融超市。而随着互联网金融机构的快速发展，理财产品越来越丰富，一些金融超市开始与各大金融机构建立合作关系，代销其他金融机构的理财产品，或作为信息中介为金融机构与投资者进行撮合，或提供商家入驻服务，提供理财产品推荐等金融服务，构建各金融机构的合作平台。

（3）"京东"模式的互联网金融超市不同于其他模式的主要特征在于，该金融超市是以销售理财产品为主，兼有宣传、提供交易市场的功能，即不仅仅是"百度"型的信息展示和宣传功能，"淘宝"型的集合商家、提供交易市场的功能，还包括在该平台上完成金融产品与服务的交易活动，且以直接销售金融理财产品或提供金融服务为主。

"京东"模式的互联网金融超市具有综合性、便捷性等特点，能够为广大投资者提供全方位的金融服务，同时与不同的金融机构建立服务合作关系，大大地节省了资源和交易成本。但此种模式涉及的关系较为复杂，覆盖的理财产品丰富多样，风险也相应增加，只有非常透明的信息披露制度、资金账户管理制度、风险控制制度等各项制度的配合，才能保障此类金融超市的良好运营和安全运转。

（三）业务

"京东"模式的互联网金融超市是集合多种业务模式的综合性平台，主要包括以下业务：

（1）自营业务，是指出售自己（或关联公司）的理财产品。此时金融超市搭建公司为融资方，与投资者建立交易关系。这种业务的开展需要金融超市的搭建公司具备经营相关金融业务的法定资质。

（2）代销业务，即金融超市与第三方金融机构合作，接受其他金融机构的委托，代为销售该金融机构的理财产品。此时金融超市的身份为代销商，即代理发行理财产品的金融机构与投资者建立交易关系。作为金融产品代销商，必须取得销售相关理财产品的法定资质。

（3）信息中介业务，即居间人，在第三方金融机构（或非金融机构）与投资者之间进行交易撮合，为双方交易关系的建立提供居间服务，类似于P2P。

（4）商家入驻业务，即"淘宝"模式的互联网金融超市的主要业务。金融超市为第三方金融机构提供商家入驻服务，由第三方金融机构在金融超市销售理财产品（此模式将在"淘宝"型互联网金融超市中做详细的介绍）。

（四）典型案例："陆金所"

陆金所，全称上海陆家嘴国际金融资产交易市场股份有限公司，是互联网财富管理平台，平安集团旗下成员。

陆金所目前销售的理财产品有P2P、活期、定期、基金，高端理财（主要为资产管理计划）、保险。其业务模式主要有以下几种。

（1）自营业务。自营的理财产品主要有重金所[①]的零活宝、保险产品。

（2）代销业务，是指代销其他金融机构的理财产品。陆金所现在主要代销基金产品。

（3）信息中介业务。陆金所主要为个人会员与第三方产品提供方（包括但不限于金融产品的发行人、管理人、销售机构、资产管理公司、金融资产交易所等）提供交易资料传递、交易指令传递、交易记录管理、交易协议签署等互联网交易辅助和信息中介服务。目前，陆金所平台上的产品主要是信息中介类型产品。

（4）商家入驻业务。陆金所目前正和前海征信联手打造P2P"人民公社"平台，这一平台正是陆金所打造的互联网金融开放式平台，即邀请P2P机构入驻陆金所平台。

陆金所平台除了提供以上产品外，还提供评级、推荐理财产品等服务，为投资者选择理财产品提供建议、参考或咨询。

（五）法律关系分析

1. 自营模式

（1）自营模式框架图。

[①] 重庆金融资产交易所有限责任公司，2016年3月重金所完成股权变更，正式成为平安集团的一员。

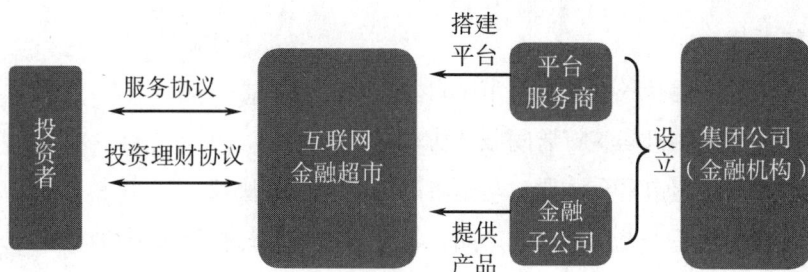

图10-2 自营模式框架图

（2）法律关系：

①平台运营商搭建互联网金融超市平台，并在平台上展示、出售理财产品。

②投资者在金融超市平台注册，与金融超市签订服务协议。

③投资者在金融超市上选购理财产品，与金融超市签订投资理财协议。

2. 代销商模式

（1）代销商模式框架图。

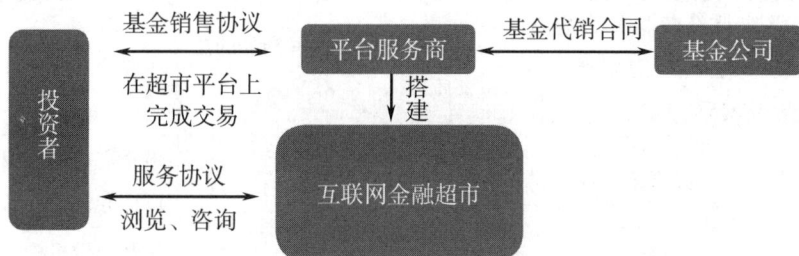

图10-3 代销商模式框架图

（2）法律关系：

①平台运营商搭建互联网金融超市平台。

②金融超市与金融机构签订委托销售协议，由金融超市代为销售金融机构的理财产品。

③投资者在金融超市平台注册，与金融超市签订服务协议。

④投资者在金融超市上选购理财产品，与金融超市签订投资理财协议。

3. 信息中介模式

（1）信息中介模式框架图。

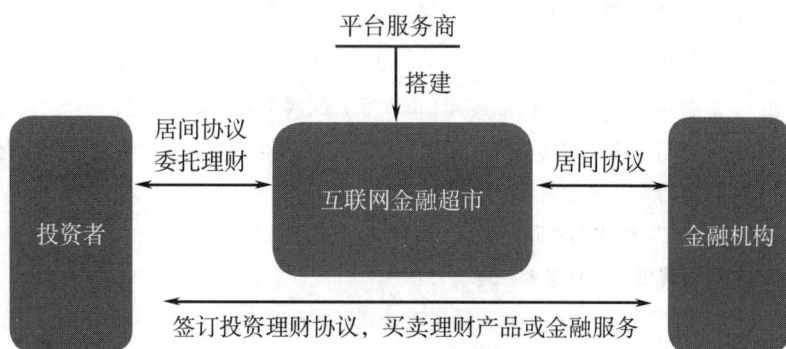

图10-4 信息中介模式框架图

（2）法律关系：

①平台运营商搭建互联网金融超市平台。

②金融超市与金融机构签订居间服务协议。

③投资者在金融超市平台注册，与金融超市签订服务协议。

④投资者在金融超市上选购理财产品，与金融机构签订投资理财协议。

（六）"京东"模式的互联网金融超市各类业务模式分析

表10-3　"京东"模式的互联网金融超市各类业务模式分析

类型	自营	代销	信息中介
业务模式	销售集团公司旗下金融机构的理财产品	接受金融机构的委托，代为销售金融机构的理财产品	作为居间人，为金融超市的入驻机构和注册会员之间的理财产品交易提供撮合、居间服务（类似于P2P网络借贷）
资质	需取得经营相关金融业务、销售相关理财产品的法定资质	需取得销售相关理财产品的法定资质	主要为ICP许可证
产品	标准产品或非标产品	标准产品或非标产品	借贷需求、债权转让、资产证券化产品等
与其他金融机构的关系	—	接受金融机构的委托，代为销售理财产品	接受金融机构（或非金融机构）的委托，向其报告订立合同的机会或者提供订立合同的媒介服务
与投资者的关系	投资者与金融超市平台签订： （1）服务协议。投资者接受平台管理，接受平台提供的服务 （2）投资理财协议。二者是理财产品的直接交易双方	投资者与金融超市平台签订： （1）服务协议。投资者接受平台管理，接受平台提供的服务 （2）投资理财协议。金融超市平台与投资者之间的交易行为、签订合同的行为属于代理行为	投资者与金融超市平台签订服务协议。投资者接受平台管理，接受平台提供的服务
备注	（1）金融超市与金融机构常具有关联关系，同属于某一集团企业 （2）金融超市的理财业务往往和线下交易场所的业务相结合，将线下的理财产品放到线上的互联网金融超市进行推广和宣传 （3）"京东"模式的互联网金融超市是集合多种理财类型的大商场，信息丰富，为投资者提供多样化选择和综合性服务 （4）"京东"模式的互联网金融超市是真正的理财产品交易市场，它以实现理财产品交易为最终目的，交易模式更自由，效率更高		

10.2.3 "淘宝"模式

（一）模式简介

"淘宝"模式，即商家入驻模式。淘宝上的商品或服务交易是在买家和卖家双方之间进行的，淘宝仅负责搭建交易平台，制定商家入驻规则、交易规则，提供第三方支付、分期购买等相关服务。因此，"淘宝"模式的互联网金融超市其实是第三方服务商通过自有的技术实力搭建平台，由其他理财机构（包括持牌金融机构和非金融机构）入驻，在该平台上开设"店铺"，开展理财产品或相关服务的宣传、交易。

（二）特征

（1）"淘宝"模式的互联网金融超市本身不出售理财产品，仅搭建交易平台，以供投资者和理财机构在该平台上实现理财产品的交易。"淘宝"模式的互联网金融超市是不同理财机构和金融信息集合的服务平台，是独立的第三方。

（2）"淘宝"模式的互联网金融超市为理财机构提供技术支持、第三方支付等相关辅助服务，并制定超市的理财机构入驻规则、交易规则、争议解决规则等超市日常管理规则。金融超市通常与理财机构达成战略合作协议，向理财机构收取服务对价，一般是管理费用、手续费或渠道合作费用。

（3）提供第三方平台监管，保障交易公平。"淘宝"模式的互联网金融超市为投资者提供海量的金融信息和理财产品，投资者可以在金融超市自由选择理财产品并进行投资交易。金融超市作为独立于交易双方之外的第三方，提供的交易环境更加安全，在超市平台上交易更加公平，有利于保护投资者在投资理财中的公平交易地位和相关法律权益。

但由于搭建"淘宝"模式的互联网金融超市的技术含量要求高，资金和精力投入高，成本巨大，目前，市场上的"淘宝"模式的互联网金融超市较少。且该模式的互联网金融超市搭建成功之后，准入门槛也相对较高，一般的小微贷款公司或中小型企业难以进入。随着此类互联网金融超市的创设，相应的监管规则与法律法规会逐渐建立和完善。

（三）法律关系分析

1. 业务模式框架图

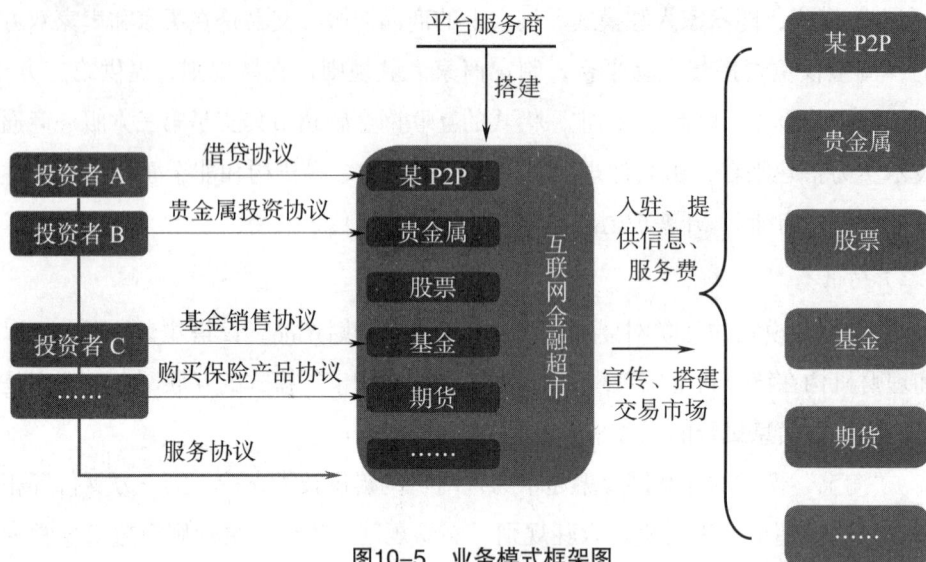

图10-5　业务模式框架图

2. 法律关系

（1）平台运营商搭建互联网金融超市平台。

（2）平台与理财机构签订入驻协议，理财机构享受平台提供的服务。

（3）投资者在平台上注册，与平台签订服务协议，然后在平台上选购理财产品。

（四）权利义务关系

1. "淘宝"型互联网金融超市与理财机构

"淘宝"型互联网金融超市与理财机构主要签订入驻协议/合作协议/服务协议，其具体权利义务关系如表10-4所示。

表10-4　"淘宝"型互联网金融超市与理财机构权利义务关系

	金融超市		理财机构
义务	搭建良好的理财产品交易平台，制定科学、合理的平台管理规则、交易规则等，给理财机构提供安全的理财产品交易环境	权利	要求互联网金融超市搭建良好的交易平台，提供安全的交易环境，享受互联网金融超市提供的服务
	根据法律规定和平台的规章制度，对入驻的理财机构进行管理（既是义务，也是权利）		
	对入驻的理财机构所提供的材料进行审核（既是义务，也是权利）		

金融超市		理财机构	
权利	对入驻的理财机构进行监管	义务	根据协议约定和互联网金融超市的管理规则，提供机构和理财产品相关信息与材料
	接收服务的对价，主要为服务费用、支付渠道费用		根据合作协议约定，按期足额向互联网金融超市支付服务费用
			遵守平台的管理规则，接受平台的监督和管理
备注	（1）"淘宝"型金融超市的身份是网络交易服务提供者，对入驻超市的理财机构有监督和管理的权利 （2）"淘宝"型金融超市的审核义务主要是形式审核，金融超市对理财机构所提供信息的真实性不承担责任，但应当制定合理的审查标准 （3）理财机构向金融超市提供的信息应当是真实、合法、有效的信息		

2. "淘宝"型互联网金融超市与投资者

"淘宝"型互联网金融超市需与投资者签订注册协议、开立第三方支付账户的协议，且通常需要投资者实名认证，填写身份证号码和银行账户等重要信息。"淘宝"型互联网金融超市与投资者的法律关系仅限于其为投资者提供信息浏览、搜索，开立第三方支付账户，资金扣划、回款等服务。金融超市不对投资者与理财机构之间的理财产品交易行为（投资理财行为）负责。这里需要注意，若要提供开立第三方支付账户，资金扣划、回款等服务，金融超市还需要具备第三方支付牌照，或者委托其他有第三方支付牌照的机构为投资者提供此类服务。

表10-5   "淘宝"型互联网金融超市与投资者关系

金融超市		投资者	
义务	搭建理财产品交易平台，制定科学、合理的平台管理规则、交易规则等，给投资者提供安全、公平、良好的理财产品交易环境	权利	要求金融超市搭建良好的交易平台，提供安全的交易环境，享受金融超市提供的服务
	保护投资者的个人信息，不对外泄露，且不得擅自使用投资者的信息		
	提示义务：提示信息安全风险、提示投资风险、说明免责事项等		
	审核投资者的信息和资质，如投资者的年龄、资产要求（既是义务，也是权利）		
权利	对投资者的交易活动进行监督和管理	义务	遵守平台的管理规则，接受平台的监督和管理

金融超市	投资者
备注	（1）金融超市的审核义务主要是形式审核，金融超市不对投资者所提供信息的真实性负责，但是应当制定合理的审查标准 （2）投资者向金融超市提供的信息应当是真实、合法、有效的信息 （3）说明免责事项时，应当遵守《合同法》关于格式条款的规定 （4）当发现投资者的权益受到入驻理财机构侵害时，网站应当及时采取必要措施阻止或减少不利后果的影响，并且应当向投资者披露侵权机构的信息

3. 投资者与理财机构

金融超市独立于投资者与理财机构的交易关系之外，是独立的第三方。但在实践中，金融超市往往与理财机构建立长期战略合作关系，并收取服务费用，因此金融超市与理财机构常常形成"利益共同体"，从而忽视对投资者的权益保护，甚至共同侵犯投资者的合法权益。《中华人民共和国消费者权益保护法实施条例（征求意见稿）》第二十六条规定"金融服务经营者应当依法保护金融消费者的财产安全权、知情权、自主选择权、公平交易权、依法求偿权、受教育权、受尊重权、信息安全权等合法权利"。虽此条例仍在意见征求阶段，但自 2013 年修订的《消费者权益保护法》首次将金融消费者纳入消法保护的范围之后，金融消费者与传统买卖交易中的消费者一样享有法律赋予消费者的合法权利已成为一种共识。因此，金融超市在制定和实施平台的管理规则、交易规则时应当注意保障投资者的合法权益，在履行对理财机构的监管职责时应当提示理财机构不得侵犯投资者的权益。

10.3 互联网金融超市的法律风险

10.3.1 刑事法律风险

（一）"百度"模式互联网金融超市的常见刑事风险

通过前面的分析，我们可以知道，在"百度"模式下，互联网金融超市有两种运营模式：一是自动收集信息，为超市用户提供信息搜索服务；二是与金融平台签订协议，为金融平台有偿提供信息展示服务。

1. 侵犯商业秘密罪

在第一种运营模式中，金融超市在收集信息时若操作不当，可能会涉嫌侵犯他人商业秘密。

《中华人民共和国刑法》规定"有下列侵犯商业秘密行为之一，给商业秘密的权利人造成重大损失的，处三年以下有期徒刑或者拘役，并处或者单处罚金；造成特别严重后果的，处三年以上七年以下有期徒刑，并处罚金：

（1）以盗窃、利诱、胁迫或者其他不正当手段获取权利人的商业秘密的；

（2）披露、使用或者允许他人使用以前项手段获取的权利人的商业秘密的；

（3）违反约定或者违反权利人有关保守商业秘密的要求，披露、使用或者允许他人使用其所掌握的商业秘密的。

明知或者应知前款所列行为，获取、使用或者披露他人的商业秘密的，以侵犯商业秘密论。

本条所称商业秘密，是指不为公众所知悉，能为权利人带来经济利益，具有实用性并经权利人采取保密措施的技术信息和经营信息。

本条所称权利人，是指商业秘密的所有人和经商业秘密所有人许可的商业秘密使用人。"

通常，金融超市获取的信息均为金融平台公开发布的信息，但是也有金融超市为了提高自身的用户流量，而采用一些不恰当的手段，获取、披露平台未公布的信息。若是这些信息符合商业秘密的四个特征（不为公众所知悉、能产生经济利益、具有实用性、被采取保密措施），则金融超市的行为属于侵犯商业秘密的行为，给金融平台造成重大损失的，涉嫌侵犯商业秘密罪。

2. 虚假广告罪

根据《互联网广告管理暂行办法》的规定，"百度"型金融超市第二种运营模式中提供的信息展示服务属于互联网广告的范畴，应当遵循国家有关"互联网广告"的法律法规的规定。金融超市在提供此类广告服务时的身份是广告发布者。《中华人民共和国刑法》第二百二十二条规定"广告主、广告经营者、广告发布者违反国家规定，利用广告对商品或者服务作虚假宣传，情节严重的，处两年以下有期徒刑或者拘役，并处或者单处罚金"。可见，若是金融超市明知其展示的信息内容存在与商品或者服务的实际信息不符的情况，仍利用广告对其进行虚假宣传，或者主动策划、帮助产品提供者制作发布虚假广告，则有涉嫌虚假广告罪的风险。

金融超市的虚假宣传行为是否构成虚假广告罪，关键在于其是否达到情节严重的标准。何种情形属于情节严重，刑法条文并没有明确的规定。但是，由于金融超市服务对象的特殊性，其虚假宣传的行为往往会和金融平台的非法集资行为联系在一起。《最高人民法院关于审理非法集资刑事案件具体应用法律若干问题的解释》规定"广告经营者、广告发布者违反国家规定，利用广告为非法集资活动相关的商品或者服务作虚假宣传，具有下列情形之一的，依照刑法第二百二十二条的规定，以虚假广告罪定罪处罚：

（1）违法所得数额在 10 万元以上的；

（2）造成严重危害后果或者恶劣社会影响的；

（3）两年内利用广告作虚假宣传，受过行政处罚两次以上的；

（4）其他情节严重的情形。

应当注意的是，若是金融超市明知金融平台从事欺诈发行股票、债券，非法吸收公众存款，擅自发行股票、债券，集资诈骗，或者组织、领导传销活动等集资犯罪活动，还为其提供广告等宣传，则应当以相关犯罪的共犯论处，而不再认定为虚假广告罪。

例如，A 为一家"百度"模式的金融超市，B 为互联网金融平台，B 与 A 签订服务协议，由 A 为其有偿提供产品信息展示服务。A 明知 B 提供的金融产品具有一定的投资风险，但在对该产品进行展示时仍使用"零风险"等字样进行宣传。此时，A 的行为属于利用广告进行虚假宣传的行为，若是达到情节严重的标准，则涉嫌虚假广告罪。若是 A 明知 B 的产品为虚假标，涉嫌非法集资，但仍为其提供信息展示服务，则应当以相关犯罪的共犯论处，不再认定为虚假广告罪。

（二）"京东"模式互联网金融超市的常见刑事风险

通过前面的分析可知，"京东"模式的互联网金融超市有三种类型，每种类型都有不同的刑事法律风险。而"京东"模式的互联网金融超市的典型刑事法律风险主要来自于其自行设计发行的金融产品。以下将对此进行详细介绍。金融超市代销金融产品以及兼营"淘宝"模式可能产生的共犯风险与"淘宝"型互联网金融超市的法律风险基本一致，本文将在分析"淘宝"模式互联网金融超市的刑事风险中进行介绍。

1. 非法经营风险

由于金融行业具有特殊的风险性，国家对于金融行业的监管极为严格，很多金融产品的设计发行主体都必须具备法律要求的资质，即行业内通常所说的"牌照"。随着互联网金融的兴起，市面上出现了各种各样的互联网金融产品。为了规避国家对金融产品的监管，互联网金融产品的发行者对产品的模式进行了各种各样的创新。但是应当认识到，互联网金融始终属于金融行业，无论产品模式如何创新，很多产品都处于国家金融法律框架的监管之下。若是金融超市不具备设计发行某种产品的资质，却设计发行该种产品，则可能涉嫌非法经营罪，擅自发行股票，公司、企业债券罪等。

例如，有些"京东"型互联网金融超市发行的活期理财产品只是把标的进行拆分，或者是将投资人的资金集合到一起去购买一些门槛较高的金融理财产品，或者是投资股票、债券等证券类产品。对于这种行为，全国人大常委、财经委副主任委员吴晓灵认为，"标的的分拆本身就是一种债券，一种收益凭证。如果是私募发行，必须少于 200 份，必须向合格投资人发行。如果超过 200 份，就变成了公募发行，这时候就要进行核准或注册制，现在所有的债券发行是核准制，基金发行是注册制。只要是份额化、把钱集合在一起，又交给第三方管理，又代替投资人去经营产品，且产品的收益归投资人所有而风险归投资人承担，只要符合这四个特征，就是集合投资基金，集合投资计划就是证券，法律关系就是信托。"因此，这种金融超市发行标的分拆的活期理财产品本质上从事的其实是发行证券的行为，互联网金融超市在没有任何相关投资资质和相应的金融牌照的情况下从事这些金融理财行为可能会面临非法经营的法律风险。

《刑法》第二百二十五条规定"未经国家有关主管部门批准非法经营证券、期货、保险业务的，或者非法从事资金支付结算业务的，以非法经营罪论处"。

2. 非法集资风险

金融超市自行设计发行产品还可能涉嫌非法集资。涉及的罪名主要为"非法吸收公众存款罪"和"集资诈骗罪"，前面已经进行了详细分析。

（三）"淘宝"模式互联网金融超市常见刑事风险

"淘宝"模式的互联网金融超市与"百度"模式互联网金融超市相比，其不同之处在于业务涉及的法律关系不同，金融超市的法律地位不同。"百度"型金融超市为广告发布者，仅提供信息展示服务。而"淘宝"型互联网金融超市为网络交易服务者，除了为平台提供信息展示服务外，还负有对入驻平台进行监督管理的义务和责任，其对产品信息的掌握程度要高于"百度"型互联网金融超市，因而也比"百度"型金融超市承担了更多的义务。当与"淘宝"型金融超市合作的互联网金融平台涉嫌犯罪时，金融超市就很有可能会成为该平台的共犯。比较典型的是入驻平台构成非法集资时，金融超市为共犯的情形。最高人民法院、最高人民检察院、公安部联合发布的《关于办理非法集资刑事案件适用法律若干问题的意见》规定"为他人向社会公众非法吸收资金提供帮助，从中收取代理费、好处费、返点费、佣金、提成等费用，构成非法集资共同犯罪的，应当依法追究刑事责任。能够及时退缴上述费用的，可依法从轻处罚；其中情节轻微的，可以免除处罚；情节显著轻微、危害不大的，不作为犯罪处理。"

可见，在金融超市的入驻平台构成非法吸收公众存款罪或者集资诈骗罪时，金融超市明知入驻企业存在非法吸收资金的行为仍为其提供服务，帮助其非法吸收资金的，则可能构成非法吸收公众存款、集资诈骗共同犯罪。

10.3.2 民事法律风险

互联网金融超市的民事法律风险因各模式下的民事法律关系不同而有所差别。各模式的互联网金融超市因在法律关系中所处的地位不同，承担的法律风险也各不相同。

（一）"百度"模式——信息搜索服务提供者的民事法律风险

在前面我们已经分析过，"百度"模式的互联网金融超市有两种运营模式：一是自动搜集信息；二是与金融平台签订协议，为其提供有偿的互联网广告服务。

在第一种运营模式中，互联网金融超市自动收集金融平台发布的信息，为超市用户提供信息搜索服务。由于平台与互联网金融超市之间没有任何协议，平台也无需向超市支付任何费用，互联网金融超市的这种信息服务很难被认定为付费广告，超市也不对信息的真实性承担责任。此种模式的主要法律风险在于，金融超市不正当获取平台未公开信息甚至商业秘密的，可能要承担民事法律责任。

在第二种运营模式中，金融超市提供的服务实际上是互联网广告服务。在刑事法律风险中已经分析过，当金融超市利用广告为商品或者服务进行虚假宣传，情节严重时，可能构成虚假广告罪。那么当金融超市利用广告进行虚假宣传，未达到刑事立案标准时，金融超市要承担民事法律责任。

根据《广告法》的相关规定，发生虚假广告案件时，"由广告主依法承担民事责任。广告经营者、广告发布者不能提供广告主的真实名称、地址和有效联系方式的，消费者可以要求广告经营者、广告发布者先行赔偿。"另外，"广告经营者、广告发布者、广告代言人，明知或者应知广告虚假仍设计、制作、代理、发布或者作推荐、证明的，应当与广告主承担连带责任。"可见，当金融超市为金融平台提供信息展示服务时，若金融超市明知或者应知该信息为虚假信息仍为其提供服务，造成消费者损失的，金融超市应承担连带责任。即使金融超市对虚假广告事项不知情，在金融超市无法提供平台的有效信息时，消费者也可以要求金融超市先行赔偿。另外，当广告服务的接受者为机构而非自然人时，其往往无法被认定为《广告法》上的消费者，此时，金融超市可能会面临《合同法》上的违约风险。

（二）"京东"模式——金融产品销售者的民事法律风险

金融超市无论是自行设计发行产品还是代销其他金融机构的产品，在与超市用户的法律关系中，均为金融产品的销售者。其面临的民事法律风险主要有以下几点。

1. 电子合同及电子签名存在隐患①

互联网金融超市的买卖合同多采用电子合同的形式，通过电子签名的方式完成。这

---

① 这一风险也存在于"淘宝"模式的互联网金融超市之中，因"京东"模式的互联网金融超市此种风险更大，故在此进行论述。

种方式具有方便、快捷的优势。但是，不得不承认，在便捷的基础上，电子合同还具有不可忽视的弊端和风险。合同是民事法律纠纷中最重要的证据之一，需要妥善保存。但是，电子合同由虚拟数据组合而成，极易丢失，具有极大的不安全性。一旦电子合同丢失，而金融超市没有其他证据证明该合同的存在及合同的内容，则合同相关方就无法主张其依据合同享有的民事权利。另外，电子合同可能被篡改。互联网给我们的生活带来极大便利的同时，也带来了极大的风险。与传统的纸质合同相比，电子合同被篡改的可能性更大，且更不容易被发现。一旦出现此种情形，金融超市若是无法证明原合同的内容，将极有可能被要求履行篡改后的合同义务。

2. 贷款人违约及高利贷风险

互联网金融超市的各种产品中，借贷产品的风险较高。借贷产品包括针对投资者的投资产品和针对贷款人的贷款产品两种。在投资产品中，若是出现贷款人违约的情形，投资者将无法获得还款和约定的利息。虽然在此类产品关系中，金融超市仅起到信息中介的作用，不承担还款责任，也不提供任何担保，但是为了保住商誉，金融超市极有可能以自有资产先行兑付，将贷款人违约的民事风险转移到自己身上。在有小额贷款资质的金融超市发行的贷款产品中，也极容易出现贷款人违约、贷款无法收回的风险。另外，根据《最高人民法院关于审理民间借贷案件适用法律若干问题的规定》，金融超市贷款产品的利率超过年利率24%的，将无法获得法院的支持；超过年利率36%的，超过部分的利息约定无效。

3. 合同无效的法律风险

大多数金融产品的产品发行者都需要具备一定的资质，或者有合格投资者的限制。金融超市因不具备资质而发行某种金融产品，或者向非合格投资者出售有此项限制的金融产品时，可能因为违反法律、行政法规的强制性规定，而导致金融产品买卖合同无效。

4. 未尽到信息披露义务、合理的审查义务

根据相关规定，互联网金融平台从事互联网金融服务时具有一定的审查义务，以及应当及时对可能影响投资者决策、项目收益、项目风险及不特定性等事项的重要信息进行披露。若是互联网金融超市未尽到该义务而导致消费者损失，可能要承担民事责任。

（三）"淘宝"模式——网络交易服务平台的民事法律风险

通过前述分析可知，"淘宝"模式下，互联网金融超市并不介入平台与消费者的买卖关系之中，仅为金融交易提供中介服务。在这三者的法律关系中，互联网金融超市的地位是网络交易服务平台/网络购物平台。根据《网络购物服务规范》，网络交易服务平台具有提供规范化的网上交易服务，建立健全包括平台交易规则、信息披露与审核制度、隐私权与商业秘密保护制度、消费者权益保护制度、争议解决制度等制度在内的规范体系；采取各种合理有力的措施保证交易系统稳定和安全地运行；对破坏网络交易秩序者采取强制终止交易、处以罚金、删除信息等措施，维护正常的网络交易秩序等义务。这

些义务通常也会出现在金融超市与用户、平台的服务协议中。若是金融超市没有履行上述义务，造成用户或者平台的利益损失，金融超市可能要承担民事法律责任。

另外，根据《消费者权益保护法》的规定，金融消费者通过金融超市购买金融产品或者接受金融服务，其合法权益受到损害，而金融超市又不能提供金融平台的真实名称、地址和有效联系方式的，消费者可以向金融超市要求赔偿；金融超市明知或者应知平台利用超市的服务侵害消费者合法权益，未采取必要措施的，依法与该平台承担连带责任。

（四）其他民事法律风险

除了上述各个模式的互联网金融超市的法律风险外，还存在一些所有互联网金融超市都可能面临的民事法律风险。

1. 泄露用户隐私风险

用户在享受金融超市提供的服务前，往往需要在金融超市进行注册，签订用户服务协议，填写相关个人信息。基于此，金融超市可以获得包括用户身份信息、用户消费习惯、用户检索记录、用户账户和密码等在内的一系列用户个人信息。其中有些信息可能涉及用户的隐私。根据我国法律规定，隐私权是我国公民享有的人格权之一，依法受到法律的保护。但是在实践中，金融超市为了维护交易安全，可能会根据用户的交易行为建立黑名单制度，并将其公布在网上或分享给其他平台。这一行为可能会侵犯用户的隐私权。另外，由于网络本身的不安全性及系统漏洞等原因，互联网金融超市享有的用户数据可能被不法分子窃取、泄露，在这种情况下，金融超市也存在承担民事赔偿责任的风险。

2. 未尽到风险提示义务的法律风险

无论是"百度"型互联网金融超市还是"淘宝"型互联网金融超市，或者是"京东"型互联网金融超市；无论是提供信息服务还是提供产品服务，若是互联网金融超市没有尽到合理的风险提示义务，均有可能在消费者因购买金融产品/接受金融服务而遭受损失时，承担赔偿责任。

10.3.3　行政法律风险

（一）无证经营风险

由于金融行业的特殊性，发行和代销某些金融产品、从事某些金融服务需要特殊的资质，而这些资质往往很难取得。实践中，有些金融超市为了规避这一要求，对金融产品进行创新、组合后再发行或销售。但实际上，很多产品即使改变了形式，也仍然处在监管范围内，发行方需要相应的资质。金融超市的此种行为有受到行政处罚的风险。

（二）混业经营风险

我国互联网金融行业刚刚起步，相应的法律、制度等均不完善。目前，我国监管机关对金融领域仍然采取"分业经营、分业管理"的监管模式，由一行三会各自行使职权，管辖自己行业内的金融机构。但是随着互联网金融的兴起，传统的"分业经营"模式被打破，大部分互联网金融平台、互联网金融超市都采取了混业经营模式。我国监管层目前对此尚没有明确的规定，但不排除其有违规风险。

（三）其他违规经营风险

除了前述民事法律风险中的各种行为有面临行政处罚的风险外，其他违规经营的行为也可能具有行政风险，如"百度"型金融超市在收费推广金融平台 / 产品时应显著标明"广告"字样，使付费搜索结果与自然搜索结果明显区分。

10.4　互联网金融超市的风险防范

10.4.1　合同风险控制

（一）从流程上控制合同风险

在制订合同前，法务部门应当与业务部门、业务负责人员进行充分的沟通。订立合同是为了项目的顺利进行，合同条款也应当围绕项目的具体要求来设置。在实践中，法务部门往往不了解项目的具体情况，贸然地撰写合同将可能导致合同法律关系不清楚、法律漏洞多、合同目的无法实现等问题。因此，在拟订合同前，法务部门应当与业务部门做好充分的沟通，了解项目的具体情况、涉及的法律关系，以及合同所要达到的目的。将这些事项弄清楚后，再起草合同本文。

（二）从合同内容上控制合同风险

（1）设置免责条款，并采用合理的方式提请对方注意。金融超市在与平台及消费者订立合同时，应当明确自己的义务，及在何种情况下不承担法律责任。同时金融超市与平台及消费者签订的合同多为线上的格式合同，因此，对于该类免责条款，金融超市应当采取合理的方式提请对方注意。例如，陆金所在其协议中作出免责声明如下"陆金所作为交易服务平台进行信息发布，不对任何投资人及 / 或任何交易提供任何担保，无论是明示、默示或法定的。陆金所平台提供的各种信息及资料仅供参考，投资人应依其独立判断做出决策。投资人据此进行投资交易的，产生的投资风险由投资人自行承担，陆金所不承担任何责任"。

（2）在合同中做好风险提示。金融超市负有对消费者进行金融产品风险提示的义务，以确保消费者知悉其购买的金融产品的风险性。金融超市在合同中应设置风险提示条款，确保消费者对金融产品的投资风险有充分的了解，以有效地避免因此而产生的法律风险。

（3）合同签订方之间的法律关系须明确，避免出现法律关系模糊不清的情况。从合同必须依附主合同而存在，避免出现从合同内容与主合同不符或者脱离主合同而单独存在的情况。例如，在实践中，常常会出现抵押权人与主债权人不符的情况，这种情况下抵押权的实现就会受到阻碍。

10.4.2 运营风险控制

金融超市的运营风险控制是对合作对象、产品的筛选问题。金融超市虽然不是金融产品的购买者，但是起着连接消费者与互联网金融平台的作用。当消费者与平台因为金融产品发生纠纷时，金融超市也可能受到牵连。因此，金融超市在选择合作对象时也应当格外注意，具体可从以下几点着手。

（一）合作机构是否进行资金第三方托管

资金池是金融平台出现问题的主要原因，而进行资金第三方托管可以有效地避免资金池的形成。同时，建立资金第三方托管制度也是监管层对互联网金融机构的要求。因此，金融超市在选择合作对象时，应选择建立了资金第三方托管制度的金融平台。

（二）合作机构的资金流向是否透明

平台信息是否透明是判断一个平台运作是否规范的重要因素，而资金流向的透明度对平台的合规经营来说更是重中之重。因此，金融超市在选择合作对象时，应当选择资金流向透明的平台。

（三）合作机构是否建立了风险准备金制度

互联网金融平台建立一个资金账户，对每笔借款提取一定比例的资金放入此资金账户中，当借款出现逾期或违约时，平台会用该账户资金偿付投资人。平台建立风险准备金制度能够有效地避免兑付的产生。因此，金融超市在选择合作对象时，应当优先选择具有风险准备金制度的平台。

（四）对产品的资金端进行审核

若超市不是采取与机构合作的方式，而是采取直接对金融产品进行信息展示、推介、代销等活动，还需要对产品的资产端进行审核。对资产端的审核可从以下几个方面着手：①借款人的信用评价；②是否有担保措施；③企业的借款是否有基础经济关系作为支撑，如基于买卖关系产生的应收账款；④其他。

另外，对于"京东"型互联网金融超市而言，合规运营的重中之重在于坚守监管红线，不得设立资金池，不得拆期，不得发布虚假标，不得自融，不得自担保等。

【本章小结】

1.随着互联网金融的迅猛发展以及社会财富的不断增加，投融资的需求被不断激活与释放。我国互联网巨头百度、阿里巴巴、腾讯、京东等纷纷布局互联网金融，并通过自身所具备的品牌口碑、用户基础、大数据、金融和互联网资源等优势，逐渐发展成一些具有相对稳定业务模式的互联网金融超市。

2. 互联网金融超市大致有三种模式："百度"模式，即金融超市搭建理财产品的信息搜索平台，为各类理财产品提供信息展示服务，如"51理财"；"京东"模式，即在金融超市中销售超市自有的或第三方金融机构发行的理财产品，如"陆金所"；"淘宝"模式，即商家入驻模式，"淘宝"模式的互联网金融超市较少。

3. "百度"模式的互联网金融超市仅提供金融信息展示服务，不提供理财产品的购买服务，投资者能够对海量的金融信息进行挑选对比，从而形成理性的判断，选择合理收益，降低理财风险，但也面临信息真实性风险；"京东"模式的互联网金融超市通过自营业务、代销业务和信息中介业务为投资者提供综合性的金融理财服务，此模式的服务合作对象多为大型的金融集团企业；"淘宝"模式的互联网金融超市本身不出售理财产品，仅搭建交易平台，以供投资者和理财机构在该平台上实现理财产品的交易，为理财机构提供技术支持、第三方支付等相关辅助服务，并制定超市的理财机构入驻规则、交易规则、争议解决规则等超市日常管理规则。

4. 在刑事法律风险方面，"百度"模式互联网金融超市面临的刑事法律风险有侵犯商业秘密风险、虚假广告风险；"京东"模式面临的刑事法律风险有非法经营风险、非法集资风险；"淘宝"模式面临的刑事法律风险有非法吸收公众存款风险、集资诈骗风险。

5. 民事法律风险方面，"百度"模式面临的民事法律风险有非法获取平台未公开秘密或商业秘密风险、虚假广告宣传风险；"京东"模式面临的民事法律风险有电子签名及电子合同被篡改、贷款人违约及高利贷、合同无效、未尽到信息披露义务和合理审查等风险；"淘宝"模式面临的民事法律风险有侵害经营者合法权益和侵害金融消费者合法权益风险。另外，各类金融超市均有可能面临泄露用户隐私风险、未尽到风险提示义务风险。

6. 在行政法律风险方面，各类金融超市均可能面临无证经营、非法混业经营和其他违规经营风险。

7. 互联网金融超市的风险控制主要包括合同风险控制和运营风险控制两个方面。合同风险控制包括合理设置免责条款和风险提示条款，以及合理界定、明确相关各方的权利与义务；运营风险控制主要包括实行第三方资金托管、保证资金流向透明、实行风险准备金制度、对产品资金端进行有效审核等。

【复习思考题】

1. 什么是互联网金融超市？

2. 互联网金融超市的产生与发展过程是怎样的？

3. 互联网金融超市有哪几种模式？其法律关系如何？

4. 互联网金融超市有哪些刑事、民事和行政法律风险？

5. 如何防范互联网金融超市的法律风险？

参考文献

［1］刘永斌. 互联网金融法律风险防范实务指导［D］. 中国法制出版社，2015.

［2］王春梅，王丽娟，徐英. 刘士余对话王建宙：当金融遇到互联网［J］. 财经国家周刊，2013（16）.

［3］肖镇国. 互联网金融的模式与风险问题研究. 2015.

［4］张小明. 互联网金融的运作模式与发展策略研究. 2015.

［5］卿若雯. 中国移动互联网金融的风险研究. 2015.

［6］陶娅娜. 互联网金融发展研究［J］. 金融发展评论，2013（11）.

［7］何松琦，周天林，石峰. 互联网金融：中国实践的法律透视［M］. 上海：上海远东出版社，2015.

［8］李耀东，李钧. 互联网金融框架与实践［M］. 电子工业出版社，2014.

［9］龙春玲. 加强互联网金融监管［J］. 中国金融，2014（13）.

［10］屠世超. 行业自治规范的法律效力及其效力审查机制［J］. 政治与法律，2009（3）.

［11］王龙华. 网络金融［M］. 中国金融出版社，2009.

［12］孙宝文. 互联网金融元年：跨界、变革与融合［M］. 经济科学出版社，2014.

［13］黄震，邓建鹏. 互联网金融法律与风险控制［M］. 机械工业出版社，2014.

［14］邓建鹏. 互联网金融法律风险的思考［J］. 科技与法律，2014（3）.

［15］李有星，陈飞，金幼芳. 互联网金融监管的初探［J］. 浙江大学学报（人文社会科学版），2014（7）.

［16］周之琦. P2P 网络借贷平台法律问题研究［D］. 北方工业大学，2016.

［17］李旻芮. 我国 P2P 网络借贷监管法律问题研究［D］. 云南大学，2015.

［18］陈怡静. P2P 网络带宽监管法律问题研究［D］. 山西财经大学，2015.

［19］李爱君. 互联网金融法律与实务［M］. 机械工业出版社，2015.

［20］中央国债登记结算公司证券化研究组. 2015 年资产证券化发展报告［J］. 债券，2016（1）.

［21］王娜. 互联网第三方支付法律风险监管制度研究［D］. 中国政法大学，2010.

［22］万琪. 第三方支付沉淀资金及其孳息法律问题研究［D］. 海南大学，2014.

［23］朱玛. 第三方支付机构沉淀资金的权属争议及法律监管：兼谈"余额宝"的创新与风险［J］. 武汉金融，2013（12）：16.

［24］巴曙松，杨彪. 第三方支付国际监管研究及借鉴［J］. 财政研究，2012（4）：73.

［25］周文静. 余额宝的法律风险监管研究［D］. 上海师范大学，2015：27.

［26］白牧蓉. 从"余额宝"的法律隐患看相关制度之完善［J］. 西北民族大学学报（哲学社会科学版），2014（1）：77.

［27］黄欢，李晓郛. 从法律风险分析余额宝的监管问题［J］. 海南金融，2014（9）：57.

［28］黎四奇，李时琼. 对余额宝所引发法律问题的思考：基于金融创新的视角［J］. 中南大学学报（社会科学版），2014（3）：117.

［29］杨涛. 互联网金融理论与实践［M］. 北京：经济管理出版社，2015.

［30］张晓朴. 互联网金融监管的原则：探索新金融监管范式［J］. 金融监管研究，2014（4）.

［31］韩莉. 第三方支付法律风险的监管现状与问题研究［J］. 金融发展研究，2016（1）.

［32］叶永刚，余巍. 中国金融超市的发展模式与构建思路［J］. 学习与实践，2014（8）.